21世纪高职高专规划教材·公共课系列

应用写作教程

主　编　黄　平　孙　锐
副主编　张立瑜　张春雷　李柏莹

中国人民大学出版社
·北京·

前 言

随着信息时代的到来，应用文作为管理国家、处理事务和社会交往活动的工具，在我们的日常生活中发挥着越来越重要的作用。应用文写作能力已经成为高等教育人才培养方案和人才素质教育的重要组成部分。

“应用文写作”是高职高专院校开设的一门公共基础课，旨在培养和提高高职高专学生的综合素质和通用就业能力。然而，受到学生的写作基础和高职高专院校办学模式的限制，如何提高应用文写作课程的教学效果，是困扰高职高专教师多年的“痼疾”，深化教学改革势在必行。近几年的教学改革经验告诉我们，项目化教学改革是高职高专院校应用文写作课程的必由之路。

本教材正是在总结近几年应用文写作课程项目化教学改革经验的基础上，采用项目化模式编写而成，主要有以下几个特点：

1. 文种选择注重实用性

据不完全统计，应用文的种类多达数百种，其中常用文种在一百种以上。受到教材篇幅的限制，不能面面俱到，只能选取一些常用的、实用性较强的文种。本教材在选择文种过程中遵循这样的原则：一是贴近学生的校园生活和日常生活，如实习报告、毕业论文、借条、申请书等；二是贴近学生未来的职场生活，如计划、方案、总结、投标书、招标书、通知、起诉状等。

2. 例文选择注重代表性

在应用文写作教材中，高质量的例文会起到画龙点睛的作用，因此本教材非常重视例文的选取工作。总结起来，本教材中的例文具有“新一代”的特点：“新”指书中全部例文都是近三年的新作；“一”代表第一手资料，部分例文来自作者挂职锻炼的企业；“代”是指有代表性，书中精选的例文均为格式规范、语言精练的佳作。

3. 体例设计注重科学性

为了深入贯彻教育部关于职业教育应注重培养和提高学生就业和创业能力的教育理念，本教材打破了传统应用文写作教材的章节构式，重新整合文种，形成了一套以就业为导向、以加强学生职业能力为目标的适用于项目化教学的新体例。全书由十一个项目组成，项目下设模块，模块下设任务。每个项目中设有学习目标、项目概要、项目情境、任务描述、任务解析、理论知识、例文及其简析、写作提示、补充知识和实战练习等栏目，内容丰富，实践性强。

参与本书编写的均为具有多年应用文写作课程教学经验的一线教师。全书编写分工如下：黄平负责项目四的模块三、项目六和项目十一；孙锐负责项目三、项目五和项目七；张立瑜负责项目一和项目二；张春雷负责项目八和项目十；李柏莹负责项目四的模块一和模块二、项目九。黄平负责全书的策划和统稿，并对初稿进行修改。孙秋菱、赵丽光参与了本书的审稿工作。

本书在编写过程中参阅了一些同类教材，受益良多；多位来自企业的友人为本书提供了大量第一手案例素材和例文，并且参与讨论了本书的体例设计；吉林省经济管理干部学院旅游系的张瑾、马婷婷、刘玉、胡佳琦等同学也做了大量的辅助工作，在此一并致谢。

由于编者水平和精力有限，书中难免有错误和不当之处，恳请学界同人和广大读者不吝赐教，多提宝贵意见和建议，以便修订时加以完善。

目　录

项目一

日常文书

学习目标

◎ **知识目标**

1. 了解常用书信和启事的特点及写作注意事项；
2. 了解条据文书的用途、特点与注意事项；
3. 掌握说明类条据、凭证类条据文书的格式。

◎ **能力目标**

1. 能够根据生活情境正确选择文种；
2. 掌握常用条据的格式，熟练书写常用条据；
3. 掌握申请书、表扬信、介绍信、启事的结构和写法。

项目概要

模块一	公司日常运营	说明类条据　凭证类条据
模块二	公司对外交往	书信　启事

项目情境

经过几年的苦心经营，李茂的广益食品股份有限公司俨然初具规模，在行业内树立了良好的口碑。随着公司各项业务的顺利开展，广益食品公司逐步扩大了公司的规模，时至今日员工数量已经超过五百人。偌大一个公司要保持高效的运转就要求管理严格到位，每个环节都要做到有理可循、有据可依，李茂也多次叮嘱人力资源部经理杜诺，强调员工的管理是公司长远发展的关键。虽然杜诺担任人力资源部经理工作已经有好几年了，但是要让公司的管理形成系统化确实有很多问题需要梳理，特别是类似于条据、申请、启事等一些日常文书的具体化。为了快速有效地完成这项任务，杜诺亲自带队走访多家上市公司，她用两个月的时间带领人力资源的员工依据调研结果，结合公司自身特点，形成一套广益公司人才管理的专有模式。经过半年的试运行，2014 年年初，此套管理模式正式启用。

模块一　条据

任务描述

李茂的广益食品有限公司要举行年会，假如你是组织者：(1) 你需要到财务处领取费用，购买所需物品，请你写一张领条。(2) 购物完成后，在资产处清点物品，请你代资产处写一张收条。(3) 需要到公关部借一套音响设备，请你写一张借条。(4) 去借音响时，刚好那位负责人不在，你得下午再来，请你写一张留言条给对方。(5) 销售部经理张三因病不能参加年会，请代他写一张请假条。

任务解析

本模块的任务是完成 5 种条据文书的撰写。在开始写作条据文书之前，每个小组都要做大量的准备工作，例如能够依据生活情境选择恰当的条据文书，在写作的过程中掌握各类条据文书的特点和注意事项。

理论知识

一、条据种类

条据文书是人们在日常工作、生活中或用作凭据或起说明作用的篇幅短小、格式固定的应用文书。

人们在日常工作、学习、生活中，或告知事情，或托人办事，如对方不在就给对方写个字条留给对方，这就是便条、留言条；如果收到、领到、借到钱物，也写给对方一个字条作凭据，这就是收据。

条据文书一般分为两大类，即说明类条据与凭证类条据。见图 1—1。

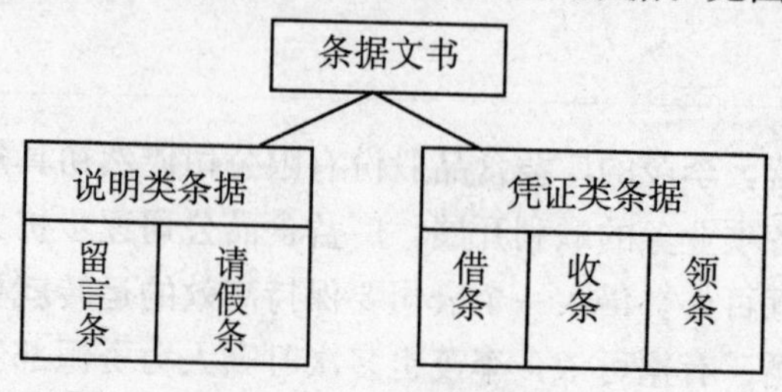

图 1—1　条据种类

二、说明类条据

(一) 留言条

留言条是指在日常生活中，有事情要通知对方，或有事托付对方，对方不在，却又没有时间等候对方回来，写张字条留给对方，这种简短而明了的条据就叫留言条。

留言条写作格式包括以下几点：

1. 称呼

称呼要顶格写，条子留给谁就称呼谁。

2. 正文

在称呼下一行空两格写正文，简单明了地把要给对方说的事情写清楚。

3. 落款

署名和日期。在正文下面写清楚谁留的条子，并在署名的下一行写清年、月、日。

[留言条例文]

李四先生：

今天下午我来找你，有重要事情商量，巧不相遇，不能久等。明天上午九时再来，请等我。

张×× 留言

××月××日××时

写作提示

撰写留言条的注意事项

1. 写留言条要留有余地。如果求人办事，或是向心仪的人留言，则更要注意留有再次约见的机会，为创造交往条件打下基础。

2. 不同的对象用语也有不同。知照性留言意思清楚即可，可直来直去。而求助留言则既要目的明确又要含蓄委婉，富于情感。家庭或熟人留言可用口语。

3. 选择最好的表达方式。一种好的表达方式会收到意想不到的效果。有时孩子向父母表达爱意会难以启齿，便可以选择字条式留言。

[课堂练习]

小明的奶奶一直对他要求严格，他一直对奶奶心存芥蒂。直到有一次小明发烧，奶奶悉心照料他，使他很快康复。小明想用留言的方式对奶奶表示感激之情，他应该怎样写？

（二）请假条

请假条是请假者因事、因病等不能参加某项工作、学习或活动时，向有关部门或负责人说明原因、请求准许缺席的文书。有时请假需要提交相关证据，如医生证明、电传等，则附在请假条后面。

请假条写作格式包括以下几点：

1. 标题

在正文上方正中间写明“请假条”，字体稍大。

2. 称谓

写明向谁请假，即单位有关部门或领导。

3. 正文

陈述请假理由、请假起止日期等有关情况。结尾处常用“请批准”、“请予批准”等习惯用语。

4. 礼貌用语

一般使用“此致”、“敬礼”，也有省略不用的。“此致”空两格写，“敬礼”另起一行顶格写。

5. 署名、日期

写明请假人姓名、日期。

[请假条例文]

请假条

××培训中心：

因我行于1月10日晚举行员工大会，任何人不得缺席，所以本人1月10日晚不能回校参加培训。特此请假，恳望批准！

此致

敬礼

××银行××支行

营业部刘××

××年××月××日

写作提示

撰写请假条的注意事项

1. 实事求是。写清请假的理由，不夸张、不伪饰，避免“找借口”之嫌。

2. 本人手写。请假条一般由本人写，如有特殊原因由他人代写，需在正文中说明。请假条一般手写，如果打印，落款处的姓名一般需要手写，以示郑重其事。

3. 言简意明。请假条要简洁明了，写明为什么请假、请假的起止时间和希望得到批准即可。

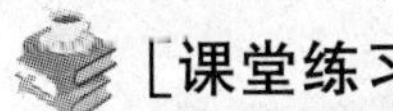

［课堂练习］

下面这张“请假条”错在哪里？请一一指出，并且改写。

陈老师：

我惭愧地提起笔，给您写信。

昨天，当我放学回家的时候，本来烈日当空，不料走到中途，突然下了一场大雨，我不能及时躲避，给雨水淋得浑身湿透。回到家以后，我觉得有点冷，妈妈说我着了凉。吃过晚饭，我开始咳嗽了，医生说我患了流行性感冒，要好好地休息。

我知道这一次的病是由于抵抗力太弱引起的，我后悔平时没有听您的教导，好好锻炼身体。今天，我不能到校来上课了。希望过两天以后，我能够痊愈，就回校补课。而且，今后我要认真地做早操了。

现在，妈妈叫我向学校请假两天，希望你能够批准。

学生：张明 4 月 4 日

三、凭证类条据

(一) 借条

借条是指向个人或公家借用现金或物品时，写给对方做凭证的字条。借条作为常用应用文有其固有的格式，在写作过程中要严格按照格式行文，以避免产生歧义或不必要的麻烦。

借条写作格式包括以下几点：

1. 标题

标题写在正文上方中间位置，字体稍大。标题的写法有两种：

(1) 直接由文种名构成，即写上“借条”字样。

(2) 把正文的前三个字作为标题，而正文从第二行顶格处接着往下写。如用“今借到”、“现借到”做标题。

2. 正文

正文一般是在第二行空两格处开始写，但以“今借到”为标题的收条是不空格的。正文一般要写明下列内容，即写明借款原因以及事实，出借人姓名，借款金额（一定要大小写）、币种，如果是有利息的还要注明利息的计算方式。

3. 落款

落款要写上立据人的单位名称和经手人姓名或借方个人的姓名。必要时需加盖公(私)章，以示负责。单位、个人名称前一般写上“立据人”或“借款人”字样。在署名上方还要写上借钱物的具体时间。年月日要写齐，不要只写月日。

[借条例文一]

借条

今日由于个人财务紧张借××1 000元整人民币。(壹仟圆人民币)

此据

借款日期：××年×月×日

还款日期：××年×月×日

借款人：＿＿＿＿＿＿(签名)

(身份证复印件粘贴在借条上)

[借条例文二]

今借到

××人民币＿＿＿元整(年利息＿＿＿%)，××年×月×日前还清本息。特立此据为凭。

借款人：＿＿＿＿＿＿(签名)

身份证号码：＿＿＿＿＿＿

××年×月×日

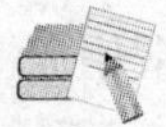

写作提示

撰写借条的注意事项

1. 最好附带在借条中体现借款人和出借人的身份证号码，这样可以避免不必要的纠纷。
2. 借款人签名的时候，出借人必须亲眼看其签名。
3. 借条的书写人必须是借款人，而不是出借人。
4. 尽量避免使用容易产生分歧的语言。
5. 金额要写清楚，同时写大小写金额的，切记核对数字。

[课堂练习]

1. 请指出下面例文的错误并加以改正。

借条

今借到500元钱，购买化肥，明天归还。

此致

敬礼

借钱人：赵晓阳

9月2日

2. 请根据下面材料替张强撰写借条。

张强和高明既是邻居又是同事，2004 年，张强向高明借了 14 000 元钱，2006 年 7 月，张强归还高明部分欠款后向高明打了借条。在借条上，张强写道：张强借高明人民币 14 000 元，今还欠款 4 000 元。

(二) 收条

收条是收到东西的个人或单位写给发送东西的个人或单位的一种凭据。收条是与借条相对应的一组对应公文。

收条写作格式包括以下几点：

1. 标题

标题写在正文上方中间位置，字体稍大，标题的写法有两种。

(1) 直接由文种名构成，即写上“收条”或“收据”字样。

(2) 把正文的前三个字作为标题，而正文从第二行顶格处接着往下写。

2. 正文

正文一般是在第二行空两格处开始写，但以“今收到”为标题的收条是不空格的。正文一般要写明收到的钱物数量、物品的种类、规格等情况。

3. 落款

落款要写上收钱物的个人或单位的名称姓名，署上收到的具体日期，一般还要加盖公章。是某人经手的一般要在姓名前署上“经手人”的字样，是代别人收的，则要在姓名前加上“代收人”字样。

[收条例文一]

收条

今收到高山乡铁匠沟大队马胜天、牛兴旺两同志送来的棉花技术承包合同资金三千圆整。

××省农业科学研究所
经手人：张玉山
××年××月××日

[收条例文二]

今收到

新桥大队王庄生产队养鸡专业户王学珍同志夫妇共同捐赠的办学经费伍佰元整，生产白品种鸡仔伍拾只。

长沙农业技术学校（盖章）
经手人：王国瑞
××年××月××日

[收条例文三]

长春市瑞安商会

【内部文件】

收条

今收到________________（单位）________________（经手人）________________（物品）________________（数量），此据。

详细：

签字：

日期：

写作提示

撰写收条的注意事项

1. 在写收条时，务必清点好所收到的物品钱款的具体数额，做到准确无误、不出差错。
2. 替别人代收的，应在题目使用“代收到”字样，在文尾署名时用“代收人”三个字。
3. 收条的语言一般较为简单，篇幅往往短小精悍。字迹不能涂改，数目要大写。

[课堂练习]

请指出下面两则例文的错误并加以改正。

例文一

收条

今收到××公司送来电动自行车共20辆。

××超市（盖章）

宗平

4月4日

例文二

孙磊同学因交通事故腿部受伤后，长江职教中心04级微机班全体同学自发为其捐款845元。3月24日班主任李兵老师将钱送到孙磊同学家中，请以孙磊父亲孙旭刚名义写一份收条。

附：1 2 3 4 5 6 7 8 9 0 十 百 千

壹 贰 叁 肆 伍 陆 柒 捌 玖 零 拾 佰 仟

收条

今收到长江职教中心04级微机班全体同学为孙磊捐款捌佰肆拾伍元整。

代收人：孙旭刚

2010年3月24日

（三）领条

领条是领取钱物的单位或个人在领到钱物后，向发放物品的个人或单位所写的一种凭据类的应用文样式。领条在领取物款时经常使用，发放人据此报销账目，而领取者据此表示已如数领取。

领条写作格式包括以下几点：

1. 标题

领条的标题写在正文正上方，字体稍大。标题一般由两种方式组成。一种是直接由文种名组成，即写上“领条”字样。另一种是以正文内容的前三个字为标题，即以“今领到”作为标题。这类标题的正文需顶格写。

2. 正文

正文一般从标题下一行空两格写起。正文的内容主要写明下列内容：从哪里领取，领取的东西有什么，其数目有多少。有的领条还要写出所领物品具体的用途。

3. 落款

落款即要在正文右下方写上单位、经手人名称、姓名。个人领取的则写上个人姓名。名下署上发文日期。落款处一般需要加盖公章和私章。

[领条例文一]

领条

领到办公室新发办公用品钢笔伍拾（50）支、拖把拾（10）把、垃圾斗拾（10）个、蓝墨水贰拾（20）瓶、信封伍拾（50）个、稿纸贰拾（20）本。

机要科：×××

××年××月××日

[领条例文二]

今领到

学工处下发的2014年勤工俭学工资捌佰（800）元整。

沈阳技术学院（盖章）

经手人：李锐

××年××月××日

写作提示

撰写领条的注意事项

1. 领条正文要具体写明收到的单据、钱物的名称、具体活动的物品数额（大写）。

2. 领条的语言一般较为简单，但具体钱物或物品的数额要具体。

［课堂练习］

请指出下面例文的错误，并加以改正。

领条

今领到厂财务科差旅补助 800 元整、摄像机一台、笔记本两台。

创作组（盖章）

张三

4 月 4 日

实战解析

任务一	评价
领条 今领到财务处交给的人民币贰万捌仟元整(28 000 元),用于广益食品有限公司年会的购物预支款。 经手人：李×× 二〇一四年九月十日	标题　居中 正文　具体写明钱物名称 数额　（大写）与用途 署名　写在右下角 时间

任务二	评价
收条 今收到李××为广益食品有限公司年会的购物单据一张（贰万柒仟肆佰圆整），购物余款人民币六百元整（600 元），年会活动物品的矿泉水贰拾箱，气球叁拾袋，奖品苹果笔记本叁台、三星手机伍个、索尼移动硬盘捌个。 此据 经手人：张×× 二〇一四年九月十日	标题　居中 正文　具体写明收到的单据、钱物名称、具体活动的物品数额（大写）。 署名 时间

任务三	评价
借条 今借到公关部的音响设备功放机壹台，音箱贰个，影碟机壹台，用于广益食品有限公司年会，会后第二天（9 月 15 日）归还。 经手人：王×× 二〇一四年九月十日	标题　居中 正文　写清跟谁借的、借什么东西、借多少、用于什么、什么时候归还。 署名 时间

任务四	评价
留言条 李经理： 今来您办公室向您借音响设备，不巧您出去办事了。下午三点我再来，如果您没空可否交由其他人代办理？以便我们今年年会使用。谢谢！ 经手人：王×× 二〇一四年九月十日	标题　居中 称谓　在标题下面第一项顶格写 正文　写明留言原因、相关事情、简单明确。 署名 时间

任务五	评价
请假条 黄总经理： 我因感冒发烧，需在医院住院治疗，今年年会不能参加了，特向您请假，请黄总经理批准。 销售部经理：张三 二〇一四年九月十日	名称 顶格　写称谓 正文　写明请假原因、时间，语言简洁。用“请××批准”，用语礼貌，符合身份。 署名 时间

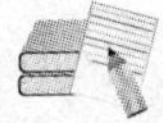

写作提示

撰写条据的注意事项

1. 条据必须由对方亲笔书写，接收方不能代笔，要交代清楚四项要素，即写给谁，什么事情，谁写的，什么时间写，要一一写明。

2. 条据涉及的钱物数量要写清楚，数字要大写，数字前不能留空白，后面要写明计量单位。

3. 语言要避免歧义，以免造成纠纷。

4. 内容不可涂改，文面保持整洁。如确实需要改动内容，改动处必须加盖印章。

5. 用墨应用蓝色或黑色钢笔或圆珠笔，不要用铅笔、易褪色的墨水或红色墨水。字迹应工整、清楚。

实战练习

根据材料撰写相关条据。

【情境描述】

同学甲、乙、丙三人拟共同投资开设一家咨询公司，商议各自出资 5 万元入股。同学甲手头资金不足，故向同学丙提出借款 3 万元，并允诺 1 年后付清本息。同学丙同意。三天后，同学丙将 3 万元交付同学甲。

三人正式筹建公司时，同学乙收回对外出租的私房，拟日后作为公司经营用房。同学乙提前收回房屋，向原承租人给付 4 000 元解约金。甲、乙、丙三人口头约定，乙的这笔损失日后由公司补偿。同时口头约定，日后公司使用同学乙的私房办公，由公司每月给付同学乙 2 000 元使用费，从同学乙与原承租人解约之日起算。

就在三人办理营业执照的过程中，甲、乙、丙关系突然恶化，导致开办公司的事宜中途夭折。

【发生的问题】

(1) 丙要求甲偿还借款3万元。如果甲声称自己并未向丙借款。丙如何才能证明双方存在借贷关系？

(2) 如果丙拿出了与甲的借款合同，但甲声称丙并未实际给付。丙如何才能证明自己给付了这笔借款？

(3) 公司无法开办，甲把从丙处借来的3万元借款用于买QQ车。由于甲、丙之间没有任何借贷手续，丙觉得不踏实，于是要求补签手续，这个手续可以怎么签？

【问题简析】

本任务涉及借条（证明借贷关系与给付事实）和收条（证明付款或还款）两种文体。其中借条的主要内容是：同学甲乙丙三人拟共同投资开设一家咨询公司，商议各自出资5万元入股。同学甲手头资金不足，故向同学丙提出借款3万元，并允诺1年后付清本息。同学丙同意。三天后，同学丙将3万元交付同学甲。收条的主要内容是：当同学甲提出借款请求后，同学丙同意，双方签署借款合同。三天后，同学丙把钱给付同学甲，并向甲索要收据。

模块二　书信　启事

任务描述

广益食品有限公司海南分公司食品加工部门大批机械出现故障，已经严重影响产量，初步分析可能是由于食品原料或者加工技术的问题，这一问题如果不能及时解决，将给公司带来巨大的损失，因此海南分公司的负责人张三迅速向北京总公司提交一份申请，申请总公司选派一批技术员到海南帮助解决问题。李茂在得知这一问题后第一时间召开会议，要求技术总监李四亲自带队解决这一问题。李四一行四人带着人事处的介绍信迅速赶往海南，两天之后问题得到圆满解决。李茂听到这一消息后非常高兴，将表扬信发到了海南分公司，同时她也意识到技术人员的匮乏将影响公司的发展。这天，李茂将招聘新员工的事情向人力资源部经理杜诺作了交代，并叮嘱她，能否聘到合适的新员工，对公司下一阶段目标的实施有直接影响。杜诺迅速开展工作，指挥部门人员有条不紊地着手招聘的各项工作……

任务解析

本模块的最终任务是撰写书信、发布启事。在写作之前，每个小组都要做大量的准备工作，例如：了解申请书、介绍信、表扬信书写时的注意事项，能够依据工作情境选择启事的种类。

理论知识

一、申请书

(一) 申请书的概念和类型

申请书是个人或部门向上级组织、机关、企事业单位或社会团体表述愿望、提出请求时使用的一种书信体专用文书。

申请书按内容分，主要分为三类：

其一，参加某种组织的申请书。这是要求参加某一社会团体、党派而写的申请书，如申请加入党组织、团组织、少先队、工会和参军等。

其二，要求解决问题的申请书。如请求工作调动、申请住房、申请出国留学、申请转正等。

其三，主张某种权利的申请书。如专利申请书、申请结婚、领养子女申请书、商标注册申请书等。

(二) 申请书的特点

(1) 请求性。“申请”的意思是申诉自己的理由，是一种请求基于满足的应用文书，请求性是其根本特点。

(2) 目的性。申请书是为请求解决问题而写作。希望如何解决必须在文中表达清楚。

(3) 单一性。申请书要求一文一事，不可一文多事，这样才能利于解决问题。

(三) 申请书的写法

申请书严格按照书信体的格式写作，一般由标题、称谓、正文、结语、落款组成。

1. 标题

申请书的标题最为常见的是写明“申请事由＋文种”，如“入党申请书”、“贷款申请书”；可以只写文种名称“申请书”；有的采用公文式标题，由“关于＋事由＋文种”构成，如“关于参加第八期党员培训班的申请书”；也可以只标出申请事由，如“申请补办身份证”。标题写在首行居中位置。

2. 称谓

在标题之下另起一行，顶格书写收文单位、组织名称或负责人姓名、职务等。

3. 正文

申请书正文的行文顺序一般如下：

(1) 申请事项。首先开门见山、清楚明白地提出申请的事项，这是申请的目的所在。

(2) 申请理由。围绕申请事项，阐述申请的理由，这是申请的依据所在。申请理由应充分，有说服力，抓住重点，突出要点，这样有利于对方接受请求、解决问题。

(3) 申请态度。一般围绕申请事项，向所申请的组织或负责人真诚表达申请获批后的态度、决心、愿望等，或作出相应的保证和承诺。

4. 结语

申请书的结语可有可无。如有，一般采用敬语或祈请用语，如“此致敬礼”、“请组织考察”、“盼予以解决”等。入党申请书则常用“请党组织考验我”这样的祈请句做结语。

5. 落款

落款包括署名和署时，写在正文右下方。可以直书其名“×××”，也可加前缀“申请人：×××”。署名下行写明申请的年月日。如果是单位申请，还要加盖公章。

[申请书例文一]

关于增设××省公路学会材料专业委员会的申请书

尊敬的××省公路学会：

为加强我省交通建设筑路材料的科研与学术能力，提高我省筑路材料的整体水平，培养专业性人才，充分发挥公路学会在交通基本建设中的地位和职能作用，我院现申请增设××省公路学会材料专业委员会，并由我院作为挂靠单位。

××省交通科学研究院始建于1959年，是隶属于××省交通厅的事业单位，主要从事科研开发、试验检测、工程监理、交通信息研发、技术咨询、科技成果推广应用业务等。近年来，我院承担并出色完成科研项目百余项，获国家、省部级科技进步奖数十项。

2007年12月，交通运输部认定依托我院建设的“高速公路养护技术实验室”为交通行业重点实验室，主要研究方向为高速公路路面结构损伤机理与防治技术、高速公路扩容及道路新材料应用技术、路面再生和重铺技术、高速公路快速修复技术与设备研制等四个方面。交通部行业重点实验室的成立，使××交通科技在全国交通行业内的知名度显著提高，影响力不断扩大，科研资金与重大项目竞争力日益增强。

我院研发了高模量沥青混凝土、阻燃温拌沥青混合料、厂拌热再生、膨润土基乳化沥青等筑路材料科技技术，获得了“强黏结性乳化改性沥青及其制备方法”、“路用膨润土基乳化沥青及其制备方法”发明专利，在筑路材料科技领域中处于国内领先地位。

目前全院正式职工现有144人。职工中专业技术人员占92%；中级以上人员占69%；本科以上学历占81%，其中博士4人，硕士42人。形成了年龄结构、专业结构、职称结构合理，学历层次高，技术能力强的人才队伍。

综上所述，我院有能力组建××省公路学会材料专业委员会。

现将材料专业委员会基本情况汇报如下：

一、业务范围

1. 认真遵守学会章程，执行××省公路学会的决议，承担并完成××省公路学会委托的任务，接受挂靠单位的领导与指导。

2. 举办各种筑路材料科技相关学术交流会议、讲座、科普教育、科技咨询、等各种学术性活动及科普工作。

3. 在进行公路建设的过程中，通过不断的科学实验和研究，积极研发和引入新材料，使我省公路建设在筑路材料科技方面的技术和质量不断突破和提高。

4. 努力推动本专业领域的科技创新、成果推广、技术培训和科技进步。

5. 针对筑路材料科技上的难点问题，组织专题调研、学术研讨。

6. 反映本专业领域科技工作者的意见、诉求和建议。

7. 推荐、表彰和奖励优秀材料科技工作者。

8. 承接项目评审、标准制定和成果鉴定等工作。

9. 完成学会安排的其他相关工作。

二、人员组成

主任委员：刘××。

副主任委员：张××、王××、欧××。

委员：贾××、王××、孟××、王××、朱××、吕××、高××、王××、程××。

秘书：陈××。

三、经费

1. 经费来源

(1) 学会下拨的活动经费；

(2) 挂靠单位的资助；

(3) 有关单位的赞助；

(4) 捐赠；

(5) 业务培训及科技咨询活动等收入；

(6) 其他合法收入。

2. 本专业委员会的活动经费使用接受××省公路学会的指导、监督。

我们将秉承学会宗旨，认真宣传国家和交通部及省主管部门关于筑路材料研发的方针政策、法律法规、技术标准规范，努力为企业、行业服务，团结全体委员，协调行业关系，组织开展业务培训，技术交流活动，沟通行业信息，不断提高筑路材料质量，提升材料研发水平，努力做好各项工作，促进全省交通建设事业发展。

望贵会批准为盼。

××省交通科学研究院

2013 年 12 月 5 日

[申请书例文二]

试用期员工×××转正申请

尊敬的主管领导：

本人于 2013 年 5 月 10 日成为公司的试用员工，至今天 6 个月试用期已满，试用期间个人表现良好，符合公司人事管理制度转正要求，先申请转为公司正式员工。

作为一个应届本科毕业生，在公司轮岗实习期间，我先后在工程部、成本核算部、市场营销部和行政部等 4 个部门分别实习了一段时间。这些部门的业务本人以前未接触过，与我大学所学专业知识也有较大差异，但是各部门领导和同事给予我足够的理解、无私的帮助和耐心的指导，使我在较短的时间内迅速适应了公司的工作环境，也掌握了这些部门的基本业务流程和工作内容。

在公司实习期间，本人一直严格要求自己，认真及时地做好领导布置的每一项任务；遇到专业和非专业上的问题时虚心向同事学习请教，不断提高自己的业务技能，希望能尽早独立履职。当然，初入职场，工作上出现不少差错，幸好没有给公司造成损失。但前事之鉴，后事之师，这些经历也让我不断成长，在处理各种问题时考虑得更全面，采用工作方案更加成熟。在此，真诚感谢部门的领导和同事对我的入职指引和帮助，感谢他们对我工作中出现失误时的提醒和纠正。

作为自己的第一份工作，这半年来我受益匪浅。看到公司的迅速发展，我深深地感到庆幸和自豪，也更加迫切地希望成为公司的一名正式员工，以实现自己的职业奋斗目标，体现个人的人生价值，与公司一起成长。如能转正，我必定以更加谦逊的态度、饱满的热情和严谨的精神做好我的本职工作，为公司创造价值！

特此申请，恳盼批准。

申请人：××部×××

2013 年 11 月 10 日

写作提示

撰写申请书的注意事项

1. 内容明确。

申请的事项要明确具体，不能模糊含混，要开门见山，不能委婉曲折。要求一事一议，切忌同时申请多个事项，申请事项要写清楚、具体，涉及的数据要准确无误。

2. 理由充分。

申请理由写得充分才便于相关的组织、单位、领导等了解和把握申请者的意愿和动机，才利于申请事项的解决。

3. 语言恭敬。

申请书是祈请性书信，用语不能随意，更不能无理，应把握分寸，表现出恭敬或庄重的态度。

二、介绍信

（一）介绍信的概念及分类

介绍信一般是机关、企事业单位、中介机构等社会正式组织向有关单位证实本单位人员身份、使命等客观情况的一种事务性书信。

介绍信一般分为固定格式介绍信和随机性介绍信两种。固定格式介绍信往往由单位按照统一的固定格式印制，一般共有两联，一联是存根，另一联是介绍信的正文。两联正中间有缝，同时编有号码。正文按照具体情况填写称谓、介绍对象、介绍事项、落款等事项，然后加盖公章即可。随机性介绍信则是根据具体事项，按照正式格式临时撰写的介绍信，一般不带存根。

(二) 介绍信的特点

介绍信的主要特点是凭证性，持介绍信的人，可以凭借此信同有关单位或个人联系、商洽某些事项。因此，介绍信应说明持介绍信者的姓名、职务和性别，要接洽的事项和向接洽单位或个人提出的希望。

(三) 介绍信的写法

介绍信一般由标题、文件编号、称谓、正文、结语、落款等部分构成。

1. 标题

介绍信的标题一般直接以文种"介绍信"为标题。此外，还有这几种撰写形式："作者＋文种"、"问题性质＋文种"、"作者＋问题性质＋文种"。例如，"中国网通集团公司介绍信"、"关于运送赈灾通信器材的介绍信"、"中国网通集团公司关于运送赈灾通信器材的介绍信"。

2. 文件编号

固定格式介绍信通常一本或一年有一个总流水编号。随机性介绍信则可以一年编写一个总流水账号。形式一般为"××字（20××）第×号"样式，位于文书右上角。

3. 称谓

介绍信的称谓是在标题下隔行顶格书写受文单位名称。

4. 正文

介绍信的正文内容会因具体情况不同而有所差异，一般应包括被介绍人的姓名、职务身份、政治面貌、任务使命、身份证件等。有时若需要还应该说明成文的原因或依据。

5. 结语

介绍信常常以表示敬意、感谢、请求或希望的惯用语作结，如"请予接洽为盼"、"请协助为荷"、"请予支持和帮助"、"此致敬礼"等。

6. 落款

在正文结束的右下方书写发文单位名称、时间，并加盖公章。印章位置应该上不压正文，下压日期。介绍信的时间一般有两部分，一个是介绍信的有效期限，常写作"（×日内有效）"，置于正文左下方；另一个是介绍信开具的日期。

[介绍信例文一]

抗震救灾介绍信

各相关部门：

2008年5月12日14时28分四川省汶川地区发生了8.0级特大地震灾害。现有我单位组织抢运抗震救灾物资的18辆运输卡车赶赴四川省地震灾区，灾情紧急，请沿途各相关单位给予大力协助与支持为荷。

此致

敬礼

××市民政局（公章）

二〇〇八年五月二十日

[介绍信例文二]

介绍信

________字（2008）第____号

____

兹有我单位____________________等同志____________人前往贵处联系____请予接洽为盼。

此致

敬礼

签发单位

（盖章）

（此信限______日内有效）　　____________年______月______日

写作提示

撰写介绍信的注意事项

1. 介绍信的内容必须客观真实，不能弄虚作假。

2. 有效期限一定要写清楚，宽限适宜。

3. 接洽联系的事项要写得简明扼要。首先一定要在文中向收信人表示感谢，做到礼貌不失礼节。

4. 固定格式的介绍信要留存根或底稿，存根和底稿的内容要同介绍信正文完全一致，并经开介绍信的人认真核对。正文与存根之间应该加盖公章，以避免造假行为。

5. 篇幅要简洁，语言要流畅，书面语色彩不要太重。

三、表扬信

（一）表扬信的概念及分类

表扬信是用来表彰某个行政机关、企事业单位、社会团体或个人的先进思想、先进事迹、高尚风格，用以弘扬正气的一种专用书信。它与嘉奖令、表扬性通报的区别主要在于它不是正式公文文种，没有正式公文的荣誉奖励效力。但表扬信足可以使受表扬者受到鼓舞，使广大群众得到教育。

表扬信按照表扬双方的关系不同，可分为上级对下级、团体对个人的表扬和群众之间的表扬。按照被表扬者的身份不同，可分为对集体的表扬和对个人的表扬。

（二）表扬信的特点

1. 弘扬正气，褒奖善良

表扬信要表扬的都是那些为社会做出贡献的单位或个人，有助于形成一个良好的社会风气。

2. 表扬为主，兼顾感谢

表扬信一般均有感谢的成分，尤其是表扬的事迹同写信人有关时，更要在表扬信中表达出自己的感谢。

3. 发文的公开性

表扬信可以张贴、登报，也可以在广播、电视台上播放。

（三）表扬信的写法

表扬信一般由标题、称呼、正文、结尾、结语和落款六个部分组成。

1. 标题

一般而言，表扬信的标题单独由文种名称“表扬信”组成，位于第一行正中。

2. 称呼

称呼是在标题下隔行顶格书写被表扬的机关、单位、团体或个人的名称、姓名。写给个人的表扬信，应该在姓名之后加上“同志”、“先生”、“女士”等字样，后面加上冒号。若是直接张贴到某机关、单位、团体的表扬信，开头可不必再写受文单位。

3. 正文

正文一般由交代表扬的理由和指出行为的意义两个部分组成。

（1）交代表扬的理由。用概括叙述的语言，重点叙述人物事迹的发生、发展、结果及其意义。叙述要清楚，要突出最本质的方面，要多用事实说话，少讲空道理。

（2）指出行为的意义。在叙事的基础上进行评价、议论，赞颂该人所作所为的道德意义。

4. 结尾

结尾部分要提出对对方的表扬，或者向对方的单位提出建议，希望对××给予表扬。如“××同志的优秀品德值得大家学习，建议予以表扬”。写给本人的表扬信，则应适当谈些“深受感动”、“值得我们学习”等方面的内容。

5. 结语

在正文下方写上“此致敬礼”等结束用语。但“此致”、“祝”、“谨表”、“向您”等字写在末尾，其余的字，另起一行，顶格写。

6. 落款

落款应写明发文单位名称或个人姓名，并在右下方注明成文日期。

[表扬信例文一]

表扬信

厦门大学：

5月12日午后4时，我公司陈晓同志出差在厦门突发心脏病，你校文学院2012级学生王晓雪同学将她安全送到人民医院救治。这种助人为乐的精神使人敬佩，请你校给予表扬。

此致

敬礼

广益公司全体同志

二〇一三年五月二十日

[表扬信例文二]

表扬信

××电视台《××》栏目组：

贵单位××、××两名同志来我支队拍摄节目期间，虽然拍摄工作难度大，但他们能够忘我工作，迎难而上，顺利地完成了拍摄工作，给我支队官兵留下了深刻的印象。

特别是在10月24日，为了完成拍摄任务，他们从早上8点一直工作到第二天凌晨3点，驱车近500千米，先后到湖南省长沙市、广东省韶关市采访有关人员。为了把镜头拍好，他们不惜以身试险，带着器材下到50多米深的悬崖下面取景；对不满意的镜头，他们不放过一个，不辞劳苦地重复多次，直到满意为止。

希望贵单位能适时对××两位同志予以表扬和奖励。

此致

敬礼

市公安消防支队

二〇一二年二月五日

写作提示

撰写表扬信的注意事项

1. 叙事要实事求是。

对被表扬的人和事的叙述一定要准确无误，既不夸大，也不缩小。

2. 评价要恰如其分。

要用事实说理。要充分反映出对方的可贵品质。动人事迹，做到见人、见事、见精神。不要以空泛的说理代替动人的事迹。

3. 表扬和赞颂的语气要诚恳。

行文要流畅，所用语言要自然贴切，切忌堆砌溢美之词，使人感到不可信，也令受表扬者感到不快。

4. 表扬信可以组织名义写，也可以个人名义写。

5. 表扬信中除了信中给予的表扬外，也可以建议有关部门给予表扬。

四、启事

（一）启事的含义

启事，“启”有“陈述”之意，“事”即“事情”之意。启事是党政机关、企事业单位、社会团体或个人，需要向公众说明某事或希望公众协助办理某事时使用的一种应用文书。

（二）启事的类型

启事的种类很多，根据启事事项的不同，一般分为以下四类：

(1) 寻领类启事：寻人启事、寻物启事、招领启事等。

(2) 征召类启事：征文、征订、征集设计启事；招生、招考、招聘启事等。

(3) 周知类启事：开业启事、迁址启事、变更启事、婚庆启事等。

(4) 声明类启事：遗失启事、更正启事和其他声明启事等。

（三）启事的特点

1. 公开性

启事所涉及的内容必须是需要向社会大众公开陈述的有关事项，它往往采用多种多样的发布途径和发布形式：既可以抄写张贴在公共场所，也可以印制成印刷品广泛传播；既可以在报刊登载，也可以利用广播、电视、网络传播。

2. 知照性

启事对公众没有强制性和约束力，发布启事的单位或个人与告知对象之间在行政上并没有隶属关系，它不能硬性规定人们必须收看、阅读，更不能强制别人必须办理、执行，只能用商洽的语气陈述有关事项。

3. 简明性

启事的事项要单一，无论是登报、广播、电视或张贴，启事都要写得十分简明，有的启事三言两语，有的启事用单行单句排列内容，尽力做到一目了然。

（四）启事的写法

启事通常由标题、正文、落款三部分组成。

1. 标题

首行正中写标题。标题的写法多样：由“启事单位＋事由＋文种”构成，如“四川美风化工股份有限公司招聘启事”；由“事由＋文种”构成，如“招领启事”、“开业启事”；

由“启事重要或紧急程度+文种”构成，如“重要启事”、“紧急启事”；仅由文种“启事”二字构成；仅由“事由”构成，如“寻人”。

2. 正文

标题下一行空两格开始写正文。不同类型的启事正文内容有所不同，一般包括：启事的目的、意义、内容、要求、条件、具体办理方法等。正文写法形式多样，可以一段到底，也可以分段写，内容多的宜逐条分项写清楚。

招聘启事，要写明招聘单位、招聘工种、招聘人数、应具备的条件、报名事项及考核录用办法，有的还需说明待遇。

寻物启事是个人或单位丢失物品，希望通过启事得到帮助找回物品的一种应用文。寻物启事一般可张贴于丢物的地点，或贴在单位门口或街巷较显眼的位置，有的寻物启事刊登在报纸杂志上。

寻物启事写作要求：写明丢失物的名称、品牌、外观、规格、数量等，同时要写明丢失的原因、时间和具体地点；交代清楚拾物者送还的具体方式，或注明发文者的详细地址、联络方式等；寻物启事是求人协助寻找的，故除文中写些表谢意的话外，还可以写明给予拾到者必要的酬金之类的话，以表达重视和诚意。

[寻物启事例文]

寻物启事

本人不慎于2013年元月25日乘坐七路汽车时，将部队复员证、驾驶证、复原介绍信等重要证件遗失在车上。当天我在望海路上车，湾仔路下车。如有拾到者请与××厂机修车间×××联系，必有重谢。联系电话：×××××××××。

启事人：×××

2013年1月26日

开业启事是商店、饭店、旅馆、加油站等各种服务性经济实体以及各类公司开始营业时，为招揽顾客、促进效益所发布的一种启事。它可以张贴在自己的门面或其他合适的地方，也可以在各种媒体上发表。开业启事的主要功能是宣传自己，让更多的人知道自己、熟悉自己，以期取得良好经济效益。开业启事一般要写明企业性质、宗旨、经营范围及地址、电话等，一般还会写上“欢迎惠顾”一类词语。有的开业启事还写上负责人的姓名，有的甚至列上祝贺单位名称，以显热烈隆重。

[寻物启事例文]

××加油站开业启事

××加油站定于2012年10月18日上午8点正式对外营业。本加油站由国家一级企业××炼油厂和××工业公司联合经营，是本地区投资规模最大，设施最先进完备的经营服务性企业。本站服务宗旨：保质保量、价格合理、热情服务、用户至上。

本站汽油、柴油由炼油厂直接供应，汽油内加有清洁剂，可显著减少机车的结碳、油泞现象，质量稳定可靠。本站另设有新华润滑油厂产品专柜，优惠供应各种小包装润滑油，量大可按出厂价供应。

本站实行全天候24小时服务，内设小卖部、客户休息室，本站对所有供油客户提供优质服务：优惠洗车、优惠换机油、免费充气、免费供应茶水。尤对定点供油车辆的客户开设全方位“五免费”服务：免费送油上门；免费洗车；免费换机油；免费充气；免费供应茶水。

本站地处××路3101号，××立交桥北800米（马桥营房东大门对面）加油车辆进出备有双向车道。热忱欢迎驾驶员及各方人士光临！

××加油站

2012年10月10日

庆典启事，是党政机关、社会团体、企事业单位举办有关庆祝或纪念活动时，由筹办单位、部门向社会各界及有关人员告知庆典事宜的启事。正文一般包括五项内容：庆典缘由；庆典活动安排，包括时间、地点、组织接待、内容、参观人等事项；其他有关事项及要求；欢迎参加庆典活动的结束语；单位地址、联系人、联系方式等。庆典启事正文中的各项内容要写得具体、清楚，要让人明白邀请的是哪些人，参加庆典活动应做什么准备。对从异地前来参加庆典活动的代表，还应告知接待时间、地点、接站方式或交通路线等事项。

搬迁启事，一般要写清迁移日期、新址、电话以及方便联系的有关事项。

正文后可以写上“此启”或“特此启事”等结束语，也可不写。

启事结尾一般包括联系地址、联系人、联系电话、电子邮件等。

3. 落款

落款包括启事单位及日期。如果标题或正文中已写明单位，此处可省略。以机关、团体、单位名义张贴的启事，一般应加盖公章。

[招聘启事例文]

《××网》招聘启事

现因工作需要，特向社会公开诚聘4名工作人员。

一、职位描述

1. 中文编辑职位描述：

负责中文网络科技新闻信息的采集与编辑、科技新闻专题的策划与制作、网络科学社区的管理与维护和科技信息资源库的建立、维护与推广。

2. 英文编辑职位描述：

负责英文网络科技新闻信息的采集与编辑、科技新闻专题的策划与制作、网络科学社区的管理与维护和科技信息资源库的建立、维护与推广。

二、招聘条件

1. 中文编辑岗位要求：

（1）理工科类专业毕业，大学本科及以上学历；

（2）知识面宽，有较强的文字驾驭能力，对科技发展及网络新闻行业有敏锐的洞察力和工作热情；

（3）有网站编辑或传统媒体经验或相关工作经验者优先。

2. 英文编辑岗位要求：

（1）本科及以上学历；理工科类专业毕业者需要有较高的英语水平，或者是英语专业毕业者需要有宽广的理工科知识背景；

（2）知识面宽，有较强的文字驾驭能力，对科技发展及网络新闻行业有敏锐的洞察力和工作热情；

（3）有科技翻译经验或网站编辑经验者优先。

三、应聘要求

有意者请将个人简历、毕业证复印件、身份证、联系电话、任职资格证及个人业绩相关证明材料复印件寄至：四川省德阳市天山南路三段55号××网络公司人事部（邮编：618888）或E-mail至：mfrlb@163.com。

咨询电话：0838－2228215。报名截止日期：2013年4月15日。

二〇一三年四月七日

简析

这则招聘启事格式比较规范，由标题、正文、落款三部分组成。正文又分为开头、主体、结尾三部分：开头一句话交代了招聘的目的和对象；主体部分从职位描述、招聘条件、应聘要求三个方面说明了岗位工作职责（干什么）、应该具备的条件（什么样的人能干）、如何应聘（怎么办）；结尾部分告知了联系电话和报名截止日期。全文思路清晰，言简意赅，语言得体。

写作提示

撰写招聘启事的注意事项

1. 一事一启。

启事事项单一，便于公众理解和记忆，也便于他人提供帮助。

2. 言简意明。

启事要精炼简明，通俗易懂，不要写得雾里看花，不得要领。

3. 用语礼貌。

启事措辞要礼貌，注意适当运用一些表示欢迎、希冀、感谢之类的语句。

补充知识

“启示”与“启事”的区别

“启示”和“启事”，音同义近，我们在日常的使用中也往往不注意区别，因此二者常被混淆错用。

“启示”的意思是：启发提示，使有所领悟；通过启发提示领悟的道理。“示”本指把东西给人看，在“示威”、“示弱”、“示众”等词语中，“示”皆为其本义。由此再引申，“示”又有指示、开导、让人明白某种道理的意思。

“启事”的意思则是：为了说明某事而登在报刊上或贴在墙上的文字，是向公众说明有关事宜。

实战练习

1. 根据下面材料，以申请人的身份撰写一篇申请书。

广元海南分公司从美国进口的自动磨边、钻孔、倒棱清洗、玻璃表面涂饰专业设备和玻璃弯曲生产线、静电粉末喷涂生产线，以及从德国引进的仿金电镀生产线和造型新颖别致的模具。据公司财务部统计，每年可产中空玻璃制品×万件，平板玻璃灯具配件和其他制品×万件，针对市场需要的具有欧洲和亚洲特色的高、中档灯具也可成套生产，并能向国内灯具厂家供应大量的配件。其年产值为×万元，可创利润×万元。当前，因改善了产品结构，生产情况和产品销路都将会有根本性好转。目前企业存在的主要问题是流动资金严重缺乏。在引进新设备之前，共有流动资金×万元；新的设备和生产线投入生产后，银行增加带宽×万元，但实有流动资金仅占实际需要的1/3左右。这对维持正常生产、充分发挥新引进的几条生产线的生产能力，实际上已构成了严重的威胁。所以需要总公司能够帮助补借流动资金×万元，以便企业尽快摆脱困境，渡过难关。

2. 请分析下列招领启事存在的问题并予以修改。

招领启事

本人于今天下午在学校篮球场上拾到黑色钱包一个（长20厘米，宽10厘米），内有现金350元（100元2张，50元1张，20元5张），请失主速来认领，过时不候。

做好事者：×××

2013.6.8

项目二

学业文书

学习目标

◎ 知识目标

1. 掌握毕业设计报告的格式及注意事项；
2. 掌握毕业论文的选题方法；
3. 掌握毕业论文的格式及写作要求。

◎ 能力目标

1. 能够根据材料撰写毕业设计报告；
2. 能够根据材料撰写毕业论文。

项目概要

模块一	在校学习与实习	实验报告　实习报告
模块二	毕业与撰写论文	毕业论文　毕业设计报告

项目情境

周小北是大连某职业学院 2013 级软件技术专业的学生，大二暑假一次偶然机会他进入上海某软件公司实习。虽然实习期仅有一个月，但是周小北已经设计好了自己的职业生涯路线，她要管理、技术“两条腿走路”：自己具备良好的组织管理、人际沟通能力，将努力在行政管理方面有所作为，争取在行政职务上几年一个台阶；另外在软件开发方面，更要不断提升专业技术职务，她计划在 7 年内评上工程师，再工作 5 年，评上高级工程师，然后争取在 40 岁之前评上教授级工程师。为了这一职业生涯目标的实现，周小北抓紧自修软件技术专业的本科课程，同时积极撰写科技论文，为以后的工作打下坚实基础。

模块一 实验报告 实习报告

任务描述

王东东是武汉××职业学院环境与生化工程系生化制药专业2012级的学生。大学期间，他和同班同学一道，在老师的带领下，在实验室里进行化学实验或者到公司实习。每次实验、实习，他们都要根据实验记录，按照实验报告或者实习报告的格式要求，写成一篇实验报告和实习报告。

任务解析

本模块的最终任务是完成实验报告和实习报告的撰写。在开始写作条据文书之前，每个小组都要了解实验和实习的目的、基础知识以及实验的流程。

理论知识

一、实验报告

(一) 实验报告的含义及类型

实验报告是记录、描述科学实验的目的、方法、过程和结果等书面的记录材料，是科研人员记录、反应科学实验成果的一种形式。实验报告必须在科学实验的基础上进行，其中常使用术语、符号、公式，并借助图标等来进行表述。

实验报告还可以根据实验的类型分为验证型实验报告、设计型实验报告、科学研究型（创新型）实验报告和综合型实验报告。

随着科学事业的日益发展，实验的种类、项目等日渐繁多，但其格式大同小异，相对比较固定。

(二) 实验报告的特点

(1) 确证性。实验报告所记录的实验结果，要经得住任何人的重复和验证。

(2) 纪实性。实验的过程和结果必须如实记录，不能歪曲事实，捏造实验数据。

(3) 程式性。实验报告表达要规范，文字应简明，常使用专用的报告单或比较固定的报告格式。

(三) 实验报告的写作格式

不同的实验种类、实验方法，实验报告的写法不尽相同，但一般都包括如下内容：

1. 实验名称

实验名称即实验报告的标题。标题力求明确醒目，一般由“实验内容＋文种”构成，如“气垫导轨上的电磁感应实验报告”。如验证某程序、定律、算法，可写成“验证×××”、“分析×××”、或“×××实验报告”。

2. 实验目的

实验目的要明确，说明为什么做实验，要解决什么问题。有时候为了更好地说明实验目的，还要交代实验的背景或以前的研究情况。

3. 实验环境、配置和器材

写清实验用的软硬件环境、配置和器材，说明实验中使用的主要仪器设备及试样、材料的种类、数量、材质、处理方式、规格等。

4. 实验步骤及方法

按照实验的先后顺序逐条描写实验的每一个步骤及实验操作方法、过程。只写出主要操作步骤，必要时还应画出实验流程图（实验装置的结构示意图），再配以相应的文字说明，这样既可以节省文字说明，又能使实验报告简明扼要，清楚明白。

5. 实验结果及分析

实验结果包括对实验现象的描述，实验数据的处理等。首先简要说明实验获得的数据（包括数值数据和观察到的现象）。实验数据必须以实验原始记录为依据，并且对原始数据进行加工、整理，然后描述处理数据运用的计算方法、排序的规则等，最后以规范的表格、图形、图像等形式将数据处理的结果展现出来。

对于实验结果的表述，一般有三种方法：

（1）文字叙述。即根据实验目的将原始资料系统化、条理化，用准确的专业术语客观地描述实验现象和结果。

（2）图表。即用表格或坐标图的方式使实验结果突出、清晰，尤其适合分组较多的实验，便于相互比较，使组间异同一目了然。每一图表有表目和计量单位，应说明一定的中心问题。

（3）曲线图。即应用记录仪器描记出的曲线图，能够使实验结果形象生动、直观明了。

研究者根据实验研究的客观事实和结论，结合自己的经验和认识，讨论、研究与实验结果有关的问题，可以对研究进行解释，也可以提出自己的观点、建议和设想，还可以写出本次实验的心得或针对实验进行讨论。

6. 实验结论或建议

结论是实验报告主体的最后部分，是对实验全过程进行总结。结论不是具体实验结果的再次罗列，是针对这一实验所能验证的概念、原则或理论的简明总结，是从实验结果中归纳出的一般性、概括性的判断。比如实验仪器对本实验的适应性，实验的方法还可以应用于哪些实验，本实验还应在哪些方面进行改进，等等。实验结论应严谨、客观、准确、简练。

［实验报告例文一］

科学处理、合理利用废弃复合包装的实验报告

一、实验目的

据报道，我国产生的复合包装饮料盒每年达100多亿只，折合10多万吨，加上复合纸杯、纸袋等，超过20万吨，年均增长率超过10%。这类包装物都是用上等的造纸原料、特种优质塑料、优质铝箔制成的。我国一些专家认为这类包装好用不好处理，不能重复利用，甚至谴责这些包装生产厂家宣传其“降解”、“环保”是虚假的。因为填埋百年不烂，焚烧又污染空气，所以有关专家早就大声呼吁尽快研究开发出不对环境造成污染的替代产品，但目前又找不到包装功能可与这类符合包装媲美的替代产品来。因此，因噎废食是行不通的，资源化处理这类复合包装才是唯一的出路。经过长时间的实验，发明了一种分离方法和相应的装备。实践证明，这种方法不仅可使这类包装废弃物重复利用，不污染环境，而且还能获得可观的经济效益。如果全国乃至全球推广应用，能使这类包装健康、持续发展，免遭封杀。

二、实验材料、装备与方法

2.1　实验材料

2.1.1　废弃复合包装类

a. 国产复合材料生产工厂产生的废料、边角料；

b. 中国广东佛山华新（利乐）复合材料有限公司产生的废料、边角料；

c. 社会上弃于地上的废牛奶盒、纸袋、饮料杯、饮料盒；

d. 台湾利乐公司对其无菌包装废弃物回收提取大部分纸纤维后认为再无法循环利用的粘有塑料、铝箔和少量纤维的残渣；

e. 巴西利乐公司对其无菌包装废弃物的回收提取大部分纸纤维后认为再无法循环利用的粘有塑料、铝箔和少量纤维的残渣；

f. （略）

2.1.2　分离用介质：复合溶液（略）

2.1.3　分离用添加剂（略）

2.2　实验装备

2.2.1　半自动间歇式分离机

2.2.2　全自动连续式分离机

2.2.3　塑料回收装置和造粒机

2.2.4　纸铝分选机

2.3　实验方法

坚持先将复合材料的各种单体完整地分离开来，再分别进行后加工处理，实现循环利用。

循环利用示意图（略）。

工艺流程示意图（略）。

三、结果与分析

经过各种形式和不同材料的简短和连续式的实验，证明本处理方法得当、科学、合理，不仅分离率、回收率、利用率高、而且不产生二次污染。为了更好地说明该成果，我们在这里仅报告由利乐公司包装环保工程师鉴证下进行典型的工业化中间试验的结果。

3.1 分离效率

按照瑞典利乐公司包装环境事务汤米先生的要求，于2001年9月到2002年7月在中国广东远东食品包装机械有限公司的南洋纸业实验厂对本公司的分离专利技术、分离效率及对利乐公司在世界其他国家和地区的无菌饮料包装材料废弃物处理后仍黏有塑料、铝箔和纤维无法再生处理的各种废渣的再次分离回收处理的分离率和分离效率进行了效果对比验证试验，试验结果十分满意，其分离率和经济效益都比较高。不但各种复合包装饮料盒及其边角料、废料百分百分离和百分百循环利用，而且还能把利乐公司在世界其他国家和地区的无菌饮料包装材料废弃物处理后黏有塑料、铝和纤维认为无法再生利用的各种废渣再进行分离回收利用，同时还可把用其他废弃饮料盒处理方法中产生的认为无法再循环利用，拟焚烧或填埋的黏有塑料、铝箔、纤维废渣也都能一样彻底地分离出来回收做包装原料利用，更令人欣喜的是其经济效益更是比分离回收废弃饮料盒还要高，因为这些残渣含塑料多。

3.2 经济效益

由于所分离出的纸板铝箔和塑料材料都没有受到损伤，犹如新料，塑料呈白色粉末或颗粒状，故都为造纸、塑料和铝材厂的重要原料。其市场价格较高，经济效益和环境效益都显著。

3.3 获得的塑料的物理性能（略）

四、结论

从本公司的实验结果与媒体报道的其他国家、地区及中国一些厂家的处理方法及结果看，本公司的处理方法较为科学、合理，能真正实现循环利用，经济效益也显著。分离后得到的材料单体全部能循环利用，没有废渣、废弃和废水排放，相对于单纯制造“彩乐板”和直接水力碎解提取纤维的方法，较为科学、合理。

4.1 利用废弃复合包装制造“利乐板”和制造“垃圾箱”或其他器具，只能是重复利用一次，用完或无法再用后丢掉仍为固体垃圾，很难再重复利用，或谈不上循环利用，对环境造成危害，不够科学、合理。

4.2 利用废弃复合包装直接在水力破碎机的作用下水解提取纤维，处理不彻底，剩下粘有塑料、铝箔、纤维的残渣多达25%左右，这些残渣一般只好焚烧或填埋，很难再进行循环利用。既危害环境又浪费资源，因此，此法也不够科学、合理。

4.3 利用废弃复合包装作其他产品的填充填料，是对这些资源的浪费，使用一次后不能再利用或循环利用，因此也不够科学、合理。

4.4 国外一些厂家利用提取纤维后的残渣做一些低值器具，也只是重复利用一次，废弃后又变垃圾，不能再循环利用，此方法也不够科学、合理。

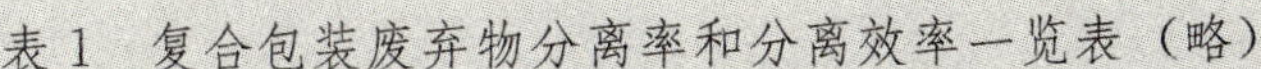

表1 复合包装废弃物分离率和分离效率一览表（略）

表2 每吨复合包装废物分离出的原料所创造（略）

表3 分离获得的塑料（PE）与标准及韩国产的新料测试比较表（略）

表4 获得的塑料（PE）断裂应变、最大应力、最大应变力测试对比表（略）

表5 国内外的处理情况与本公司的处理情况比较表（略）

可以得出一个结论，这一已经被证实的方法有望能发展成饮料包装材料的回收利用的一个解决方法。

资料来源：吴章荣：《2006年世界包装大会会议论文》，载万方数据，略有删改。

简析

这篇实验报告对科学处理、合理利用废弃复合包装的过程和结果进行了分析和总结，全文从实验目的，实验材料、装备与方法，结果与分析，实验结论四个方面，也即按照“为什么实验”、“怎么做实验”、“实验得出了什么”的逻辑顺序，分析说明了实验的目的、条件、内容、方法、结果等，思路清晰，目的明确，步骤合理，总结部分进行了深入探究和思考，得出了可行性办法和较有价值的结论，是一篇比较好的实验报告。

[实验报告例文二]

《素质教育与美术教学中智力的培养》实验报告

×××

一、课题的确立

1998年，党中央确立科教兴国战略，提出要切实把教育摆在优先发展的战略地位，全国上下重教兴教，教育战线出现前所未有的大好局面，由应试教育转向素质教育成了教育改革的方向，也达成了共识，并取得一定成效。科研促教育，教育要科研已势在必行。为了配合省教育厅的《学科教学与素质教育》总课题的实施，大良镇教办组织了镇各科中心教研组，制定相应的科研课题，美术中心教研组根据本学科的特点，制定了《素质教育与美术教学中智力的培养》这一科研课题。围绕“发展学生的智力”这一教学重点，开展美术科实施素质教育的实验研究。

在《素质教育与美术教学中智力的培养》这个总课题的基础上，再分几个子课题，如《注意力、观察力的培养》、《发挥想象力、诱发创造思维》、《记忆力、写生力的培养》、《美术教学与其他学科的联系》、《发挥学生的主体作用》等。用三年的时间，分层次、不同形式地开展美术素质教育。

二、课题的依据及指导思想

1.《美术教学大纲》明确了美术教学的目的、性质、任务，并要把美术教学的重点放在提高全体学生的美术素质、审美修养和培养能力、发展智力上。在教学中利用本学科的特点，根据不同的教学内容对学生进行思想品德教育，在学习基础知识进行简单训练的同时，进一步加强美术欣赏、艺术原理、美学知识的教学，变单一的知识技能为多元的知识结构，使美术教学真正落实素质教育。

2. 美术教育的定义是将人类在视觉艺术方面创造的理论，技法及成果，按照教育规律再创造成适合不同对象的教学材料，用科学的教育方法和手段来培养公民对美的认识、判断、创造能力的教育活动。可见美术教育的目的在于培养公民的素质，也是立足于提高学生的文化层次，培养和发展学生的能力。

3. 美术教育是基础教育的一部分，也就是素质教育重要组成部分，对提高全民族文化素质有着特殊意义。把艺术教育由专门传授技法技能转为培养素质这是美术教学的革新。符合现代教育思想与规律，在基础教育中，学生应具备的基础素质主要是思想品德素质、科学文化素质、劳动技能素质、身体心理素质、审美素质等，学生的素质是一个和谐的整体。忽略和缺少哪一方面都不健全。

4. 结合美术学科特点。发挥其特殊优势，发展学生的智力，学生的素质如何，与其本身智力有着莫大的关系。智力，包括观察力、记忆力、思维力、想象力和创造力等几方面，教育心理学告诉我们：艺术教育对促进学生的智力发展和创造力的提高有着十分重要的作用。许多著名的教育家对美术教育的功能有着共识，他们认为美术教育直接的目的是寻找种种机会，用种种方法训练儿童身心和各种感官，使他们的各种感官及观察力、记忆力、思维力、想象力、创造力及道德情感等本能渐渐地自由生长发育。

三、课题的实验和策略

1. 遵循四大原则，开展教学实验。

美术教学除了遵循教育学提出的教学原则外，根据美术学科特点以及目的任务和教学规律，还提出四项原则：

(1) 审美原则，即对学生进行审美教育，培养学生正确的审美观点和区别美与丑的能力，通过参与学习逐步提高审美能力，陶冶学生高尚的情操和良好的思想品德，这是发展学生智力的基本保证。

(2) 直观性原则，即重视教学过程中引导学生直接观察对象，认识对象，运用现代先进教学手段，帮助学生掌握知识，马蒂斯曾说过："创造始于观看，而看本身就是一种创造性活动，需要一种努力。"培养学生正确的观察方法，深入观察的习惯，培养学生的观察力、记忆力，进而促进学生的智力发展。

(3) 实践性原则，即引导学生通过实践掌握美术双基，通过参与实践，大胆表达的过程中提高学生眼的观察力、脑的思维力、手的操作能力、培养学生眼、脑、手的协调运用。

(4) 创造性原则，这是研究的重点，创造力的培养是素质教育的重要核心，艺术教育贵在创造，艺术学科要培养学生的艺术创造才能，促进学生其他方面的综合性的有创造性才能的发展。在教学过程中，一方面，注意营造一种适合培养学生创造性的环境；另一方面，充分发挥学生的想象力、创造力。爱因斯坦说："想象力比知识更重要，知识是有限的，而想象可以囊括世界。"从形象思维入手激发丰富的联想，提倡创造精神，加强创新意识，通过教学培养学生的形象思维能力，并促进抽象思维的发展，突出创造力的培养。

2. 大胆改革课程内容，适当增加乡土教材。

开展第二课堂，依“纲”还需靠“本”，三年来我镇使用的是岭南版美术教材，该教材内容较为丰富，体现了美、新、活三大特点，有利培养学生审美能力，发展学生的智力，在课程内容安排时，我们做了一些调整，根据本地本校实际，适当增加乡土教材及有地方特色的教材，使学生对家乡增进了解，培养他们热爱家乡的情感，并使他们学会结合生活，联系实际，有条件的学校，还增设了陶艺、电脑美术等课程。各校还开展丰富多彩的兴趣小组，学生的艺术素质和美术技能往往是在活动实践中得到培养和提高。因此，坚持开展第二课堂、美术兴趣小组活动使学生的艺术潜能得到发掘，综合素质也在活动中不断提高。

3. 实际开放性美术教育，发挥学生的主体作用。

改革课堂教学，营造民主、自由、平等、和谐的教育氛围，师生平等，尊重个性，有效地强化学生的主题意识，培养良好的非智力因素，发挥其各自的专长。课堂教学力求“教”与“学”的优化，教学过程充分体现学生为主体，使学生主动积极参与教学的全过程，想方设法激活学生的原动力，最大限度地把他们的智力潜能发挥出来。

4. 实验形式灵活，体现民主与集中。

几年来，我们实验的科研活动持之以恒，制定了详尽的教研计划，各组员分别承担子课题的研究。实验的研究分集中研究和个人研究两种形式，个人研究，就是平时组员根据本校及学生的实际，大胆改革课堂教学，不断探索培养和发展学生的智力的方法，总结教学中的经验和教训。集体研究，每个学期都有三、四次全体组员集中研究活动，进行观摩教学、互助评课、技艺切磋、交流教学体会、参观学习等。尤其是观摩教学，我们力求有专题，并有针对性，围绕“发展学生的智力”这个目的，解决教学科研中碰到的问题，在评课交流中，大家本着互相学习、互相帮助、互相促进的出发点，做到各抒己见，畅所欲言，研究气氛民主和谐，充分发挥大家的聪明才智，真正达到共同进步，共同提高的目的。

四、教研出成果

经过几年的探索和努力，我镇的美术教育取得了可喜的成果，从整体上看，学生的审美能力得到提高，以创造力为核心的智力得到发展，学生学会辨别区分美与丑，学会从生活中发现美、追求美、表达美、创造美，从而以一种积极乐观的态度去学习和生活。学生的艺术素质和综合素质也相应得到提高。

近几年，美术教师在参加省、国家级的美术课调教评比中，获得4个奖项，教师的美术教育论文6篇获省级、国家级的奖项或发表在省级以上的刊物，在市里名列前茅。辅导学生参加各级各类美术活动和书画比赛中取得较好的成绩，其中获国际奖90多人次、全国奖220多人次、省级奖160多人次、市镇级奖330多人次。

五、探讨的问题

1. 我区的美术教育发展不够平衡，取得较好成绩的学生相对集中在几所学校，特别是集中在上规模上档次的学校，一些偏远的学校，还没有配备美术教师、美术室也十分简陋或没有美术室，更谈不上美术教学研究。今后应该提高学校管理层的认识，更新观念，加强实施素质教育的力度，加强艺术教育的力度。此外，美术中心教研组也尽可能把教研活动普及到美术教育薄弱的学校去，促进全区的美术教育的发展。

2. 面对21世纪教育形式的迅猛发展，既是机遇又是挑战，特别是现代化教育手段的发展和提高，多媒体教学的普及，校园网络化。要使自己不掉队，与时代同步，就要学习、学习、再学习，不断"充电"，不断提高自身的综合素质和教育教学水平。前段时间，我们绝大部分的美术教师都通过了计算机初级考试，这促进了大家的计算机学习，今后我们还要学习有关教学软件的设计制作。根据教学的需要，设计制定相应教学课件，以进一步提高教学质量，在新的学年，我们在安排教研活动时，就注重开展有关美术CAI课件制作的讲座学习。同时也要加强美术教育理论、素质教育理论的学习，踏踏实实为美术教育发展，为培养高素质的人才做贡献。

资料来源：http：//tieba. baidu. com/f? kz=186533994，有改动。

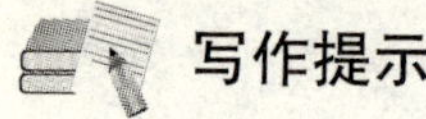

这篇实验报告对素质教育与美术教学中智力培养的方式和方法进行了分析和总结，全文从课题的确立、课题的依据及指导思想、课题的实验和策略、教研出成果和探讨的问题五个方面记录素质教育改革的成果，思路清晰，目的明确，步骤合理，是一篇比较好的实验报告。

写作提示

撰写实验报告的注意事项

1. 认真记录。

实验是实验报告写作的依据，在实验中只有细心观察，认真做好记录，才能如实反映出实验过程和结果。实验原始记录包括实验名称、实验地点、实验人员、实验所用的仪器设备、试样及材料、实验过程、实验中观察到的现象、实验获得的数据、实验中遇到的困难及解决困难的方法等各项实验信息，是实验的宝贵资料。

2. 客观分析。

实验报告是实验过程和结果的反映，要实事求是地分析各种现象发生的原因。不能为了印证一些实验现象而修改数据，假造实验现象和结果。

3. 详略得当。

在撰写实验报告时，要详写研究过程、结果分析、讨论等内容，略写课题研究背景、目的、意义、方法等。

4. 程式规范。

实验报告格式要正确，表述要规范，文字要简明。尽量采用专用术语来说明事物，符号、公式要准确。

二、实习报告

（一）实习报告的含义及类型

实习报告是在某项实习活动结束后，对实习经历进行分析、总结而写成的反映实习过程和结果、总结和收获等的书面报告。

实习报告按照内容划分，有生产实习报告、课程实习报告和毕业实习报告等。

1. 生产实习报告

生产实习报告是学生通过生产实习直接了解生产过程和生产内容后撰写的实习报告。

2. 课程实习报告

课程实习报告是学生通过课程实习，将课堂上学到的知识运用到实际中，撰写的反映实习目的、过程、结果等的书面材料。

3. 毕业实习报告

毕业实习报告是学生参加毕业实习后，反映毕业实习情况并撰写的实习报告，是对毕业实习阶段进行总结与说明的书面材料。

（二）实习报告的特点

1. 专业性

实习报告反映了学生在自己所学的专业领域学习的实际情况，是对所学过的专业知识的运用和检视。

2. 总结性

实习报告通过对实习内容和过程的回顾和分析，对专业实习情况、收获体会和有关专业问题进行分析总结，梳理收获，找出不足。

3. 学术性

实习报告不是对实习过程的简单记录，而是在搜集整理实习材料的基础上，对材料进行分析、概括和深化，具有一定的学术价值和规范。

4. 写实性

实习报告是针对实习内容进行的写作，文章内容必须依据自己的实习经历，切忌凭空杜撰。要对材料进行概括和提炼，体现真实性和综合性。

（三）实习报告的写作格式

实习报告一般由标题、前言、主体、结尾四部分构成。

1. 标题

实习报告的标题较为常见的是由“实习内容＋文种”构成，如“酒店管理实习报告”，或者由“实习单位＋文种”构成，如“××公司实习报告”。有的直接用文种名称“实习报告”，或者“专业名称＋文种”作为标题，如“商务英语专业实习报告”。

2. 前言

前言也称引言，通常介绍实习的缘由、目的、意义、要求，实习的时间、地点、内容，实习单位的基本情况等，还可以对实习的感受、结果等作简要概括，以引出下文。

3. 主体

实习报告的主体内容一般包括以下三项：

(1) 实习内容、实习过程。实习内容是实习报告的重点，主要介绍实习者如何将学校学到的理论知识、方式、方法运用到实践之中，侧重实际动手能力和实践技能的培养与提高。要求写得具体明确，层次清楚。

(2) 实习收获。将实习者观察体验的结果进行总结和分析，主要包括完成了哪些实习任务、实习结果如何，取得了什么成绩等，主要写出专业知识与技能应用方面的收获。

(3) 实习体会。通过实习，发现自己的专业知识和技能存在什么问题，今后努力的方向如何，对所学专业有什么思考和认识，以及对专业建设和课程设计方面的建议等。

4. 结尾

一般是对实习指导教师和实习单位的鸣谢。当然，这部分也可以省略。

[实习报告例文一]

会计×××电算化专业实习报告

一、引言

实习是每个学生必须拥有的一段经历，它使我们在实践中了解社会，让我们学到了很多在课堂上根本学不到的知识，也开阔了视野，增长了见识，为我们走向社会奠定了坚实的基础。做好会计工作不仅要学好书本里的各种会计知识，而且要认真积极地参与各种会计实习，让理论和实践有机结合在一起，只有这样才能成为一名高素质的会计专业人才。为此，根据学习计划，我于今年12月到一家已实施了会计电算化的单位——××实业有限公司进行了为期一个月的实习。

××实业有限公司主要从事电线电缆的生产和销售业务，公司规模较大，财务分工也比较细。在此次实习中，我的指导老师是一位姓赵的会计师，实习岗位是财务会计，有些时候还会做些杂务，比如打扫卫生和撕贴纸，这些并没有谁要求我去做，但是我自觉去做，且尽自己的努力做到最好。

此次实习的主要目的是尝试把所学的会计电算化专业相关理论知识运用到实践中，熟悉会计的工作流程，掌握会计工作的方法和程序步骤，培养人际沟通能力和团队精神，为步入职场成为财务会计做准备。

二、实习内容

(一) 根据经济业务填制原始凭证和记账凭证

1. 原始凭证：是指直接记录经济业务、明确经济责任、具有法律效力并作为记账原始依据的证明文件，其主要作用是证明经济业务的发生和完成的情况。填写原始凭证的内容为：原始凭证的名称，填制凭证的日期、编号、经济业务的基本内容、填制单位及有关人员的签章。

2. 记账凭证：记账凭证是登记账簿的直接依据，在实习计算机处理账务后，电子账簿的准确和完整性完全依赖于记账凭证，操作中根据无误的原始凭证填制记账凭证。

填制记账凭证的内容：凭证类别、凭证编号、制单日期、科目内容等。

（二）根据会计凭证登记日记账

日记账一般分为现金日记账和银行存款日记账，它们都由凭证文件生成。计算机账务处理中，日记账由计算机自动登记，日记账的主要作用是用于输出现金与银行存款，日记账供出纳员核对现金收支和结存使用。要输出现金日记账和银行存款日记账，要求系统初始化时，现金会计科目和银行存款日记账，要求系统初始化时，现金会计科目和银行存款会计科目必须选择“日记账”标记，即表明该科目要登记日记账。

（三）根据记账凭证及所附的原始凭证登记明细账

明细分类账簿亦称明细账，它是根据明细分类账户开设账页进行明细分类登记的一种账簿，输入记账凭证后操作计算机则自动登记明细账。

（四）根据记账凭证编科目汇总表

科目汇总表也由凭证文件生成，其编制方法为用户输入需汇总的起止日期，则计算机自动生成相应时间段的科目汇总表。

（五）根据科目汇总表登记总账

根据得出的科目汇总表操作计算机，计算机产生出对应的总账。

（六）对账（编试算平衡表）

对账是对账簿数据进行核对，以检查记账是否正确，以及账簿是否平衡。它主要是通过核对总账与明细账、总账与辅助账数据来完成账账核对。一般来说，计算机记账后，只要记账凭证录入正确，计算机自动记账后各种账簿应该是正确的、平衡的，但由于非法操作，计算机病毒或其他原因有可能会造成某些数据被破坏，因此引起账账不符。为保证账账相符，应该经常进行对账，每月至少一次，一般在月末结账前进行。

三、实习结果

通过此次实习，不仅培养了我的实际动手能力，增加了实际操作经验，缩短了抽象的课本知识与实际工作的距离；同时也让我认识到了传统手工会计和会计电算化的共同之处和不同之处。

（一）共同点

1. 无论是传统手工会计还是电算化会计，其最终目标仍是为了加强经营管理，提供会计信息，参与经济决策，提高经济效益。

2. 传统手工会计和电算化会计都要遵守会计法规，会计法规是会计工作的重要依据。

3. 传统手工会计和电算化会计都遵循基本的会计理论与会计方法及会计准则。

4. 传统手工会计和电算化会计基本功能相同。基本功能为：信息的采集与记录、信息的传输、信息的存储、信息的加工处理等。

5. 保存会计档案。

6. 编制会计报表。

（二）不同点

1. 运算工具不同。传统手工会计运算工具是算盘或电子计算器等，每运算一次要重复一次，由于不能存储运算结果，人要边算边记录，工作量大，速度慢。电算化会计的运算工具是电子计算机，数据处理由计算机完成，能自动及时地存储运算结果，人只要输入原始数据便能得到所希望的信息。

2. 信息载体不同。传统手工会计所有信息都以纸张载体，占用空间大，不易保管，查找困难。电算化会计除了必要的会计凭证之外，均可用磁盘、磁带做信息载体，它占用空间小，保管容易，查找方便。

3. 账簿规则不同。传统手工会计规定日记账、总账要用订本式账册，明细账要用活页式账册；账簿记录的错误要用画线法和红字法更正；账页中的空行、空页要用红线画消。电算化会计不采用传统手工会计中的一套改错方案，凡是登记过账的数据，不得更改（当然还是要辅以技术控制），即使有错，只能采用输入“更改凭证”加以改正，以留下改动痕迹。对需要打印的账页的空行、空页可以用手工处理。

4. 账务的处理程序（会计核算形式）不同。传统手工会计处理账务的程序有四种，但都避免不了重复转抄与计算的根本弱点，伴之而来的是人员与缓解的增多和差错的增多。成熟的电算化会计的账务处理程序用同一模式来处理不同企业的会计业务，成本核算程序以软件固化形式在计算机里，从会计凭证到会计报表的过程都由计算机处理完成后，而任何要求的输出都能得到满足。

5. 会计工作组织体制不同。传统手工会计的会计组织工作以会计事务的不同性质作为指定的主要依据，电算化会计组织体制以数据的不同形态作为制定的主要依据。

6. 人员结构不同。传统手工会计中的人员均是会计专业人员，其中的权威应是会计师；电算化会计中的人员由会计专业人员、电子计算机软件、硬件级操作人员组成，其中权威应为掌握电算化会计中级的会计师。

7. 内部控制不同。传统手工会计对会计凭证的正确性，一般从摘要内容、数量、单价、金额、会计科目等项目来审核；对账户的正确性一般从三套账的相互核对来验证；还通过账证相符、账账相符、账实相符等内部控制方式来保证数据的正确，堵塞漏洞。电算化会计由于账务处理程序和会计工作体制的变化，除原始数据的收集、审核、编码由原会计人员进行外，其余的处理都由计算机部门负责。内部控制方式部分被计算机技术替代，由手工控制转为人机控制。

以上种种区别，集于一点，就是由于电算化会计数据处理方式的改变，引起了传统手工会计各个方面的变化，这一变化将使得系统功能更为加强，系统结构更为合理，系统管理更为完善。

四、实习体会

以前，我总以为工作只要掌握了规律，照葫芦画瓢准没错，自己的会计理论知识较扎实，当一名出色的会计人员应该没问题。实习中才发现，会计工作其实更讲究的是实际操作和实践。离开操作和实践，其他一切都是零。

其次，就是会计的连通性、逻辑性和规范性。第一，每一笔业务的发生，都要根据其原始凭证，一一登记入记账凭证、明细账、日记账、三栏式账、多栏式账、总账等可能联通起来的账户。第二，会计的每一笔账务都有依有据，而且是逐一按时间顺序登记下来的，几句逻辑性。第三，在会计的实践中，漏账、错账的更正，都不允许随意添改，不容弄虚作假。每一个程序、步骤都得意会计制度为前提、为基础，体现了会计的规范性。

会计工作较为烦琐。实习初期，我曾因整天对着枯燥无味的账目和数字心生厌烦，以致账登得错漏百出，结果愈错愈烦，愈烦愈错。但后来我调整了心态，用心地做，细心地做，结果越做越有乐趣，越做越起劲。正如梁启超先生所言：凡职业都具有趣味的，只要你肯干下去，趣味自然会发生。因此，做账切记粗心大意，马虎了事，心浮气躁。做任何事都一样，有恒心、细心和毅力，才会到达成功的彼岸！

仅仅一个月的会计实习，使我受益终生。

资料来源：杨文丰：《高职应用写作》，北京，高等教育出版社，2010。

简析

这是一篇专业实习报告，按照“为什么实习”、“如何实习”、“实习的成效”、“实习的体会”的思路行文，条理非常清晰。全文着重介绍了实习内容，实习结果和实习体会。重点突出，根据实习情况进行了总结和思考，体现了实习报告的针对性、专业性、总结性等特点。

[实习报告例文二]

在美佳物业伟柏还原的实习报告

今年1月18日至7月20日，我在美佳物业伟柏花园进行了半年的物业管理实习工作。在实习期间，一次对设施管理、事务管理、保安管理进行了实习。实习中，在老师的热心指导下，积极参与物业管理相关工作，注意把书本上学到的物业管理理论知识对照实际工作，用理论知识加深对实际工作的认识，用实践验证所学的物业管理理论，探求物业管理工作的本质和规律。

美佳物业管理有限公司隶属于香港沿海绿色家园集团。目前，该公司拥有员工近1 500人，在深圳、厦门、福州、上海、武汉、鞍山、北京、大连、长沙等大中城市均有物业管理的项目。管理面积约300万平方米，管理项目类别有大型住宅区、高层商住大厦、商场、公寓、别墅、酒店、高等院校等物业。伟柏花园是其所管辖的物业管理项目之一。吴波花园由2栋19层高的塔楼组合而成，小区面积约29 000平方米，居住270户，居住人口近一千人，管理处员工26人，其中管理人员6人。

回顾实习生活，感触是很深的，收获也是丰硕的。实习中，我采用了看、问等方式，对伟柏花园管理处的物业管理工作的开展有了进一步的了解，分析了管理处开展物业管理有关工作的特点、方式、运作规律。同时，对管理处的事务管理、设施管理、保安管理有了初步了解。现将此次实践活动的有关内容报告于下。

一、加强人力资源管理，创“学习型、创新型”企业

严把员工招聘关。美佳物业在招聘管理人员时要求须毕业于物业管理专业；招聘维

修人员须是具备相关技术条件的多面手，并持有《上岗证》；招聘安保人员须属退伍军人，对其身高、体能、知识、品格、心理素质等都进行严格考核挑选。

做好员工的入职、在职培训工作。美佳物业对新招聘的员工进行上岗前的相关培训工作，使员工对小区的基本情况、应开展的工作做到心中有数，减少盲目性。美佳物业提倡“工作就是学习，工作就是创新”，每位员工都争做“学习型、创新型”员工，员工中形成了一种积极向上的比帮赶超的竞争氛围。从而使员工个人素质得以提升，管理处的管理服务水平和管理效益得以提高，树立良好的企业形象。

从实际出发，管理处严格参照ISO9000质量体系运作，制定了严格的规章制度和岗位规程、工作标准、考核标准。管理处根据员工的工作职责，指定全方位的上级、平级、下级的360度考核办法；指定量化考核标准，实行定性和定量考核相结合，增强了考核的可操作性，减少考核时人为因素的影响；建立完善的考核机制，实行末位淘汰制，避免了考核走过场的现象，通过考核机制的建立，增强了员工的危机感、紧迫感，促使员工不断提高自身素质。

二、培育自身核心专长，创特色服务，提升核心竞争力

在实习中看到一套由沿海集团、易建科技、美佳物业合作自行设计开发的“一站式物业管理资讯系统”物业管理服务软件。该软件包括“一站式客户服务、一站式资讯管理、一站式数码社区”三大体系，是一个利用网络、电子商务、科技手段来提高物业管理水平和服务质量，有效地开发、整合、利用客户资源的资讯系统。管理处全面提倡“一站式服务”、“最佳保安”的特色管理服务。从而实现了高效的管理运作，解决了业主的奔波之苦，创造了一种无微不至、无所不在的服务，提升了服务效率，提高了业主满意度，提升了物业管理服务的水平和服务质量，最终提升了公司在激烈的市场竞争中的核心竞争力。

三、推行“顾客互动年”，促进公司与业主之间的良性互动

在实习中我了解到，美佳物业在与业主关系管理方面，于2002年重点开展了“顾客互动年”活动。成立了美佳俱乐部，设立新生活服务中心，开通客户服务热线，根据小区业主不同的年龄、爱好、兴趣与不同的层次等，有针对性地开展日常的社区活动与主题活动。如：三月份，开展了学雷锋义务服务活动；“六一”儿童节，与幼儿园联谊开展游戏活动……通过开展各类丰富多彩的互动活动，加强了公司与业主、业主与业主之间的沟通交流，创建了互动的顾客关系，营造了浓厚的社区氛围和良好的居住环境。

四、重视物业管理的重要基础工作——设备管理

对于设备管理，管理处着重建立和完善设备管理制度；对各类设备都建立设备卡片；做好设备的日常检查巡视，定期进行检查、保养、维修、清洁，并认真做好记录，发现问题及时解决。如对水池、水箱半年清洗消毒一次，进行水质化验，以保证水质符合国家标准；发电机每月试运行一次；消防泵每月点动一次，以确保发生火灾险情时，消防泵能正常使用等。

五、管理处一道亮丽的风景线——安保队伍

管理处的保安管理设大堂岗、巡逻岗、监控岗、指挥岗，岗与岗之间密切联系，对

小区实行24小时的安全保卫。建立并完善各项治安管理规章制度；对新招聘的安保员进行上岗前岗位的基本知识和操作技能培训，加大对在职安保员的培训力度，注重岗位形象、礼节礼貌、应急处理能力等培训，从而增强安保员的工作责任心和整体素质；强化服务意识，树立"友善与威严共存、服务与警卫并在"的服务职责，安保人员在做好治安管理职能外，还为业主提供各种服务，形成了管理处一道亮丽的风景线。

回顾实习生活，既有收获的喜悦，也有一些遗憾。收获是加深了对物业管理知识的理解。遗憾是由于时间短暂，对物业管理有些工作的认识仅仅停留在表面，只是在看人做，听人讲如何做，未能够亲身感受、具体处理一些工作，所以未能领会其精髓。虽然这样，但是也有了自己独特的看法。譬如，美佳物业无论是在管理经验，还是在人才储备、基础管理上都已储备了雄厚的资源，是物业管理行业中的后起之秀，它的发展前景非常广阔。但在深圳，美佳物业的品牌不太响亮，若美佳物业挖掘新闻，借用传播媒体，扩大其知名度，那么，将在物业管理行业的新的规范调整期占有更大的市场。

物业管理作为微利性服务行业，它所提供的产品是无形的服务，物业管理是一种全方位、多功能的管理，同时也是一种平凡、琐碎、辛苦的服务性工作。因此，在物业管理实际工作中，要时刻牢记物业管理无小事，以业主的需求为中心，一切从业主需求出发，树立"想业主之所想，急业主之所急，做业主之所需"服务宗旨，不断学习，不断创新，与时俱进，为业主提供整洁、优美、安全、温馨、舒适的居住环境，为全面建设小康社会开创物业管理新的里程碑。

报告人：×××

二〇〇三年七月二十三日

资料来源：叶坤妮主编：《应用写作》，长沙，湖南科技出版社，2008。

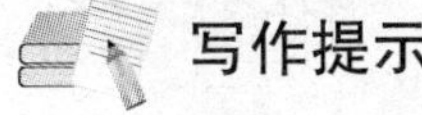

简 析

这篇实习报告属于文科类实习报告，报告开头首先对实习公司做了一个整体的介绍，接着从人力资源管理、核心竞争力的提升、促进与业主的良性互动、重视物业设备管理、加强安保队伍等五个方面，全面记录、分析实习的体会和收获。行文思路清晰，重点突出。体现了实习报告的总结性和写实性的特点。

写作提示

撰写实习报告的注意事项

1. 认真记录、收集实习资料。

真实、丰富的实习资料是写好实习报告的基础。因此，从开始实习的那天起就要注意广泛收集实习资料，并认真记录。一般来说要搜集这三个方面的资料：一是实习单位的基本情况和运行情况；二是所学的理论知识在实践工作中是如何得到运用的；三是自己在实习中的收获和体会。

2. 详略得当、层次清楚、重点突出。

简单介绍整个实习过程，侧重动手能力和技能的培养、锻炼和提高。着重写出对实习内容的总结、体会和感受，特别是自己所学的专业理论与实践的差距和今后应努力的方向。要求条理清楚、逻辑性强；语言要精练、流畅。

3. 注重严谨性与可读性相结合。

要善于将复杂的问题用通俗易懂的语言表达出来，灵活运用各种手法，比如统计表格、图片资料等，增强实习报告的可读性。

实战练习

1. 请根据以下材料，写一份实验报告。

刘元所在的××职业技术学院人文科学系商务英语专业有贸易和会展两个方向的班级，学生在选择班级时不知道应该怎么选择，老师要求刘元对这两个班级的学生进行课程开设研究，写出实验报告以供学生选择班级时参考。

2. 请诊断下面这篇实习报告在写作上存在哪些问题，修改你认为不符合要求的地方。

毕业实习报告

2008年夏天，我有幸参加××交流计划，飞越半个地球赴××国实习工作两个月。今天，我坐在电脑前静静地敲击键盘，眼前还不时浮现出那个遥远国度的如画风景。往事历历在目，依稀如昨。

下了飞机，我的一路疲惫很快就被如潮的兴奋冲得无影无踪。然而××国留给我的第一印象就是高昂的物价。我给即将来接我的朋友××打电话，5克朗还没有坚持一分钟，电话就断了。我的老天！这可是折合人民币4块多呀！不过，朋友的热情与关照很快就化解了我的担忧。他开车送我到预先租好的房子里。我还从未住过这么好的公寓——树丛中一座独立的小木屋，室内分割为客厅、卧室和卫生间，房前绿草如茵，屋后湖光山色……

在公司实习的所见所闻令我感到十分有趣。公司借给我一辆自行车，以免步行上班之苦，虽然我的住处距离公司不远。有一天，我无意中发现，我是公司里唯一锁车的人，我的同事一律把自行车向车棚里一丢，就扬长而去。我后来了解到，这是由于从未有过哪一辆自行车与人"私奔"，于是车主就给自行车以充分的信任与自由。看来我发现了自己的另一个"优秀品质"——怀疑一切、未雨绸缪。类似的，公司的打印机、复印机都是联网作业，我所在的铸造车间电话也是国内随意打！

工作之余我去过××南部的许多地方，翻山越岭，留心看风景。高山、峡湾、森林、草场和点缀其间北欧风格的木质房屋，勾画出自然与人和谐的美。××的森林，好熟悉的名字，忘了是哪首歌或是哪本小说里提到的，不过身临其境才知道，真的是美的精彩诠释。广袤巨大的黑森林，孕育着童话的灵感，在初秋明丽的阳光里，红的、绿的，五彩斑斓。踩着金色的衰草，听着小溪的叮咚，天人合一，或许才孕育出《秋日的私语》这样不朽的乐章。海水蜿蜒曲折地深入陆地，把××的西海岸分解的支离破碎。两侧是高耸的悬崖，中间是窄窄的峡湾，飞泻的瀑布直接注入原本宁静的海水。或许上帝对待挪威有特殊的偏爱吧，于是就赋予这个国度午夜的阳光、夏季的滑雪场，还有迷人的西海岸。

由于与自然的和睦相处，大自然也回馈给人们许多。在××，自来水可以直接饮用。许多餐馆上菜前，总要先上一大杯自来水供客人解渴。不仅是自来水，随处可见的湖泊、瀑布和溪流，只要附近没有大的工厂，你尽可放量豪饮，水质不逊色于瓶装饮用水。由于地广人稀，人们拥有广阔的活动空间。夏季，游泳、钓鱼；冬天，滑雪、打猎。四时之景不同，而乐亦无穷也。我有幸第一次体验了海水钓鱼的乐趣，这使我大开眼界。朋友开着私家游艇带着我，在平静的海面上垂钓。当5分钟后，我用不下鱼饵的钓钩捞上来的一条战利品时，便开始相信，姜子牙钓到文王前确实靠钓鱼为生。提着沉甸甸的一桶鲜鱼，我们打破了一处小岛的宁静。落日余晖下，寂寞森林中，我们围坐到烧烤架前谈笑风生；篝火猎猎，香味袭袭，人生之乐，岂非得知心而寓于自然也？

枝头的叶由绿到黄，时间不知不觉从指缝中溜走了。回想两个月来，我开阔了视野，积累了实际工作经验，交到了一大批朋友，获得了新的人生体验。感谢××为我提供了这次难得的机会，也希望更多的同学像我一样，能有机会走出国门，受益终生。

三毛说过，岁月极美，美在她的必然流逝。当我遥望窗外，最后一次欣赏××的森林时，飞机在巨大的轰鸣声中，把我带向一万米的高空。别了，美丽的斯堪的纳维亚！在我今生，即使不会有机会携爱侣来重游，我也会给她看相片，给她讲曾经的你……

模块二 毕业设计报告 毕业论文

任务描述

2014年初，大三的陈萌开始了顶岗实习。与此同时，他要在3个月内完成一篇不少于3 000字的毕业论文，系里还给他指定了论文指导老师。大二开设的“应用写作”课程学习过学术论文的写作，自己也写过一篇论文作为课程练习，他深知要写好这篇毕业论文，可要花相当的工夫。

任务解析

本模块的最终任务是完成毕业设计和毕业论文的撰写。在写作之前，每个小组要做大量的准备工作，例如在动手写毕业论文之前要搜集充足的相关资料，要充分了解所要分析的领域，在分析对比之后形成行文思路和研究成果。

理论知识

一、毕业设计报告

(一) 毕业设计报告的含义

毕业设计报告又称毕业设计说明书，是工科类专业大学生综合运用所学知识对其工程设计进行解释和说明的科技文书。毕业设计报告是记录毕业设计过程和结果的重要文献资料，是学生在教师指导下所取得的毕业设计成果的科学表述，也是学生毕业资格认定的重要依据。工科类专业毕业设计报告实质上是工科类专业毕业生的科技论文。

(二) 毕业设计报告的类型

根据设计成果的类型，毕业设计报告可分为发明型和改革型两种。

1. 发明型毕业设计报告

发明型毕业设计的产品或成果具有首创性。

2. 改革型毕业设计报告

改革型毕业设计的产品或成果是在原有基础上改进或改良的。按研究方法，毕业设计报告则可分为理论型、试验型和描述型三种。

3. 理论型

理论型设计报告的主要研究方法是理论分析。

4. 实验型

实验型毕业设计报告的研究方法是设计实验、实验过程研究和实验结果分析。

5. 描述型

描述型毕业设计报告的主要研究方法是描述说明，目的是介绍新事物或现象及其所具有的科学价值，重在说明这一事物是什么现象或不是什么现象。

(三) 毕业设计报告的特点

第一，应用科技性。

工业类专业毕业设计报告是学生融会贯通所学的科学技术知识，进行工程设计或解决工程难题的应用成果，具有明显的应用科技性。

第二，解释说明性。

对设计成果的解释和说明是毕业设计报告的组成部分，报告要对毕业设计成果的原理、应用范围、技术参数、工作流程等进行解释说明，使之明晰，便于理解和接受。

(四) 毕业设计报告的写作格式

毕业设计报告通常由标题、摘要、关键词、正文、注释、参考文献、致谢六部分组成。

1. 标题

标题通常由设计项目加“设计”或“毕业设计说明书”构成。如《学生公寓信息管理系统的设计》、《校园网络安全维护毕业设计说明书》。标题下一行写上设计者的专业、班别和姓名，再下一行写上指导教师及其姓名。

毕业设计报告的标题应体现报告的核心内容、专业特点，符合毕业设计任务的要求。标题应简短、明确、规范，有概括性，不使用缩略语或外文缩写词，字数一般不超过20个汉字。

2. 摘要

毕业设计报告的摘要应扼要叙述报告的主要内容、特点，包括主要成果和结论性意见，是一段文字简练且具有独立性、完整性的短文。摘要中不应使用公式及图表，不标注引用文献编号，并应避免将摘要撰写成目录式的内容介绍。摘要一般不超过200字。

3. 关键词

关键词是供检索用的主题词条，应采用能够覆盖报告主要内容的通用专业术语，一般列举3～5个，按照词条的外延层次从大到小排列，并应出现在内容摘要中。

4. 正文

正文又包括前言、主体、结尾三部分。

(1) 前言。也称导言或引言，一般概括叙述或简要说明四个方面的内容：设计项目的背景与研究意义；设计项目的目的、作用，即本毕业设计解决什么实际问题、具有什么作用和效益；设计项目的原理；设计过程。

(2) 主体。主要包括设计目标、方案论证、技术手段、设计过程、结果分析等内容。

1) 设计目标。阐述本课题的设计要解决的主要问题，及最终要实现的目标。

2) 方案论证。指出设计思路，通过分析、比较不同的设计方案，确定一种技术先进、经济合理的方案，同时阐明选择该方案的理由及特点。

3) 技术手段。根据设计方案，选取技术手段，包括选择、确定设计的软硬件环境、开发工具、核心技术和主要算法，采用的新技术、新方法、新工艺、新材料及其他创新的内容。

4) 设计过程。叙述设计步骤，论证设计思路。通过对设计步骤与过程的详细叙述，对设计方案与原理、实现方法与手段、技术性能与流程详尽准确地说明，借以表明自己对本课题了解、研究的程度，所掌握基础理论知识的深度和专业实践技能的高低，以及综合分析、解决实际问题的能力，同时反映自己在本课题的设计过程中付出的劳动。

5) 结果分析。总结设计结果，分析技术性能。在总结、归纳设计过程的基础上，说明设计的最终结果是否达到预期设计目标，并对设计过程中所获得的主要数据、现象进行定性或定量分析，同时对设计成果所达到的技术指标与技术性能进行必要的阐述、分析，从而得出相应的结论或推论。

(3) 结尾。也称总结部分，通常综述前面的内容，或强调设计项目的意义，设计中遇到的主要问题以及存在的不足，或对有关问题作补充说明。如果这些内容在前面部分已经阐述，结尾则可以省略。

5. 注释和参考文献

列出主要的参考资料、文献及作者和出版社、出版年份等。凡在毕业设计报告中引用他人的研究成果或文献资料，都应该在此加以说明，以示尊重。

6. 致谢

即对指导和帮助自己完成毕业设计的老师、提供帮助的有关单位与个人表示感谢。这部分可以省略。

[毕业设计报告例文]

智能语音报警温度计的设计

【摘要】基于 MCU LPC2138 和数码语音芯片 ISD1420 接口技术，设计并研制出了一种新型集语音报告、报警功能于一体，并同时显示温度变化曲线的智能温度计。本文对该温度计的电路原理图、硬件电路和语音报告程序实例进行了介绍。

【关键词】智能温度计　　语音　　温度传感器

引言

一般来说，市面出售的温度计依据材料种类来分类，可分为下列几种：

(1) 玻璃水银温度计。测量准确，价格低廉，但必须直接接触人体 3cm 以上。由于刻度过细，因而测量出来的提问不容易读数，同时也易碎等缺点。

(2) 电子数字显示温度计。以数字形式显示体温，对玻璃水银温度计不易读数的缺点进行了改进。

(3) 贴纸温度计。(略)

(4) 奶嘴温度计。(略)

(5) 耳温枪等。(略)

不同种类的温度计各有其优缺点。在数字温度计的基础上采用数字语音技术，使测量的温度信息用语音传送，就可以发挥听觉的优势，弥补完全用视觉信号传递信息的不足。本文设计并研制出了一种集语音、报警功能于一体并能显示温度变化曲线的新型智能温度计。下面对其电路原理及软硬件设计进行介绍。

一、系统设计

1.1　设计任务

(1) 系统每分钟采用语音报告一次所测温度的实时值，无误报、漏报。当所测温度超过预警温度值时，系统立即报警。

(2) 系统可在 0～50.0℃的范围内任意设预警温度值（默认值设定为 37.0℃）。

(3) 记录测温结果，并在液晶屏上显示 2 分钟内的温度变化曲线。

(4) 应用非接触式测量方法进行测温，测量精度为±0.1℃。

(5) 系统结构简单，使用方便，价格合理。

1.2　系统方案

根据设计任务，智能温度计主要包括 3 部分设计内容：温度传感信号调理电路、语音报告、报警电路以及显示电路。

1.2.1　温度传感信号调理电路

温度传感信号可以采用接触式或非接触式温度传感器进行采集。但是作为特殊的医用产品，采用非接触式传感器更安全。考虑到安全、精度、快速测量等方面的要求，非接触式温度传感器可以采用红外非接触式探头采集温度，测量时不需要接触人体。红外测量体温的最大优点是测试速度快，1S左右可测试完毕，且对人体无任何害处。它只接收人体对外发射的红外辐射，没有任何其他物理和化学因素作用于人体，因此是十分安全的。

1.2.2 语音报告、报警电路

一般来说，语音信号处理可以采用D/A转换芯片或者专用高保真语音芯片。D/A转换芯片的工作原理是将录制好的语音通过电脑数字化处理后存储起来，由单片机来控制，输出数字信号经D/A转换软件模拟语音发声。发声时一直需要占用单片机资源来处理，消耗了大量有限资源，并且语音失真较大，效果不逼真。专用高保真语音芯片采用多电平直接模拟量存储专利技术，每个采样直接存储在片内单个E2PROM单元中，因此能够非常真实、自然地再现语音、音乐、音调效果，避免了一般固化和压缩造成的量化噪声和“金属声”。采样频率从5.3kHz、6.4kHz到8.0kHz，对音质仅有轻微影响。

1.2.3 显示电路

为了实时显示2分钟内的温度变化曲线，系统设计中采用了点阵式LCD显示，这是最复杂的实现，但功能最强大，使得人机交互界面非常友好。（略）

二、语音报告、报警电路

2.1 ISD1420简介（略）

2.2 ISD1420与单片机接口电路（略）

三、软件设计

在嵌入式系统软件开发领域，传统的做法是模块化设计，这样的应用软件只能适应于特定的微处理器，甚至特定的电路。随着嵌入式微处理器的发展，系统资源的短缺不再是设计师考虑的关键，程序的开发效率、稳定性、可靠性成为重点。为了更好地协调控制系统各个方面，同时满足系统的实时性要求，软件采用了基于嵌入式实时操作系统进行设计开发。

3.1 嵌入式实时操作系统（略）

3.2 系统任务设计

任务的基本特性是动态性、独立性和并发性。为了充分利用LPC2138有限的内存资源，应尽量减少任务的数量及任务间的频繁切换。通过实时性分析，结合各功能运行周期的要求，系统分为5个任务：温度采集任务、数字滤波处理任务、键盘任务、语音播报（报警）任务和LCD显示任务。其中温度采集任务是关键，应当设置为最高优先级，其余任务优先级次序依次降低。

3.3 语音报告、报警任务

语音报告、报警任务设计的关键包含以下3方面的内容：

(1) ISD1420能报出指定的音节；

(2) 测量值能自动对应寻找到保存在ISD1420内部的已录音的地址；

(3) 测量的温度是实时数值（有小数点的实型数据），必须转换成单个的单音节

（0～9 数字）。

结语

将 ISD1420 数码语音芯片应用于数字温度计中，实现了将温度及时、准确报告及报警的目的，使温度计从无声变为有声，极大地方便了人们的生活。该语音提取与组合技术完全可以应用到其他嵌入式系统设计中，具有广泛的工业应用前景。

【参考文献】

[1] ISD 公司：Datebook of Voice Recoding & Playback ICs [G]．2000

[2] LABROSSE. J. 嵌入式实时操作系统 TLC/OSⅡ [M]．2 版．邵贝贝译．北京：北京航空航天大学出版社，2003。

资料来源：温如春、王祖麟：《智能语音报警温度计的设计》，载《低压电器》，2008（4）。

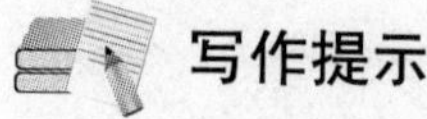

这篇毕业设计报告由引言、正文和结语三部分组成，正文部分从系统设计，语音报告、报警电路，软件设计三方面说明，全篇清晰简要地从“为什么设计”、“如何设计”、“设计的成效”等方面报告了智能语音报警温度计的设计，是一篇格式正确、内容科学的毕业设计报告。本文以分条列项的方式展开内容，利用数据分析和原理说明相结合进行解释说明，重点突出，结构合理，条理清晰，语言流畅。

写作提示

撰写毕业设计报告的注意事项

1. 联系实际，精心选题。

选题是毕业设计的前提，选题要有利于综合所学知识，符合自己的实际能力，结合学科专业特点，理论联系实际，有一定的应用价值。

2. 解释说明，准确易懂。

充分利用数据、图形图表等进行解释和说明，注重解释、说明的技巧，文字尽量准确简明，便于阅读和理解。

3. 重点突出，条理清晰。

毕业设计报告的写作重点应放在正文主体部分，即设计的关键部分或技术强的部分，前言、结尾部分应简明。

4. 反复推敲，细致修改。

毕业设计报告初稿写成后，要征求行家的合理建议和意见，反复切磋琢磨，认真细致地修改完善，做到格式正确，结构合理，层次清楚，文从字顺。

二、毕业论文

（一）毕业论文的含义

毕业论文是大学生对专业领域中具有学术价值或亟待解决的问题进行探讨和研究后写

出的阐述解决问题的办法、发表自己学术见解的论述性文章。

毕业论文具有议论文的一般属性，即论点、论据、论证是其构成的三个基本要素，文章要在事实基础上展开严谨的推理过程，得出令人信服的科学结论。

（二）毕业论文的特点

1．学术性

要求学生能对某一专业领域中的资料文献与研究状况进行分析、归纳，能够从中找出以往研究所存在的问题和不足，并能提出自己的想法与相应的对策。毕业论文要通过对事实的抽象、概括、说理、辨析和严密的论证，将一般现象上升到一定的理论高度。

2．科学性

毕业论文是以科学性为前提的，论文的科学性要求写作者从探求科学真理的目标出发，研究内容准确，思维缜密，结构合乎逻辑，材料的收集、整理、分类、取舍科学，写法讲究，结论可信。

3．创新性

创新性是衡量毕业论文学术价值的基本尺度，毕业论文要求在专业化的学术研究基础上有自己独到的研究成果。要做到不抄袭、不照搬，不人云亦云，有创见，在前人论述的基础上有所拓展和延伸。

4．规范性

毕业论文在篇幅、格式、文献、内容等方面具有统一的书写标准和语言规范。

（三）毕业论文的选题

“题好文一半”，即好的选题，是论文成功的一半。要选择有价值的、难易适中，而自己又比较有兴趣的论题来做。如何确定论文的选题呢？常见的选题方法有以下几种：

一是从疑问处选题，发现学习和工作中遇到的疑难问题，进行深入的探索研究，寻求解决问题的思路和办法。

二是从学术争论热点中选题。某个专业学科，常常会出现某些学术“热点”，大家都比较关注，讨论十分热烈，从这些“热点”中比较容易找到选题。

三是从学科渗透与交叉中选题。如果在本专业领域的研究中不容易突破，与其他学科专业交叉或贯通后研究就会有新的发现。

毕业论文的选题一般应具有如下特点：

1．开创性

就是说这个论题是前人所未涉足的领域或虽涉足但却没有解决的问题。这类问题带有填补空白、独辟蹊径的性质，是最有意义的。还有一种情况，即某些课题虽然前人已经作了大量的研究，但由于现代科学技术的发展，为我们提供了新的研究视角和方法，从而展示出全新的研究领域和空间。这类课题也是具有开创性的。

2．学术性

所谓学术性，就是在特定学术领域内，对于这个学科的发展具有理论层面的重要价值和意义。有的可能一时还看不出它的实际运用价值，但却可能具有远期的巨大潜在意义。

有的论题虽然显得比较抽象，形而上色彩比较浓，但对于某一领域或学科具有普遍的指导意义。比如陈景润研究的“哥德巴赫猜想”。

3. 前沿性

就是说论题所涉及的研究内容，属于某学科领域在发展过程中所面临的迫切问题、带有萌芽性质的新动向，以及学科本身可能出现的开放和转型。这种研究带有超前性、前瞻性的色彩，是极富有生命力和远大前景的。

4. 现实性

现实性是指论题的研究内容有着十分具体的应用领域和实际用途。它总结的规律性和经验，可以在实际工作中被人们所借鉴和应用。

(四) 毕业论文的写作格式

1988 年 1 月 1 日起实施的国家标准《科学技术报告、学位论文和学术论文的编写格式》(GB7713—1987) 对论文的撰写和编排格式做出了明确规定。

一般来说，毕业论文通常包括：标题、摘要、关键词、引言、本论、结论、注释及参考文献、致谢等。

1. 标题

标题又叫题名、题目、文题，是论文的中心和总纲。论文标题要以最恰当、最简明概括的词语反映论文的主要内容，做到准确恰当、简明扼要、醒目规范、便于检索。如“试论信息安全问题”、“科技进步与农业经济”，标题字数不宜超过 20 个字。有的论文标题分为正标题和副标题，副标题是对正标题的补充，如“如何看待现阶段劳动报酬的差别——也谈按劳分配中的资产阶级权利”。

2. 摘要

摘要是对论文的内容不佳注释和评论的简短陈述，是文章内容的高度概括。其主要内容包括：研究目的、研究对象、研究方法、研究结果、所得结论、研究意义和应用范围等。摘要位于作者署名之后，正文之前，字数在 200～400 字之间。

3. 关键词

关键词是为了满足文献标引或检索工作的需要而从论文中提炼出来的，表示全文主题内容信息条目的单词、词组或术语，一般列出三至五个。

4. 引言

引言又称“前言”、“引论”、“绪论”，是论文的开头部分，引言的内容一般是提出所论述的课题，交代选题背景、来源、意义，本课题在国内外的研究进展状况，已有的研究成果和存在的问题，简单介绍论证方法等。

5. 本论

本论是毕业论文的主体部分，占据论文的主要篇幅，是写好毕业论文的关键。本论是对论题展开分析，对论点进行论证，全面、详尽、集中地表述研究成果，阐述自己的观点，组织论据，展开论证。本论要求内容充实，论据充分可靠，论证有力。

本论部分的各个分论点或各个层次，一般都应用小标题或序号加以标示，也可采用空行形式，以示区别，突出论文的层次性和条理性。

6. 结论

一般用“结语”、“小结”、“余论”等标示。结论是毕业论文的收尾部分，是对本论所作分析、论证的归纳、综合或概括，也可以提出进一步研究的方向或建议。

7. 注释及参考文献

注释即作者对论文有关内容所作的解释，一般用脚注（放在本页末）。参考文献是作者对引用他人作品的有关内容所作的说明，所引用的文献应是本人真正阅读过的与论文内容直接有关的文献，所列参考文献应按文中参考或引证的先后顺序排列。在论文后注明参考文献，是作者严肃、科学态度的体现，表示作者对他人劳动成果的尊重，证明引用的论据是正式的，便于读者查找、阅读、理解引用文献的原文，反映作者对本课题的历史和现状的了解程度。

8. 致谢

简述自己撰写毕业论文的体会，并对指导老师以及有关人员表示感谢。也有的毕业论文不写“致谢”内容。

[毕业论文例文]

论大学生就业能力及其提升途径

李　宪

（焦作大学，河南焦作，460600）

【摘要】大学生就业能力主要包括专业能力、学习能力、实践能力和创新能力。制约大学生就业能力提升的因素既有大学生自身的因素，也有学校的因素。提升大学生就业能力要加强综合素质教育、加强课程建设、加强职业规划教育、开展创业教育、加强就业指导服务。

【关键词】大学生　　就业能力　　提升途径

大学生就业是关系国家、社会稳定的大事。随着我国高等教育由精英阶段转入大众化阶段，大学生的就业形势和就业模式也发生了根本性变化。毕业生就业不再实行国家统一分配的模式，进入了双向选择、自主择业时代。同时，高校毕业生人数也屡创新高，2012 年全国普通高校毕业生规模达 680 万人，大学生就业面临着严峻的挑战。如今，大学生就业难已是不争的事实。究其原因，除了供需结构性矛盾外，大学生就业能力不足也是主要原因之一。

一、大学生就业能力的内涵

大学生就业能力是指大学生在校期间通过知识学习和综合素质开发而获得的实现就业理想、满足社会需求、在社会生活中体现自身价值的本领。笔者认为，大学生就业能力主要包括四个方面的内容，即专业能力，学习能力，实践能力和创新能力。专业能力是指通过系统地掌握专业基础理论知识与方法来指导实践的能力，在毕业生就业能力中占重要地位，主要包括专业基础能力、分析解决问题能力等。学习能力是指大学生掌握科学的学习方法，独立获取知识与信息的能力，是大学生就业能力的主要内容，主要包括观察力、记忆力、理解能力和概括能力等。实践能力是指在实践活动中解决问题的能力，是大学生就业后能胜任工作的一种综合能力，是大学生就业能力的主要内容，主要包括思维能力、实践操作能力、社会适应能力等。创新能力是指大学生运用所学知识与理论，通过实践活动不断提出新思想、新方法的能力，是大学生就业能力的灵魂与核心。

二、制约大学生就业能力提升的因素

当前，就业市场最显著的特点就是“大学毕业生找不到合适的工作，企业招不到合适的人才”。这充分说明高校的人才培养与市场需求是相脱节的，更在一定程度上揭示了大学生就业能力低这一现实情况。而制约大学生就业能力提升的因素，既有大学生自身的因素，也有学校教育的因素。

1. 大学生自身的因素

首先，大学生的自我培养意识不强。一些大学生思想观念后，眼高手低，轻视就业要求，就业期望脱离实际。他们往往认为，大学的学习和生活就是宿舍—食堂—教室的循环，很少关注就业能力的提升，也就忽视了就业综合能力的培养。其次，大学生自身实力不足。知识经济时代需要的人才不仅要有扎实的专业知识，还要有良好的道德、健康的心理和创新精神。但是一些大学生在学习中往往重视专业知识轻视基础知识、重视书本知识轻视实践知识、重视实用知识轻视人文知识，致使其自身综合素质不高、竞争力不突出、创新精神不足，与社会对人才的需求不相符。

2. 学校的因素

首先，职业生涯规划教育不到位。很多学生在选择大学专业时没有明确的方向，进入大学后也没有接受系统的职业生涯规划教育和指导，造成其择业观念落后，“等、靠”心理严重。而高校对学生就业能力的培养，也主要局限于择业技巧方面，较少有高校进行专门、系统的职业规划教育。其次，专业设置与市场脱节。一些高校办学思想不明确，往往只考虑自己的办学条件与经济效益，很少进行市场需求调查。由于盲目追求在规模、数量上大而全的专业设置，造成一些专业的培养目标与市场需求相脱节。其结果是，培养出来的大学生在激烈的就业市场竞争中不受欢迎，缺乏就业竞争力。再次，就业指导服务工作不力。大学生缺乏社会经验，他们在就业能力的提升、与用人单位的对接等方面都需要高校的指导。但是我国高校毕业生就业指导工作起步较晚，存在就业指导人员短缺、素质不高、投入经费不足等问题。也有一些高校简单地把就业指导服务看成是发布就业信息和政策，忽视了对学生的求职技巧训练和个性化的培养，无法给毕业生提供针对性强、质量高的就业指导服务。

三、提升大学生就业能力的途径

1. 加强综合素质教育，提升就业竞争力

现代企业对人才的要求不再仅仅局限于高学历。与高学历相比，企业更注重个人的综合能力。因此，学校要根据用人单位及社会对人才素质的新要求，帮助学生构建合理的知识结构，使其提高自身的综合素质。首先，要注重培养学生扎实的理论知识和良好的专业技能，这是进入职场的基础。一些学生在大学期间所学的专业与以后自己想要从事的职业无关，或者不喜欢自己所学的专业，就忽视了专业课程的学习。对此，教师要给予正确的引导，激发学生学习的兴趣，让学生充分认识到扎实的专业基础对日后工作的重要性。同时，大学生也应主动拓展自己的知识面，通过参加计算机、外语培训等提高自己的就业竞争力。其次，要注重培养学生良好的个人品质。《国家中长期教育改革和发展规划纲要（2010—2020）》指出，教育要坚持德育为先。因此，高校要充分发挥思想政治理论课的主导作用，培养学生良好的思想道德素质和高尚的道德情操。要引导学生在马克思主义世界观、人生观的学习中提高思想境界、完善个性品质。再次，要注重提高大学生的综合素质。一般来讲，用人单位比较喜欢综合能力强、责任意识强的大学生。因此，大学生要积极参与各项时间活动，在活动中提高自己的综合能力，进而提高自身的就业竞争力。

2. 加强课程建设，注重实践技能的培养

高校课程建设要以学生就业能力培养为核心，认真分析未来经济社会的人才需求变化趋势，在课程中舌头职业能力的培养，提升学生的实践技能，确保所培养的学生符合经济社会发展的需求。首先，要优化专业课程设置。以学生所学专业中的核心理论与技能为内容的课程，对高校的人才培养具有重要意义。其次，要增加选修课比重。选修课内容涉及广泛，是大学生获取广博知识的重要渠道，也是提升大学生自主学习能力和创新精神的重要途径。再次，注重教学实习环节。实习是学生接触社会的重要渠道。通过实习可以使学生获得大量的感性认识，也能使其有机会将所学知识运用于实践，进而提高其社会适应能力和实践能力。最后，加强社会实践课程建设。开设社会实践课，通过社会实践活动，开阔学生的视野，有利于学生的社交能力、规划能力等实践技能的培养。

3. 加强职业规划教育，提高专业能力

职业生涯规划教育在高校教育中占有重要地位。合理的职业规划能引导学生提早开始规划自身的学习生活，确立人生奋斗方向，会大大提高就业成功的几率。加强职业规划教育对提高学生未来职业发展意识、提高学生能力等具有重要的意义。职业规划教育主要涉及自我认知、职业认知、职业定位、行动计划、计划调整等内容。自我认知是指人首先要认识自己。每一个人都有自己的特性，每一种职业对从业者的要求一般也各不相同，最理想的状态就是做到人职匹配。所以，学生进入大学后就要测评自己的职业兴趣和个性，充分了解自我，为职业规划做好准备。职业认知是指学生在了解自我的基础上，积极探索与之相匹配的职业环境，了解相对应的职业所需要具备的职业素养。职业定位是指在了解自我与职业的基础上，明确自己要干什么、能干什么，自身的条件适合做什么、不适合做什么。通过综合各种因素确定自己未来的职业选择。行动计划是指职业定位后，根据职业要求选择适合自身特点的课程和社会实践活动形式，制定明确的行动计划。一般来讲，行动计划的制定与实施应该贯穿大学学习生活的全过程。计划调整是指行动计划并不是一成不变的，要根据自身发展和职业要求不断地进行调整、完善。这样能帮助学生有意识地运用职业生涯规划理论，规划大学生活，提高自己的专业能力，从而找到适合自己的工作。

4. 开展创业教育，培养创新精神

大学生就业指导中包括就业与创业两部分。创业教育主要培养学生的创业基本素养和能力，使之具备创业实践活动所需要的品质。首先，高校要改革人才培养模式，树立创业教育理念。在就业形势日益严峻的今天，高校要充分用好国家对大学生自主创业的支持和鼓励政策，通过实践教学来培养学生的自主创业能力。其次，要加强创业教育师资队伍建设。高校在用人方面要坚持灵活性，聘请一些具有创业实践经验的创业者来校任教，帮助学生树立创业的自信心，使学生了解创业流程及创业者必须具备的素质与能力。同时，学校也要加大对自身教师的培养、培训力度，鼓励教师创业。再次，要营造创业文化氛围。要激发大学生的创业创新意识，需要良好的文化氛围。在校园文化活动中可以通过开展创业主题活动来营造创业文化氛围，使创业创新观念渗入到学生的学习、生活中，并内化为学生的自觉行为。最后，高校要构建完善的创业教育保障体系，以此来扶持、鼓励、指导大学生创业。

5. 加强就业指导服务，培养健康的就业心理素质

就业指导服务是围绕就业进行的教育、咨询及服务等工作。高校要完善就业指导服务体系，建立相应的就业指导服务机构，全面开展就业指导服务。首先，高校要强化就业政策、法律、法规教育，让学生了解国家有关促进大学生就业的鼓励政策，有效地保护学生的合法权益。其次，要开展对毕业生求职简历制作、模拟应聘活动的训练，增强对学生面试技巧的指导，提高学生的面试技能。再次，构建就业信息交流平台，及时发布最新就业信息，提高学生搜集、获取就业信息的能力。同时，要建立毕业生就业信息资料库，跟踪了解毕业生就业动态，提高就业服务的针对性。最后，建立一支高素质的就业咨询教师队伍，关注学生心理咨询与信息咨询。更密切关注学生的就业心理，通过开展心理教育，帮助学生矫正不良就业心理，使其以最佳的心理状态投入到求职应聘活动中，并提高成功率。

总之，大学生的就业能力对其就业有着重要的影响，各高校要积极采取各种有效措施，加强大学生就业指导工作，通过提高大学生的就业能力促使其顺利就业。

【参考文献】

[1] 代洪甫．大学生就业能力的构成及提高对策［J］．人才资源开发，2009（1）。

[2] 董美娟．论大学生就业能力及其提升［J］．教育与职业，2012（8）。

[3] 孙长樱．提升大学生就业能力的思考［J］．中国高教研究，2007（11）。

资料来源：《教育探索》，2012（10），略有删改。

简析

本文首先提出问题“大学生就业难的一个很重要的原因是大学生就业能力不足”。接着对大学生就业能力的内涵和制约大学生就业能力提升的因素进行了分析，最后有针对性地指出从“加强综合素质教育，提升就业竞争力”等五个方面提升大学生的就业能力。文章内容准确，思维缜密，分析透彻，解决问题的办法具体可行，是一篇较好的学术论文。

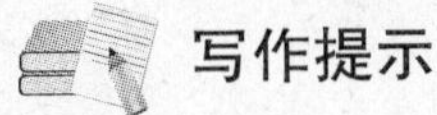

写作提示

撰写毕业论文的注意事项

1. 立论要科学。

理论联系实际，运用科学的思维方法，确定既有理论意义又有现实意义且适合自己研究的选题。毕业论文立论的科学性是指文章的基本观点和内容能够反映事物发展的客观规律。毕业论文的科学性要求对客观事物进行周密而详尽的调查研究；其次要求作者观察、分析问题时能够坚持实事求是的科学态度；还取决于作者的理论基础和专业知识，必须准确地理解和掌握前人的理论，具有广博而坚实的知识基础。

2. 论据要翔实。

一篇优秀的毕业论文仅有一个好的主题和观点是不够的，还需要有充分、翔实的论据材料作为支撑。要注意论据的新颖性、典型性、代表性，更重要的是考虑其能否有力地阐述观点。毕业论文中引用材料和数据，必须正确可靠，经得起推敲和验证。

3. 论证要严密。

论证是用论据证明论点的方法和过程，通过概念、判断、推理来反映事物的本质或规律。论证要严密、富有逻辑性，这样才能使文章具有说服力。

4. 观点要创新。

毕业论文的创新是其价值所在。毕业论文的创新主要表现为：在前人没有探索过的新领域，前人没有做过的新题目上做出成果；在前人研究成果的基础上作进一步研究，有新的发现或提出了新的看法，形成一家之言；也可以表现为从一个新的角度，把已有的材料或观点重新加以概括和表述。毕业论文观点的创新性要求对前人已有的结论不盲从，敢于提出自己独立的见解，敢于否定陈旧过时的结论，正确处理继承与创新的关系。

实战练习

1. 请诊断下面的毕业设计存在哪些问题，并修改自己认为写得不符合要求的地方。

×R2211及在IR—MODEM中的应用

——应用电子技术专业毕业设计报告

×××

一、选题的背景与意义

有线通信方式由于拖带一根通信电缆，使其速度，移动范围受到限制，而且拖带电缆易磨损，拉断，滑环产生的火花干扰常常影响通信质量，而无线通信则易受到干扰而使可靠性降低。感应无线技术能较好地解决这个问题，同时这一技术又能方便的解决移动机车的自动控制，奠定了一定的基础。

二、研究的基本内容与解决的主要问题

×R2211及在IR-MODEM中的应用与主要问题的解决方法；×R2211及在IR-MODEM中的设计与实现。

三、研究的方法与技术路线

首先对×R2211及MODEM的发展进行了解和深入研究，审阅相关的资料，然后通过学习PROTEL99SE来完成芯片的电路设计，并进行系统调试，做出完美的一份毕业设计。

四、研究的总体安排与进度

时间安排：一月至二月整理资料；

三月至五月编写论文；

六月修改论文及答辩。

五、主要参考文献

[1]《通信原理简明教程》　　清华大学出版社

[2]《感应无线数据通信系统SW—88》　　电子技术应用

[3]《prorter99se电路设计技术与入门》　　电子工业出版社

[4]《相关元器件的数据手册》

[5]《单片机原理与接口技术》　　北京航空航天大学出版社

[6]《C51基础教程》　　华中理工大学出版社

[7]《锁相环原理及应用》

致谢

本论文是在×××老师的悉心指导和热情关怀下完成的。×××老师渊博的学识、严峻的治学态度及随和的为人之道给我留下了难以磨灭的印象，这将使我终身受益，同时，蒋××老师在生活上也给了我极大的鼓励和帮助。为此，我要对他致以最衷心的感谢。

在专科学习的三年中，我与同学建立了深厚的友谊，他们在我遇到困难时无私地伸出援助之手，对他们的帮助我特别感谢。最后，对关心、支持我的亲人和老师致以最衷心的感谢。

2. 请按照毕业论文的写作要求，诊断下面的毕业论文存在哪些问题，并修改你认为写得不符合要求的地方。

国际商务谈判技巧浅析

×××

摘　要：国际间的商务交往是国际关系的重要内容，是和平时期国际交往的主旋律。随着我国市场经济的推进和对外开放的进一步扩大，国际商务谈判作为商战的序幕，已越来越频繁地出现在经济中。

关键词：商务谈判；技巧；利益冲突；预防；解决

所谓谈判，其一般含义是指在社会生活中，人们为满足各自需要和维护各自利益，双方妥善地解决某一问题而进行的协商。曾有人说，“生活本身就是一系列无休止的谈判”，这也是不无道理的。而商务谈判，是指谈判双方为实现某种商品或劳务的交易，对多种交易条件进行的协商。随着商品经济的发展，商品概念的外延也在扩大，它不仅包括一切劳动产品，还包括资金、技术、信息、服务等。因此，商务谈判是指一切商品形态的交易洽谈，如商品供求谈判、技术引进与转让谈判、投资谈判等。

随着我国经济的迅猛发展，尤其是加入WTO后，我国各企业和单位所面临的国际商务谈判越来越多。谈判是一种进行往返沟通的过程，其目的是为了就不同的要求或想法儿达成某项联合协议。谈判又是一系列情势的集合体，它包括沟通、销售、市场、心理学、社会学、自信心以及冲突的解决。商务谈判的最终目的是双方达成协议，使交易成功。如何有效避免谈判中僵局的出现而使谈判获取成功？当冲突和矛盾出现时又如何化解呢？本文将对此作出探讨。

一、了解各国商人的特点是国际商务谈判必备的常识

国际商务谈判要面对的谈判对象来自不同国家或地区。由于世界各国的政治经济制度不同，各民族间有着迥异的历史、文化传统，各国客商的文化背景和价值观念也存在着明显的差异。因此，他们在商务谈判中的风格也各不相同。在国际商务谈判中，如果不了解这些不同的谈判风格，就可能闹出笑话，产生误解，既失礼于人，又可能因此而失去许多谈判风格，采取灵活的谈判方式。下面我们仅就几种国际商务谈判中常见的客商情况加以说明。

1. 美国人

美国是中国的一个重要贸易伙伴，美国人是我们在国际商务谈判中的常见对手，他们性格开朗、自信果断，办事干脆利落，重实际，重功利，事事处处以成败来评判每个人，所以在谈判中他们干脆直爽，直截了当，重视效率，追求实利。美国人习惯于按照合同条款逐项进行讨论，解决一项，推进一项，尽量缩短谈判时间。他们十分精于讨价还价，并以智慧和谋略取胜，他们会讲得有理有据，从国内市场到国际市场的走势甚至最终用户的心态等各个方面劝说对方接收其价格要求。美国人在谈判某一项目时，除探讨所谈项目的品质规格、价格、包装、数量、交货期及付款方式等条款外，还包括该项目从设计到开发、生产工艺、销售、售后服务以及为双方能更好地合作各自所能做的事情等，从而达成一揽子交易。同美国人谈判，就要避免转弯抹角的表达方式，是与非必须保持清楚，如有疑问，要毫不客气地问清楚，否则极易引发双方的利益冲突，甚至使谈判陷入僵局。

2. 日本人

日本人深受中国传统文化的影响，儒家思想道德意识已深深地沉淀于日本人内心的深处，并在行为方式上处处体现出来。日本是一个岛国，资源缺乏，人口密集，具有民族危机感。这就使日本人养成了进取心强，工作认真，事事考虑长远影响的性格。他们慎重、礼貌、耐心、自信地活跃在国际商务谈判的舞台上。他们讲究礼节，彬彬有礼地讨价还价，注重建立和谐的人际关系，重视商品的质量。

3. 韩国人

近十年我国与韩国的贸易往来增长迅速。韩国以“贸易立国”韩国商人在长期的贸易实践中积累了丰富的经验，常在不利于已的贸易谈判中占上风，被西方国家称为“谈判的强手”。在谈判前他们总是要进行充分的咨询准备工作，谈判中他们注重礼仪，创

造良好的谈判气氛，并善于巧妙地运用谈判技巧。与韩国人打交道，一定要选派经验丰富的谈判高手，做好充分准备，并能灵活应变，才能保证谈判的成功。

4. 华侨商人

华侨分布在世界许多国家，他们乡土观念很强，勤奋耐劳，重视信义，珍惜友情。由于经历和所处环境的不同，他们的谈判习惯基于当地人有别，也与我们大陆人有所不同。他们作风果断，雷厉风行，善于讨价还价，而且多数都是由老板亲自出面谈判，即使在谈判之初由代理人或雇员出面，最后也要由老板拍板才能成交。所以了解老板的个人情况，以真情打动他就至关重要。

以上介绍的只是世界主要贸易国家或地区的主要谈判风格，重要的是我们应从中悟其真谛。当然，随着当今世界经济一体化和通信的高速发展以及各国商人之间的频繁的往来接触，他们相互影响，取长补短，有些商人的国别风格已不是十分明显了。因此，我们既应了解熟悉不同国家和地区商人之间谈判风格的差异，在实际的商务谈判中更应根据临时出现的情况而随机应变，适当地调整自己的谈判方式以达到预期的目的，取得商务谈判的成功。

二、运用商务谈判技巧是商务谈判必备的手段

（一）充分做好谈判前的准备

谈判桌上风云变幻，谈判者要在复杂的局势中左右谈判的发展，必须做好充分的准备。只有做好了充分准备，才能在谈判中随机应变，灵活处理，从而避免谈判中利益冲突的激化。由于国际商务谈判涉及面广，因而要准备的工作也很多，一般包括谈判者自身的分析和谈判对手的分析、谈判班子的组成、精心拟定谈判目标与策略，必要时还要进行事先模拟谈判等。

1. 知己知彼，不打无准备之战

在谈判准备过程中，谈判者要在对自身情况作全面分析的同时，设法全面了解谈判对手的情况。自身分析主要是指进行项目的可行性研究。对对手情况的了解主要包括对手的实力（如资信情况），对手所在国（地区）的政策、法规、商务习俗、风土人情以及谈判对手的谈判人员状况等。目前中外合资项目中出现了许多合作误区与投资漏洞，乃至少数外商的欺诈行为，很大程度上是中方人员对谈判对手了解不够所导致的。关于这一点前文我们已详细说明，此处不再多叙。

2. 选择高素质的谈判人员

国际商务谈判在某种程度上是双方谈判人员的实力较量。谈判的成效如何，往往取决于谈判人员的知识方面和心理方面的素质。由于国际商务谈判所涉及的因素广泛而又复杂，因此，通晓相关知识十分重要。通常，除了国际贸易、国际金融、国际市场营销、国际商法这些必备的专业知识外，谈判者还应涉猎心理学、经济学、管理学、财务知识、外语、有关国家的商务习俗与风土人情以及与谈判项目相关的工程技术等方面的知识。较为全面的知识结构有助于构筑谈判者的自信与成功的背景。

此外，作为一个国际商务谈判者，还应具备一种充满自信心、具有果断力、富于冒险精神的心理状态，只有这样才能在困难面前不低头，风险面前不回头，才能正视挫折

与失败，拥抱成功与胜利。

在国际商务谈判中，单凭谈判者个人的丰富知识和熟练技能，并不一定就能得到圆满的结局，所以要选择合适的人选组成谈判班子与对手谈判。谈判班子成员各自的知识结构要具有互补性，从而在解决各种专业问题时能驾轻就熟，并有助于提高谈判效率，在一定程度上减轻了主谈人员的压力。

3. 拟定谈判目标，明确谈判最终目的

准备工作的一个重要部分就是设定你让步的限度。商务谈判中经常遇到的问题就是价格问题，这一般也是谈判利益冲突的焦点问题。在谈判前，双方都要确定一个底线，超越这个底线，谈判将无法进行。这个底线的确定必须有一定的合理性和科学性，要建立在调查研究和实际情况的基础之上，如果出口商把目标确定的过高或进口商把价格确定的过低，都会使谈判中出现激烈冲突，最终导致谈判失败。

作为一个出口商，你的开价应在你能接受的最低价和你认为对方能接受的最高价之间，重要的是你的开价要符合实际，是可信的，合情合理的，促使对方做出响应。一个十分有利于自己的开价不一定是最合适的，它可能向对方传递了消极的信息，使他对你难以信任，而采取更具进攻性的策略。

当你确定开价时，应该考虑对方的文化背景、市场条件和商业管理。在某些情况下，可以在开机后迅速做些让步，但很多时候这种作风会显得对建立良好的商业关系不够认真。所以开价必须慎重，而且留有一个足够的选择余地。

4. 指定谈判策略

每一次谈判都有其特点，要求有特定的策略和相应战术。在某些情况下首先让步的谈判者可能被认为处于软弱地位，致使对方施加压力以得到更多的让步；然而另一种环境下，同样的举动可能被看作是一种要求汇报的合作信号。在国际贸易中，采取合作的策略，可以使双方在交易中建立融洽的商务关系，使谈判成功，各方都能受益。但一个纯粹的合作关系也是不切实际的。当对方寻求最大利益时，会采取某些竞争策略。因此，在谈判中采取合作与竞争相结合的策略会促使谈判顺利结束。这就要求我们在谈判前制定多种策略方案，以便随机应变。

你需要事先计划好，如果必要时可以做出哪些让步。核算成本，并确定怎样让步和何时让步。重要的是在谈判之前要考虑集中可供选择的竞争策略，万一对方认为你的合作愿望是软弱的表示时，或者对方不合情理、咄咄逼人，这时改变谈判策略，可以取得额外的让步。

（二）在谈判中巧妙地运用谈判技巧

谈判的直接目的是为了获得各方面都满意的协议或合同。我们把与我们谈判的人称为谈判对手，双方确有为争取自身利益最大化的对抗关系，但更重要的还是合作关系，是为了合作才有的暂时对抗。所以在谈判中，要恰当使用一些谈判技巧，尽力避免强烈冲突的出现，谈判陷入僵局对谈判双方来说都是失败。

1. 刚柔相济

在谈判过程中，谈判者的态度既不可过分强硬，也不可过于软弱，前者容易刺伤对方，导致双方关系破裂，后者则容易受制于人，而采取“刚柔相济”的策略比较奏效。谈判中有人充当“红脸”角色，持强硬立场，有人扮演“白脸”角色，取温和态度。“红脸”是狮子大开口，大刀阔斧地直捅对方敏感部位，不留情面，争得面红耳赤也不让步。“白脸”则态度和蔼，语言温和，处处留有余地，一旦出现僵局，便于从中周璇挽回。

2. 拖延回旋

在贸易谈判中，有时会遇到一种态度强硬、咄咄逼人的对手，他们以各种方式表现其居高临下。对于这类谈判者，采取拖延交战、虚与周璇的策略往往十分有效，即通过许多回合的拉锯战，使趾高气扬的谈判者感到疲劳生厌，逐渐丧失锐气，同时使自己的谈判地位从被动中扭转过来，等对手精疲力竭的时候再反守为攻。

3. 留有余地

在谈判中，如果对方向你提出某项要求，即使你能全部满足，也不必马上和盘托出你的答复，而是先答应其大部分要求，留有余地，以备讨价还价之用。

4. 以退为进

让对方先开口说话，表明所有的要求，我方耐心听完后，抓住其破绽，再发起进攻，迫其就范。有时在局部问题上可首先做出让步，以换取对方在重大问题上的让步。

5. 利而诱之

根据谈判对手的情况，投其所好，施以小恩小惠，促其让步或最终达成协议。请客吃饭、观光旅游、馈赠礼品等虽然是社会生活中的家常便饭，但实际上是在向对方传递友好讯号，是一种微妙的润滑剂。

6. 相互体谅

谈判中最忌索取无度、漫天要价或胡乱砍价，使谈判充满火药味和敌对态势，谈判双方应将心比心、互相体谅，可使谈判顺利进行并取得皆大欢喜的结果。

三、国际商务谈判中礼仪冲突的解决之道

由于谈判中双方都想获得自身利益的最大化，尽管我们可以在一定程度上避免谈判陷入僵局而至最终破裂，但有时利益的冲突是难以避免的。每逢此时，只有采取有效措施加以解决，才能使谈判顺利完成，取得成功。

1. 处理利益中冲突的基本原则——将人的问题与实质利益相区分

谈判的利益冲突往往不在于客观事实，而在于人们的想法不同。在商务谈判中，当双方各执己见时，往往双方出现意见不一致，可以尝试以下几种处理问题的方法：

(1) 不妨站在对方的立场上考虑问题。

(2) 不要以自己为中心推论对方的意图。

(3) 相互讨论彼此的见解和看法。

(4) 找寻对方吃惊的一些化解冲突的行动机会。

(5) 一定要让对方感觉到参与了谈判达成协议的整个过程，协议是双方想法的反映。

(6) 在协议达成时，一定要给对方留面子，尊重对方人格。

换个角度考虑问题，恐怕是利益冲突发生后谈判中最重要的技巧之一。不同的人看问题的角度不一样。人们往往用既定的观点来看待事实，对于自己相悖的观点往往加以排斥。彼此交流不同的见解和看法，站在对方的立场上考虑问题并不是让一方遵循对方的思路解决问题，而是这种思维方式可以帮助你找到问题的症结所在，最终解决问题。

2. 处理谈判双方利益冲突的关键在于创造双赢的解决方案

很多人在小时候都做过这样一道智力测验题：有一块饼干，让你和妹妹分，怎样才能分的公平呢？答案就是自己先把它分成两部分，分的标准是自己觉得得到其中哪部分都不吃亏，然后让妹妹来选。这是一个典型的双赢态势。就像这道智力题的解答一样，解决利益冲突的关键在于找到一个双赢的方案。

谈判的结果并不是“你赢我输”或“你输我赢”，谈判双方首先要树立双赢的概念。一场谈判的结局应该使谈判的双方都要有“赢”的感觉。采取什么样的谈判手段、谈判方法和谈判原则来达到谈判的结局对谈判各方都有利，这是商务谈判的实质追求。因此，面对谈判双方的利益冲突，谈判者应重视并设法找出双方实质利益之所在，在此基础上应用一些双方都认可的方法来寻求最大利益的实现。

双赢在绝大多数的谈判中都应该是存在的。创造性的解决方案可以满足双方利益的需要。这就要求谈判双方应该能够识别共同的利益所在。每个谈判者都应该牢记：每场谈判都有潜在的共同利益；共同利益就意味着商业机会；强调共同利益可以使谈判更顺利。另外谈判者还应注意谈判双方兼容利益的存在。

因此为了有效地寻找双赢方案，可以从如下几方面入手：

(1) 将方案的创造与对方案的判断行为分开。谈判者应该先创造方案，然后再决策，不要过早地对解决方案下结论。比较有效的方法是采用所谓的“头脑风暴”式小组讨论，即谈判小组成员彼此之间激发理想，创造出各种想法和主意，而不是考虑这些主意是好还是坏，是否能够实现。然后再逐步对创造的想法和主意进行评估，最终决定谈判的具体方案。在谈判双方是长期合作伙伴的情况下，双方也可以共同进行这种小组讨论。

(2) 充分发挥想象力，扩大方案的选择范围。在上诉小组讨论中，参加者最容易犯的毛病就是，觉得大家在寻找最佳的方案。而实际上，在激发想象阶段并不是寻找最佳方案的时候，要做的就是尽量扩大谈判的可选择余地。此阶段，谈判者应从不同的角度来分析同一个问题。甚至可以就某些问题和合同条款达成不同的协议。如不能达成永久协议，可以达成临时协议；如不能达成无条件的协议，可以达成有条件的协议等。

(3) 替双方着想，让对方容易做出决策，如果你能让对方觉得解决方案既合法又正当，对双方都公平，那么对方就很容易做出决策，你的方案也就获得了成功。

3. 借助客观标准，最终解决谈判利益冲突问题

在谈判过程中，双方在了解了彼此的利益所在后，绞尽脑汁为双方寻求各种互利的解决方案，也非常重视与对方发展关系。但是棘手的利益冲突问题依然不是那么容易解决的。这种情况下，双方就某一个利益问题争执不下，互不让步，即使强调“双赢”也无济于事。此时客观标准的使用在商务谈判中就起到了非常重要的作用。

例如，对于谈判中经常遇到的价格问题，当双方无法达成协议时，可以参照一些客观标准，如市场价值、替代成本、这就账面价值等。此种方式在实际谈判中非常有效，可以不伤和气地快速取得谈判成果。在价格问题上的利益冲突可以这样解决，其他问题同样也可以运用客观标准来解决。但是，在谈判中有一点一定要把握，就是基本原则应该是公平有效的原则、科学性原则和先例原则。

另外在商务谈判中，谈判者运用客观标准时还应注意以下几个问题：

（1）建立公平的标准。商务谈判中，一般应遵循的客观标准有：市场价值、科学的计算、行业标准、成本、有效性、对等原则、相互原则等，客观标准的选取要独立于双方的意愿，公平合法，并且在理论和实践中均是可行的。

（2）建立公平的利益分割方法。如大宗商品贸易由期货市场定价进行基差交易；在两位股东持股相等的投资企业中，委派总经理采取任期轮换法等。

（3）将谈判利益的分割问题局限于寻找客观依据。在谈判中，多问对方：您提出这个方案的理论依据是什么？为什么是这个价格？您是如何算出这个价格的？

（4）善于阐述自己的理由，也接受对方合理正当的客观依据。一定要用严密的逻辑推理来说服对手。对方认为公平的标准必须对你也公平。运用你所同意的对方标准来限制对方漫天要价，甚至于两个不同的标准也可以谋求折中。

（5）不要屈从于对方的压力。来自谈判对手的严厉可以是多方面的：如，贿赂最后通牒、以信任为借口让你屈从、抛出不可让步的固定价格等。但无论哪种情况，都要让对方陈述理由，讲明所遵从的客观标准。

［参考文献］

1. 吴洪刚．成功让步的谈判艺术．郑州煤炭管理干部学院学报，2001（6）。

2. 于艳君．经济谈判 ABC. 内蒙古科技与经济，1999（5）。

3. 赵莲花、余恩荣．论商务谈判中公平的伦理标准．南京经济学院学报，1999（5）。

4. 黄聚河．商务谈判中常用的报价技巧．价格月刊，2001（6）。

5. 赵吉存．企业技术引进的谈判技巧．经济管理，2002（9）。

6. 舒志平．小议商业谈判．中国建材，1998（12）。

项目三 求职招聘

学习目标

◎ **知识目标**

1. 掌握招聘启事的撰写格式及要求；
2. 掌握求职信和个人简历的撰写格式及要求；
3. 了解面试的相关注意事项及技巧；
4. 了解劳动合同的主要条款内容及签署常识。

◎ **能力目标**

1. 能够根据招聘岗位的需求撰写招聘启事；
2. 能够在撰写的求职信与个人简历中有针对性地展示并成功推销自己；
3. 能够在求职面试中灵活运用所学的面试技巧应对面试官的提问；
4. 能够运用掌握的劳动合同的相关知识维护和保障单位和个人的合法权益。

项目概要

模块	内容	文书
模块一	发布招聘信息	招聘启事
模块二	求职面试	求职信、个人简历
模块三	签订劳动合同	劳动合同

项目情境

真功夫餐饮管理有限公司，1990年创立，总部设立在广州粤海天河城大厦，至今覆盖全国的直营店铺已超500家，是中国最具影响力的中式快餐品牌。在品质、服务、清洁三个方面，与国际标准全面接轨。

自第一家餐厅起，真功夫一直主营米饭快餐。目前已进驻广州、深圳、北京、上海、杭州、沈阳等30多个城市，至2013年9月1日已有503家分店，成为国内首家全国连锁发展的中式快餐企业。

真功夫全国共有员工16 000余名。日前，为保证公司后续发展规模，真功夫拟在全国各大高校进行一次大规模的招聘。这天，总经理将招聘新员工的事情向人力资源部经理秦检作了交代，并叮嘱她，这是公司业务进一步拓展的一次招聘活动，能否招聘到合适的新员工，对公司下一阶段目标的实施有直接影响。秦检从事人力资源工作有好几年了，虽然自己来到真功夫公司的时间不算长，但招聘工作对她而言并不陌生。在迅速地把招聘工作的流程过了一遍后，秦检指挥部门人员有条不紊地着手招聘的各项准备工作……

模块一　招聘启事

任务描述

各项目小组以秦检的真功夫餐饮管理有限公司为背景，根据公司的实际运营情况制定招聘计划，按照岗位需要撰写并发布招聘启事。

任务解析

本模块的最终任务是撰写并发布招聘启事。在开始写作招聘启事之前各个小组的准备工作包括：

（1）了解人员招聘的一般流程。

（2）公司各部门沟通并分析岗位需要。

（3）根据公司的实际情况制定招聘计划。

各小组可以按照以上步骤积极准备，并撰写招聘启事。

理论知识

一、一般招聘流程

大多数企业人事部门招聘人员的基本流程如下：

确定人员需求——制定招聘计划——人员甄选——招聘评估。针对这样的基本流程，我们可以确定以下最基本的工作流程。

（1）用人部门提出申请：部门经理向人事部门提出所需人数、岗位、要求，并解释理由；

（2）人力资源部门复核，由最高管理层确定招聘计划；

(3) 人力资源部根据部门递交的需求人员申请单，确定招聘的职位名称和所需的名额；

(4) 对应聘人员的基本要求（或资格）及条件限制，比如该职位所限制的学历、要求的年龄、所需能力和经验等；

(5) 所有招聘的职位的基本工资和预算工资的核定；

(6) 制定及发布资料，准备通知单或公司宣传资料，申请办理日期；

(7) 联系人才市场或张贴招聘通知，安排面试时间及场地和面试方式；

(8) 最终确定人员，办理试用期入职手续，合格录用转正及手续；

(9) 签订合同并存档。

二、招聘启事的写作格式和内容

招聘启事的写作格式一般由三项内容组成。

(一) 标题

招聘启事的标题可以简单地由事由和文种名称构成。如“招聘启事”或“招工启事”，有的称作“招贤榜”。

较为复杂的招聘启事还可以加上招聘的具体内容。如“招聘抄字员”、“招聘科技人员启事”，还有的招聘启事在标题中写明招聘的单位名称，如“××服装厂招聘启事”。

(二) 正文

招聘启事的正文较为具体，一般而言，需着重交代以下事项：

(1) 招聘方的情况。包括招聘方的业务、工作范围及地理位置等。

(2) 对招聘对象的具体要求。包括招募人员的工作性质、业务类型，以及招募人员的年龄、性别、文化程度、工作经历、技术特长、科技成果等。

(3) 招募人员受聘后的待遇。该项内容一般要写明月薪或年薪数额，写明执行标准、工休情况，是否解决住房，是否安排家属等。

(4) 其他情况。应募人员须交验的证件和应办理的手续以及应聘的手续以及应聘的具体时间、地点、联系人、电话号码等。

(三) 落款

落款要求在正文右下角署上发表启事的单位名称和启事的发文时间。题目或正文中已有单位名称的可不再重复。

[招聘启事例文]

四川长虹精密电子科技有限公司招聘启事

四川长虹精密电子科技有限公司系长虹电器股份有限公司控股子公司，专业从事SMT表面贴装、AI自动插件加工制造和服务。固定资产达1.2亿多元，拥有全球最先进的SMT贴装线35条、AI全自动插件设备150多台、AOI检测设备5条，以及20 000多平方米的现代化厂房。长期为四川长虹电器集团的彩电、空调、网络、LCD、PDP等产品提供加工服务。公司积极开展SMT对外加工服务，产品涵盖消费类电子、通信类、IT类产品，通过ISO9001质量管理体系和ISO14001环境管理体系认证，严格按5S管理要求规范生产现场，推行精益化生产管理。四川长虹精密电子科技有限公司操作类岗位设置有：SMT操作、AI操作、AOI操作、SMT检验、SMT贴装、AI检验、成品配送、SMT材料配套、AI材料配套等。

任职条件：

1. 中专、技校及以上学历，机械、电子、计算机类相关专业毕业优先；

2. 年龄18周岁以上，体检符合用工要求；

3. 思想品德好，责任心强，有敬业精神，能吃苦耐劳，身体健康。

薪酬待遇：

熟练员工正常情况下××××元/月（含住房、就餐等各项补贴）。

二〇一二年十二月十日

这篇招聘启事由标题、正文、落款三部分组成。标题由“招聘方名称＋事由＋文种”构成。正文部分介绍了招聘方的简要情况和具体的招聘事项，具体包括：招聘职位、人数及资格条件，受聘后的薪酬待遇，报名方式、联系方式等。由于标题中已写明招聘单位名称，故结尾可不署名。

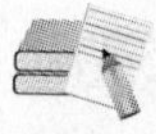

写作提示

写作招聘启事的注意事项

1. 招聘启事要遵循实事求是的原则，对所招聘的各项内容，均应如实写出，既不可夸大，也不可缩小。

2. 招聘启事的各项内容，可分条列出，使之醒目。也可用不同的字体列出以求区别。

3. 招聘启事的语言要简练得体，要庄重严肃又礼貌热情。

补充知识

成功面试五技巧

1. 自我介绍不超2分钟。“请你自我介绍一下”这道题90%以上的用人单位都会问，面试者事先最好以文字的形式写好背熟。其实面试者的基本情况用人单位已掌握，考这道题的目的是考核面试者的语言表达能力、逻辑能力以及诚信度。所以，面试者在自我介绍的内容要与个人简历相一致，表述方式上尽量采用口语化，注意内容简洁，切中要害，不谈无关、无用的内容，条理要清晰，层次要分明。自我介绍不能超过2分钟，最好把握在1分钟左右。

2. 强调温馨和睦的家庭氛围。“谈谈你的家庭情况”此类问题70%的用人单位都会涉及，面试者应简单地介绍家人，一般只需介绍父母，如果亲属和应聘的行业有关系的也可介绍。回答时注意强调温馨和睦的家庭氛围，父母对自己教育方面的重视，各位家庭成员的良好状况，以及家庭成员对自己工作的支持和自己对家庭的责任感。

3. 座右铭与应聘行业相关。通过提问座右铭，用人单位就可以判断面试者是否具有发展前途。面试者不要说那些易引起不好联想的座右铭，也不应说那些太抽象的座右铭，更不宜说太长的座右铭。座右铭最好能反映出自己某种优秀品质，或者和本专业、本行业相关的一句话，比如"只为成功找方法，不为失败找借口"。

4. 说与工作"无关紧要"的缺点。当考官问到你的缺点时，面试者不能说自己没缺点，也不能把那些明显的优点说成缺点，但更不能暴露严重影响所应聘工作的缺点，或者说令人不放心、不舒服的缺点。可以说出一些对于所应聘工作"无关紧要"的缺点，甚至是一些表面上看是缺点，从工作的角度看却是优点的缺点。

5. 遇到提问陷阱采用迂回战术。"如果我录用你，你将怎样开展工作"这是一道陷阱题，如果应聘者对于应聘的职位缺乏足够的了解，最好不要直接说出自己开展工作的具体办法，以免引起不良的效果。面试者可以尝试采用迂回战术来回答，如"首先听取领导的指示和要求，然后就有关情况进行了解和熟悉，接下来制定一份近期的工作计划并报领导批准，最后根据计划开展工作"。

实战练习

请指出下面这篇招聘启事存在的问题，并加以修改。

招聘启事

本店因业务发展需要，现招募相关工作人员，有意者请联系本店。

本人联系电话：×××××。

招聘单位：蓝猫服装有限公司

××年××月××日

模块二 个人简历 求职信

任务描述

各项目小组以秦检的真功夫餐饮管理有限公司为求职目标，作为在校的应届毕业生，根据个人的实际情况完成简历和求职信。

任务解析

本模块的任务是撰写个人简历和求职信。在开始写作简历、求职信之前，各个小组的准备工作包括：

（1）了解简历、求职信的基本写作要点。

（2）分析应聘公司、部门特征并分析岗位需要。

（3）根据目标应聘公司的实际情况制定简历、求职信。

各小组可以按照以上步骤积极准备，并撰写简历、求职信。

理论知识

一、简历

（一）简历的概念

简历是求职者给招聘单位发的一份简要介绍，包含自己的基本信息：姓名、性别、年龄、民族、籍贯、政治面貌、学历、联系方式，以及自我评价、工作经历、学习经历、荣誉与成就、求职愿望、对这份工作的理解等。网上求职成为当下找工作的主要途径之一，因此一份良好的个人电子简历对于获得面试机会至关重要。

（二）简历的结构

（1）个人资料：必须有姓名、性别、联系方式（固定电话、手机、电子邮箱、固定住址），而出生年月、籍贯、政治面貌、婚姻状况、身体状况、兴趣爱好等则视个人以及应聘的岗位情况，可有可无。

（2）学业有关内容：毕业学校、学院、学位、所学专业、班级、城市和国家，然后是获得的学位及毕业时间，学过的专业课程（可把详细成绩单附后）以及一些对工作有利的辅修课程以及毕业设计等。

（3）本人经历：大学以来的简单经历，主要是学习和担任社会工作的经历，有些用人单位比较看重你在课余参加过哪些活动，如实习，社会实践，志愿工作者，学生会，团委工作，社团等其他活动。切记不要列入与自己所找的工作毫不相干的经历。

（4）荣誉和成就：包括"优秀学生"、"优秀学生干部"、"优秀团员"及奖学金等方面所获的荣誉，还可以把你认为较有成就的经历（比如自立读完大学等）写上去。或者是参加国家学术性竞赛，国际比赛获得的荣誉等。

（5）求职愿望：表明你想做什么，能为用人单位做些什么。内容应简明扼要。

（6）附件：个人获奖证明，如：优秀党员，优秀学生干部证书的复印件，外语四、六级证书的复印件，计算机等级证书的复印件，发表论文或其他作品的复印件等。

（7）个人技能：专业技能，IT 技能和外语技能。同时也可罗列出你的技能证书。

（8）封面：你也可以在个人简历上设计封面，也可以省去封面。关于封面，有部分招聘人员不喜欢封面，在选择封面时需慎重考虑。封面一般要简洁，可以在封面上出现个人信息，方便用人单位查阅。并且封面的风格要符合应聘公司的文化和背景，也要凸显自己的个性和风格。

[简历例文一]

广告行业个人简历

目前所在地：江西　　民族：汉族

户口所在地：江西　　身材：174 cm　　78 kg

婚姻状况：已婚　　年龄：53

求职意向及工作经历

人才类型：普通求职

应聘职位：业务拓展经理/主管、区域销售总监/经理、销售助理

工作年限：33 年　　职称：无职称

求职类型：全职　　可到职日期：随时

月薪要求：面议　　希望工作地区：广东省

个人工作经历：

公司名称：起止年月：1993—06～2012—06 江西省明珠广告公司

公司性质：私营企业所属行业：广告

担任职务：总经理

工作描述：百度搜索"万伟成．沐雨明珠"有本人的详细介绍，或直接点击江西省人大代表万伟成江西省明珠广告公司

离职原因：××

公司名称：起止年月：1990—12～1993—05 江西省广告公司

公司性质：国有企业所属行业：广告

担任职务：承包广告业务

工作描述：个人承包广告部

离职原因：发展自己的事业

公司名称：起止年月：1986—10～1990—12 江西省长途汽车运输公司

公司性质：国有企业所属行业：交通/运输/物流

担任职务：宣教科 广告

工作描述：在省汽车运输公司做车身广告业务

离职原因：离开国企

公司名称：起止年月：1980—12～1986—10 江西长途汽车运输公司

公司性质：国有企业所属行业：交通/运输/物流

担任职务：汽车保养工

工作描述：保养汽车

离职原因：下海发展

公司名称：起止年月：1979—12～1980—1232383部队

公司性质：其他所属行业：其他行业

担任职务：当兵

离职原因：退伍

教育背景

毕业院校：自修大学

最高学历：大专　获得学位：广告高级策划师　毕业日期：1996—06—01

所学专业一：哲学类　所学专业二：广告策划

受教育培训经历：(略)

语言能力

外语：英语　一般

国语水平：优秀　粤语水平：一般

工作能力及其他专长

1. 事业心强。精力充沛，善于思考，勤于实干，为人忠厚，特别能吃苦，社会阅历丰富。

2. 协调沟通能力强。能与各界人士打交道，善于协调沟通各方面的关系，适合做业务、对外联络等工作。

3. 有江西省政府部门的人脉关系。多年从商的经历，熟悉政府的各项政策、法律、法规。

4. 经历丰富。我在广告界做了二十几年，对营销、策划、制作、代理等工作非常熟悉，曾把广告公司做到南昌市十大王牌广告公司之一，多次荣获国家、省、市广告创作奖、荣誉奖。

资料来源：http：//www.51test.net。

简析

此篇简历为网络应聘标准简历，格式整齐，条目清晰。其中的工作经历以及任职情况分析是重点。

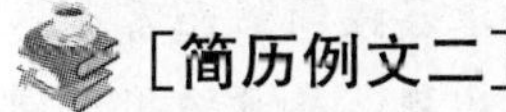

[简历例文二]

新闻专业应届毕业生简历

姓名：范文库　　性别：女
出生年月：1988年1月　　身高：160cm
籍贯：福建省　　居住地：宁德市
民族：汉　　政治面貌：团员
移动电话：　　家庭电话：
E-Mail：　　QQ/MSN：
求职意向：公关/媒介助理，出版/发行，记者
求职类型：应届毕业生
毕业院校：西京学院
专业：新闻采编与制作
自我评价

本人具有严谨认真的工作态度，能吃苦耐劳本人善于写作、绘画、摄影，在组织策划方面具有一定的能力。

工作实践经历

2012年暑假在《应届毕业生求职网》福鼎报道组担任实习记者，主要从事采集新闻图片。

技能水平

熟练掌握办公自动化，获得英语应用能力B级，能够使用英语进行简单的交流。

教育经历

1995年9月至2000年6月就读于福建福鼎市桐南小学
2000年9月至2003年6月就读于福建福鼎市第六中学
2003年9月至2006年6月就读于福建福鼎市第六中学
2006年9月至2009年6月就读于陕西西安西京学院

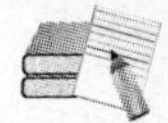

简析

此例文是一篇应届毕业生简历，难度在于工作经验一栏没有充实的内容可以填写，所以要把毕业生本人曾经的实习经历强调出来以充实简历内容。

写作提示

简历的编写原则

要写出一份出色的个人简历的第一条原则是重点要突出。雇主寻找的是适合某一特定职位的人，这个人将是数百应聘者中最合适的一个。求职者应在简历中突出自己应聘该职位的优势，以便在激烈的竞争中脱颖而出。

第二条原则是把简历看作一份广告，推销自己。最成功的广告要求篇幅简短而富有感召力。简历应该限制在一页纸以内，个人情况介绍不要以段落的形式出现，尽量运用动词性短语使语言更加鲜活有力；在简历页面上端写一段总结性的语言，陈述你在求职时最大的优势，然后再在个人介绍中将这些优势以经历和成绩的形式加以叙述。

第三条原则是要陈述有利的信息，争取成功的机会，也就是说尽量避免在简历阶段就遭到拒绝。在编写简历时，要强调工作目标和重点，语言要简短，多用动词，并且要避免出现对求职起副作用的信息。

补充知识

如何投递简历

第一，招聘会的简历投递。

(1) 有的放矢投递简历。利用招聘会现场的有利条件，与招聘人员积极沟通。想方设法了解企业的情况、某个岗位的具体职责、招聘要求等。在投递简历前可向招聘人员询问是否接收应届毕业生，然后对照自身条件、招聘要求考虑有无成功的可能性。

(2) 主动询问应聘结果。记录下招聘方的联系方式、联系人姓名，在简历投递后通过电话、信件、邮件等方式积极主动与招聘方联系，询问应聘结果。

第二，网络招聘的简历投递。

(1) 有针对性地挑选网站。知名招聘网站的“校园招聘”频道、各地的高校毕业生就业服务网站、高校网站的“招生就业”频道、企业网站的“人才招聘”频道等，适合毕业生的岗位相对集中。

(2) 仔细筛选信息，做到有的放矢。网上的职位信息十分庞杂，要学会利用职位搜索器等工具过滤、筛选信息。留心考察每条招聘信息的真实性和有效性。求职者必须仔细浏览招聘单位简介、招聘职位介绍、信息发布时间、有效期等，必要时还可登录该公司的主页了解更多相关信息。留意对方的用人计划及招聘要求，在全面详细地了解了招聘职位的信息后，根据自己的实际情况投递出简历。

(3) 选择合适的方式，第一时间投递简历。找到了合适职位后，最好按照招聘方要求的方式进行投递。有些公司会在网上公布格式统一的职位申请表，要求填写后发送；还有的公司不希望应聘者用附件形式发简历等。按照招聘方要求在第一时间投递简历，将会较为顺利地进入筛选程序，并抢占先机。

(4) 忌向一个单位申请多职。在网络求职中，向一个单位同时申请多个职位，并不能表明你的能力超人，相反，用人单位会认为你非常盲目，没有自己的目标，缺乏主见。因此，向一家单位同时申请多个职位的做法不可取。

(5) 主动询问应聘结果。尽可能了解招聘方的联系方式、联系人姓名，在简历投递后通过电话、邮件等方式积极主动与招聘方联系，询问应聘结果。

第三，平面媒体招聘的简历投递。

(1) 毕业生在投递简历前，也要做细致的信息筛选、分析工作，从中找出有用信息。投递简历要本着“越快越好”的原则，在见到招聘信息后尽快投递。特别需要注意的是，若是邮寄简历，一定别忘了在信封的显著位置标明应聘职位，以方便招聘人员处理。

(2) 尽可能了解招聘方的联系方式、联系人姓名，在简历投递后通过电话、信件、邮件等方式积极主动与招聘方联系，询问应聘结果。

二、求职信

(一) 求职信与应聘

求职信是求职者为了求得某一工作职位，向相关单位陈述自己的学历、学识、才能和经历等情况的介绍性文书。求职信可以很直接地引导招聘方关注你的个人能力，与一名优秀的营销人员一样，求职信可以强调你应该获得聘用机会的三到四个主要优势，这些优势在简历中可以找到事实依据。

用心地写好求职信，能起到意想不到的效果。因为大部分人对求职信的作用都不太了解，所写的求职信都是千篇一律，如果你的求职信与众不同，一定能让阅览者眼前一亮。切忌使用一些公式化的可有可无的空洞无力的语句，那样招聘人员会感到厌烦。

(二) 求职信格式

求职信的语言要简洁，字数最好不要超过 1 000 字，一般由以下几部分组成：

(1) 你所申请的职位和招聘信息来源。

(2) 表述你对该职位产生浓厚兴趣，并说明这种兴趣与你的理想追求或专长有关。

(3) 与申请职位有关的资历和经验和成绩都是非常重要的证明材料，说明你适合这个职位的原因。

(4) 表示如能得偿所愿，自信必能胜任此项工作。

(5) 提醒收信人留意你附上的个人简历，并请求对方作进一步回应，如及早答复等。

具体形式如下：

第一部分：

写明你要申请的职位和你是如何得知该职位的招聘信息的。例如：

A：获知贵公司××年××月××日在__报上招聘____的信息后，我寄上简历敬请斟酌。

B：很高兴得知贵公司目前在招聘________。贵公司的一个资深客户推荐我应聘此职位。

C：我写此信应聘贵公司招聘的________职位。我很高兴在招聘网站得知你们的招聘广告，我学习________专业已________学期了，并一直期望能有机会加盟贵公司。

第二部分：

说明并简述你如何满足公司的要求。陈述你所特有的将据之以为公司做出贡献的教育、技能和个性特征。提供内附资料的证人但不要写详情，可注明“请参阅简历”的字样，该求职信应促使招聘者进一步阅读你的简历。例如：

A：我是一个合适人选，作为一个成功的________已有________年工作经历，我总是为自己设定较高的标准并总能实现目标。

B：我在________公司任________职的____个月期间，曾几次因工作中的主动性与创造性而受到嘉奖。

第三部分：

给出你电话预约面试的可能时间范围，或表明你希望迅速得到回音，并标明与你联系的最佳方式。例如：

A：我将在________周内与贵办公处联系，以便安排时间与贵方讨论我的资历及贵公司的要求。

B：我希望能与贵方当面交谈并讨论我的技能在哪些方面能对贵方有利。我将再次在________时间内与贵方联系以便约定可能的会面时间。

C：我将在________月最后一周到贵处。那时我将给贵办公处打电话，看能否约定时间，如果贵方希望提前与我联系，请打电话________。

D：我希望您能感到我是该职位的有力竞争者，并希望能尽快收到面试通知。

第四部分：礼貌的结束语，如感谢他们阅读并考虑你的应聘。

结尾：注明求职者的姓名和电话号码。

附件：附件是对求职信中所介绍的内容起证明作用的材料，应选择具有说服力的有关证件和资料等。

[求职信例文一]

求职信

尊敬的领导：

您好！

我是××大学××系的一名学生，即将面临毕业。

××大学是我国××人才的重点培养基地，具有悠久的历史和优良的传统，并且素以治学严谨、育人有方而著称；××大学××系则是全国××学科基地之一。在这样的学习环境下，无论是在知识能力，还是在个人素质修养方面，我都受益匪浅。

四年来，在师友的严格教益及个人的努力下，我具备了扎实的专业基础知识，系统地掌握了××、××等有关理论；熟悉涉外工作常用礼仪；具备较好的英语听、说、读、写、译等能力；能熟练操作计算机办公软件。同时，我利用课余时间广泛地涉猎了大量书籍，不但充实了自己，也培养了自己多方面的技能。更重要的是，严谨的学风和端正的学习态度塑造了我朴实、稳重、创新的性格特点。

此外，我还积极地参加各种社会活动，抓住每一个机会，锻炼自己。大学四年，我深深地感受到，与优秀学生共事，使我在竞争中获益；向实际困难挑战，让我在挫折中成长。祖辈们教我勤奋、尽责、善良、正直；××大学培养了我实事求是、开拓进取的作风。我热爱贵单位所从事的事业，殷切地期望能够在您的领导下，为这一光荣的事业添砖加瓦；并且在实践中不断学习、进步。

收笔之际，郑重地提一个小小的要求：无论您是否选择我，尊敬的领导，希望您能够接受我诚恳的谢意！

祝愿贵单位事业蒸蒸日上！

王大刚

2012年3月20日

这篇求职信不属于那种为了求得某个职位而写的针对性较强的求职信，而是作者在回顾大学四年的学习生活，在认真总结自己的基础上完成的一份自荐材料。该文结构紧凑，内容充实，层次清晰。第一部分介绍自己的学历，第二部分介绍在大学期间尝到的知识和技能，第三部分介绍自己的社会实践经历和优秀品格，最后表达努力工作的决心。

[求职信例文二]

求职信

尊敬的先生/小姐：

您好！我从报纸上看到贵公司的招聘信息，我对网页兼职编辑一职很感兴趣。

我现在是出版社的在职编辑，从2008年获得硕士学位后至今，一直在出版社担任编辑工作。四年以来，对出版社编辑的工作已经有了相当的了解和熟悉。经过出版者工作协会的正规培训和四年的工作经验，我相信我有能力担当贵公司所要求的网页编辑任务。

我对计算机有着非常浓厚的兴趣。我能熟练使用FrontPage和DreamWeaver、PhoteShop等网页制作工具。本人自己做了一个个人主页，日访问量已经达到了100人左右。通过互联网，我不仅学到了很多在日常生活中学不到的东西，而且坐在电脑前轻点鼠标就能尽晓天下事的快乐更是别的任何活动所不及的。

由于编辑业务的性质，决定了我拥有灵活的工作时间安排和方便的办公条件，这一切也在客观上为我的兼职编辑的工作提供了必要的帮助。基于对互联网和编辑事务的精通和喜好，以及我自身的客观条件和贵公司的要求，我相信贵公司能给我提供施展才能的另一片天空，而且我也相信我的努力能让贵公司的事业更上一层楼。

随信附上我的简历，如有机会与您面谈，我将十分感谢。即使贵公司认为我还不符合你们的条件，我也将一如既往地关注贵公司的发展，并在此致以最诚挚的祝愿。

此致

赵任文

2012年4月2日

这是一篇针对某个招聘信息而写的求职信，其特点是语言精练，针对性强。文章首先

说明获取招聘信息的来源，表明对这个各位感兴趣，然后介绍自己的工作经历如何符合条件，以及自己的所掌握的技能和自己的优势，最后表达了希望为招聘单位贡献自己的力量的愿望。

写作提示

求职信的写作技巧

1. 求职信要个人化。

只要有可能，求职信应当写给具体的负责人。一般的称呼会显得你不熟悉公司；而读信人会留下一个你对这份工作不够热情的印象。同样，“给有关负责人”这类称呼可能不会有人来关心这封信。至于“亲爱的先生”或者“亲爱的女士”也是不可取的。不要冒险疏远或冒犯你的读信人。如果有必要，电话询问，去图书馆或者上网查询招聘人的名字和头衔。还要确定拼写正确。请记住，招聘经理一直在寻找与众不同的人。花时间去查出负责人，也许有一天你会变成那个人。

2. 语句要自然，语气要积极。

语言和句子要简单明了。不要用一些你从未用过的令人费解的词语和句子。语气要正式，但不能僵硬。求职信的语气应不卑不亢，不能过分客气，也要力求避免无意中伤害他人的尊严。尽量避免用专业术语或俚语、谚语或典故、地方方言，否则在信息传递上可能会出现周折，甚至引起误会。至于你的履历表，词语要生动使句子有力。不要抱怨你的老板，也不要埋怨现在的工作或者过去的工作很枯燥，因为没有人愿意招聘有这种态度的人。但也不要让人感觉你在乞讨一份工作，招聘经理也许会奇怪你为什么会这么绝望。

3. 内容具体紧扣主题。

求职信的第一句话是最重要的，也是最难写的。其实有许多可取的写法，你可以说明是从什么渠道得知公司招聘信息，也可以叙述自己最有利的条件，不过最不稳妥的办法是参照广告的内容作自我介绍。第一句话（不包括称呼）的作用有二：一是吸引对方阅读你的信件；二是引导对方自然而然地进入你所突出的正题而不感到突然。

4. 求职信中注明联系方式。

联系方式是求职信必不可少的组成部分。所给的电话号码必须是有人接的或者有电话录音。如果有可能的话，写上 E-mail 地址。

5. 包装得体，认真校对。

检查你的语法和拼写错误，要检查几遍。打印和语法错误很大程度上反映了你的工作态度。不要完全依赖电脑自动的拼写改正。履历表和求职信应使用同种纸张，统一规范会给人感觉比较专业。并且备用一份复印件供今后参考。

实战练习

1. 根据你个人的实际情况填写以下简历模板，要求内容真实、具体。

个人简历

个人概况：

求职意向；________________

姓名：________________性别：________

出生年月：________年____月____日 健康状况：________________

毕业院校：________________专业：________________

电子邮件：________________传呼：________________

联系电话：________________

通信地址：________________邮编：________________

教育情况描述：（此处可注明：所修课程、在学校所参加的组织活动、担任职务、获奖情况、发表的文章等，依据个人情况酌情增减）

________年——________年__________大学__________专业（依个人情况酌情增减）

主修课程：

____________________（注：如需要详细成绩单，请联系我）

论文情况：

____________________（注：请注明是否已发表）

英语水平：

*基本技能：听、说、读、写能力

*标准测试：国家四、六级；TOEFL；GRE……

计算机水平：

编程、操作应用系统、网络、数据库……（请依个人情况酌情增减）

获奖情况：

______________、______________、______________（请依个人情况酌情增减）

实践与实习：

________年____月——________年____月________公司________工作

________年____月——________年____月________公司________工作（请依个人情况酌情增减）

工作经历：

________年____月——________年____月________公司________工作（请依个人情况酌情增减）

（此处应为整篇简历的核心内容，应聘者可以着重叙述此项，并根据个人工作情况不同而重点突出说明工作具体内容与经历，尤其是与求职目标相关的工作经历；一定要说出最主要、最有说服力的工作经历和最具证明性的为公司获取的利润和相关成绩；说明的语气要坚定、积极、有力；具体的工作、能力等证明材料等；写工作经验时，一般是先写近期的，然后按照年代的顺序依次写出。最近的工作经验是很重要的。在每一项工作经历中先写工作日期，接着是工作单位和职务。在这个部分需要注意的一点是，陈述了个人的资格和能力经历之后，不要太提及个人的需求、理想等。）

个性特点：

______________________（请描述出自己的个性、工作态度、自我评价等）

*附言：（请写出你的希望或总结此简历的一句精炼的话！）

例如：相信您的信任与我的实力将为我们带来共同的成功！或希望我能为贵公司贡献自己的力量！

2. 阅读下文，完成以下问题：（1）找出例文中修辞不恰当之处，并改正；（2）重新进行段落排序，并说出理由；（3）找出这份求职信内容的吸引人之处。

尊敬的领导：

您好！

感谢您在百忙之中审阅我的求职信！

这几个月以来，我的心一直像小鹿一样跳个不停，外面汹涌来的招聘信息让我心动。我爸爸是一名乡村教师，我舅舅是一名中学教师。长期的熏陶，幼小的我便憧憬能成为一名优秀的教师，站在讲台上激扬文字……今天我怀着激动的心情向您毛遂自荐！我叫方立伟，是华南师范大学2012届英语教育专业的本科毕业生。

我酷爱读书，特别是文史类，大部分中外名著（中英文版）都看过。这些书对我大有裨益：陶冶性情，丰富知识，开阔视野。这对我的教学工作大有帮助。

通过四年的学习，我掌握了良好的专业知识结构和理论基础，系统地学习了各项知识技能和教学技能，具有准确、熟练的英语听、说、读、写、译的能力。

大二上学期，我一次性通过英语六级；大二下学期，我一次性通过英语专业四级。由于突出的能力，在校期间多次荣获专业奖学金、三好学生、原声模拟优秀奖等，多门专业课成绩名列前茅！

我有一定的实践经验。曾任寝室长，举办过一系列活动，寝室文化活动搞得有声有色。自大一以来我已经做了12份家教，学生以高中生居多。特别是2010年10月～2011年12月在全国重点高中——北京师大附中实习期间成绩优秀。

经过四年的学习与实践，我有信心与能力胜任大中专院校及中学英语听、说、读、写教学。当然，我初涉世事，某些方面还不成熟，但我将正视自己的不足，并以自己的谦虚、务实、稳重来加以弥补，不断完善、充实、提高自己。我期盼能有一片扬我所长的天地，我将为之奉献我的青春、智慧与汗水！

我家是教师世家，我热爱孩子，热爱教育，因为教育是育人的工程，所以，我非常渴望成为一名优秀的教师。

尊敬的领导，请给我机会，我会以十分的热情、十二分的努力去把握它！

谢谢您的慧目！

此致

敬礼！

自荐人：方立伟

2008年12月2日

模块三 劳动合同

任务描述

真功夫餐饮管理有限公司的招聘工作顺利完成，有一批新员工将加入到公司大家庭。公司将根据劳动法与新入职的员工签署劳动合同。请各小组以人力资源部经理秦检的身份，撰写一份劳动合同，并组织这些新员工签约。

任务解析

本模块的任务是撰写劳动合同，并组织签约。在开始写作劳动合同之前各个小组的准备工作包括：

(1) 了解聘用人员签订劳动合同的一般流程。

(2) 了解劳动合同与其他合同的区别。

(3) 根据公司的实际情况制定劳动合同。

各小组可以按照以上步骤积极准备，并撰写劳动合同。

理论知识

一、劳动合同的概念

劳动合同亦称劳动契约，是指劳动者和用人单位为确立劳动关系，明确双方权利和义务的协议。

二、劳动合同应具备的条款

《中华人民共和国劳动法》第 19 条规定，劳动合同应具备以下内容：

(1) 劳动合同期限；

(2) 工作内容；

(3) 劳动保护和劳动条件；

(4) 劳动报酬；

(5) 劳动纪律；

(6) 劳动合同终止的条件；

(7) 违反劳动合同的责任。

三、劳动合同的特征

（1）劳动合同主体具有特定性；
（2）劳动合同内容具有劳动权利和义务的统一性和对应性；
（3）劳动客体具有单一性，即劳动行为；
（4）劳动合同具有诺成、双务、有偿的特性；
（5）劳动合同往往涉及第三人的物质利益关系。

四、劳动合同的作用

（1）它是劳动者实现劳动权的重要保障；
（2）它是用人单位合理使用劳动力，巩固劳动纪律，提高劳动生产率的重要手段；
（3）它是减少和防止发生劳动争议的重要措施。

五、签订劳动合同的注意事项

（一）未签合同先知法

劳动合同是约束劳动者和用人单位行为以及处理今后纠纷的重要法律依据，劳动合同的每个环节，都需要劳动者有一定的法律常识，所以劳动者在签订劳动合同之前最好先了解一下都有哪些法律可以保护劳动者的合法权益。我国有关保护劳动者合法权益的法律、法规很多，其中以《中华人民共和国劳动法》及《劳动部关于贯彻执行〈中华人民共和国劳动法〉若干问题的意见》规定最为全面，是规定劳动关系的主要法律。此外，有关劳动合同的法规主要有《劳动部关于实行劳动合同制度若干问题的通知》、《违反和解除劳动合同的经济补偿办法》、《违反〈劳动法〉有关劳动合同规定的赔偿办法》等。

（二）合同形式、内容要合法

一份具有法律效力的劳动合同，首先签订合同的程序应符合法律规定，并且应当用书面的形式予以确认，合同至少应一式两份，双方各执一份，求职者应妥善保管自己的劳动合同。在劳动合同的内容上，求职者一定要先确认自己签订的劳动合同是否具备产生法律约束力的条件，包括：用人单位应是依法成立的劳动组织，能够依法支付工资，缴纳社会保险费、提供劳动保护条件，并能承担相应的民事责任等。

（三）合同细节仔细审查

劳动合同主要应包含这些内容：（1）劳动合同期限；（2）工作内容；（3）劳动保护和劳动条件；（4）劳动报酬；（5）劳动纪律；（6）劳动合同终止的条件；（7）违反劳动合同的责任。要仔细阅读关于相关岗位的工作说明书、岗位责任制、劳动纪律、工资支付规定、绩效考核制度、劳动合同管理细则和有关规章制度，做到心中有数。

（四）遇事不明要咨询

劳动合同的签订，涉及诸多法律方面的专业知识，劳动者由于自身条件的限制，会有许多不明之处，这时候向有关部门、人士虚心求教显得十分必要。

（五）陷阱合同要警惕

部分用人单位为了实现自己利益的最大化，千方百计在劳动合同中设立种种陷阱，侵害劳动者的合法权益。主要包括：在合同中设立押金条款；采用格式合同，不与劳动者协商；在合同中规定逃避责任的条款，对于劳动者工作中的伤亡不负责任；准备了至少两份合同，一份是假合同，内容按照有关部门的要求签订，以对外应付有关部门的检查，但真正执行的是另一份合同等。

（六）发生争议办法多

目前解决劳动争议的机构和途径很多。劳动者和用人单位发生争议后，双方可以协商解决，自行处理。劳动者也可以向本单位劳动争议调解委员会申请调解。如果没有达成调解协议或者劳动者拒绝调解而要求仲裁的，也可以由劳动者直接向劳动争议仲裁委员会申请仲裁。如果劳动者对仲裁委员会的裁决不服，还可以向人民法院提起诉讼。劳动争议案件申请仲裁是必须程序，人民法院只有在当事人对仲裁结果不服时才受理诉讼。

[劳动合同例文]

幼儿园劳动合同范文

××中心幼儿园（以下简称甲方）经考核，决定录用________（以下简称乙方）为正式员工，经双方协商，订立合同如下：

1. 双方合同期为三年，从××年9月1日起至××年8月31日止。其中，从××年9月1日起至××年12月30日为试用期。在试用期内，甲方认为乙方不符合录用条件的，可以随时解除劳动合同。乙方也可以随时解除本合同。劳动合同期满，即行终止，经双方协商一致，可续订劳动合同，续订期以续订合同为准。

甲方根据学校中心幼儿园的用人情况，安排乙方在幼儿园担任管理工作。甲方根据工作需要，以及乙方的实际能力（专业、工作、体力）可作适当调动，包括临时性工作。乙方根据甲方安排的工作内容和要求，按质、按量、按时地完成任务，履行职责。

2. 乙方工资及福利待遇：

基本工资依据职位和岗位等级标准支付；[即每月××××元]，每月依据工作表现和效益情况适当上调。乙方可与学校正式员工一样享受学校内部各项福利待遇。

3. 甲方基本权利和义务：

根据工作需要和规章制度及本合同条款规定，对乙方进行管理。

保护乙方合法权益，根据乙方工作表现实施奖励和处罚。

甲方有权根据工作需要、乙方能力和工作表现等安排调整乙方工作。

甲方可视经济效益和乙方的技术水平、业务熟练程度、劳动效率、工作绩效等逐步提高乙方的劳动报酬。

4. 乙方基本职责：

遵守国家政策、法律、法规以及甲方制定的规章制度和劳动纪律。

服从甲方的管理和要求，不得擅离职守。

完成甲方指派的工作任务和经济指标。

保守甲方的业务、技术及有关文件的秘密。

乙方不得从事与甲方业务范围相似的任何第二职业。

按甲方的工作要求加班或出差。

简析

用人单位签订劳动合同基本上都会依照标准范本，所以我们在学习过程中不是把重点放在怎样撰写一篇新的合同，而是注意签订时候的要点，如何保障签约双方共同的权益。这篇劳动合同的双方权利和义务明确，合理合法，执行起来能够避免不必要的纠纷。

项目四

开业庆典

学习目标

◎ **知识目标**

1. 掌握请柬的格式及注意事项；
2. 掌握贺信的格式及写法；
3. 掌握演讲稿的种类、格式及写作要求。

◎ **能力目标**

1. 能够根据材料设计请柬；
2. 能够根据材料撰写贺信；
3. 能够根据材料撰写演讲稿。

项目概要

模块一	设计请柬	请柬
模块二	撰写贺信	贺信
模块三	庆典致辞	演讲稿

项目情境

经过一年的筹建，青岛农商银行于2012年6月15日获准开业。青岛农商银行是在原青岛华丰农村合作银行、青岛城阳农村合作银行、青岛黄岛农村合作银行、青岛即墨农村合作银行、胶州市农村信用合作联社、胶南市农村信用合作联社、平度市农村信用合作联社、莱西市农村信用合作联社及青岛市农村信用合作联社基础上，以新设合并方式发起设立的股份制商业银行。

青岛农商银行开业庆典拟定于 2012 年 6 月 29 日在海景花园大酒店举行。庆典活动的策划和组织工作由行长办公室负责，其他行政部门协助完成。行长办公室主任王××在接到这项任务后，马上齐集部下，紧锣密鼓地着手开展工作。

模块一 请柬

任务描述

组建青岛农商银行是市委、市政府推进金融改革创新的重大举措，青岛农商银行开业庆典活动必将受到市委、市政府相关领导，以及金融业同仁和社会各界人士的高度重视。统计嘉宾名单、设计和发送请柬成为筹备开业庆典的一项重要内容。请各小组替青岛农商银行设计一份请柬。

任务解析

请柬要体现出邀请人对被邀请人的重视与尊重，表达希望被邀请人能够出席的诚恳期望，使被邀请人体会到热情与诚意，感到喜悦和亲切。考虑到庆典活动的受邀嘉宾多数是政要或企业家，请柬的外形设计一定要具有青岛农商银行的特色，请柬的内容要体现出该请柬是为受邀者专门制作的，以显重视。

理论知识

一、请柬的概念

请柬是一种礼仪文书，是一种用来邀请有关单位或个人参加某种活动的通知。请柬一般用于开幕典礼、友好交往、婚宴、重要会议或纪念活动等。请柬虽属书信类，但比起一般的信函更具庄重性的特点。一般只有遇到较大的事情或庄重的场合才使用请柬，以示对被邀请者的尊重。

请柬有时也用作入场和报到的凭证。要注意区分请柬和邀请信，请柬一般是印制精美，文字简短精辟，而邀请书或邀请信通常篇幅较长，文字内容繁琐。请柬既是一种传统礼仪，也是国际上重要活动的通行做法。请柬大都采用民间吉祥如意的图案，是一种集绘画、书法、印刷于一体的艺术品。装帧美观、精致典雅是其区别于一般书信的最大外观特点，具备了较高的观赏和收藏价值。

二、请柬的历史渊源

请柬的“柬”，在古代本意为“简”。在造纸术没有普及前，古人普遍用简来作为记录文字的材料，简一般是由竹木或其他木材加工而成的，形态是较长的薄片状，故通常也称为竹简。古人们把文字刻在简上用来记述，简的局限性较多，如篆刻难度较大、不便于携带、文字记载量小。为了克服简的弊端，人们把几片或几十片简用绳子串联在一起，就称为“册”。魏晋时代，简指的是短小的信札，这一说法沿用至今。请柬归于请简，源远流长。随着社会的发展，请柬的设计创意与制作工艺不断进步，现在的请柬精致、美观、典雅，看似普通，蕴涵的寓意却十分丰富。

三、请柬的种类

请柬的种类很多，按照用途来划分，有活动请柬、结婚请柬、个性请柬、邀请函等。按照形式来划分，有纸质请柬和电子请柬两种。纸质请柬就是传统以纸作为载体进行邀请；电子请柬是在互联网迅猛发展的基础上，虚拟设计出的精致、美观的请柬，通常借助电子邮件、微信、微博等网络业态发出。

四、请柬的样式

请柬的样式一般分为实物请柬和虚拟请柬两种。实物请柬应用较为普遍；虚拟请柬也有不少人开始使用，通过电脑、手机等多种载体借助互联网传输发送，是现在国际上较为通行的做法。

五、请柬的特点

（一）信息沟通性

请柬本身也是信息传递的媒介，被邀请人可以直接从请柬上获取时间、地点、事由、涉及人员等重要信息，从而合理安排时间前往，保证了邀请人能够进行信息的有效传达。

（二）礼仪尊重性

应用请柬，体现出邀请人对被邀请人的重视与尊重，表达了希望被邀请人能够出席的诚恳期望。即使邀请人与被邀请人处于很近的距离，也应送请柬，以表示对被邀请人的尊重。

（三）形象宣传性

当社会组织举办的会议、活动、宴请规模较大、规格较高时，往往也借助精心设计、制作的专用请柬来对外展示形象。所以说请柬除了原有的礼仪与通知的功能外，还能作为特殊宣传媒介起到宣传的作用。

（四）使用广泛性

请柬的应用范围较为广泛，婚礼、寿诞、开业典礼、活动庆典、各种会议等，都可以使用请柬邀请嘉宾。请柬的应用是公共礼仪的需要，同时对所邀请人起到备忘的作用。

六、请柬的写法

（一）标题

正常情况下标题都是“请柬”二字，在文字设计上做些艺术加工，可以使用不同的字体，如仿宋、正楷等，还可以采用书法名家的作品，为了突出字体效果，用烫金或色彩加以装饰。单页的柬帖“请柬”二字写在顶端首行，双页对折的“请柬”二字写在翻开页右侧顶端首行。无论是单页还是双页，标题的字体都要较正文稍大。

（二）称谓

请柬是一种比较庄重的文书，要特别注意称呼严谨，通常被邀请的对象可以是机构或单位名称，也可以是个人姓名或职务，然后后面加冒号，如“××公司”、“××市经济技术合作局张处长”、“××先生”。称谓要顶格写。

（三）正文

请柬的主要信息包括时间、地点、事由及其他被邀请人应知事项。邀请对象参加活动或仪式的缘由必须交代清楚。举办活动的准确时间要精确到年、月、日、时。如果活动地点比较偏僻，最好是在请柬上地址后面写上附近的停车场及公交班次等，还可以在请柬的背面附上路线示意图，以方便被邀请者顺利抵达。正文部分切忌文字繁琐、长篇大论，应做到用词简单、语言精练。请柬中应避免出现“准时”两字。在结尾处视被邀请人的身份以敬语结束，通常是“恭候光临”、“敬请莅临”等。如果是“此致”、“敬礼”，则另起行空两格写“此致”，再另起行顶格写“敬礼”。

（四）落款

写明邀请单位或个人姓名，最下面写上请柬发出日期。

七、请柬的回复

请柬是书面的邀请，表达了邀请人的诚恳敬意。被邀请人无论能否赴约，都应以书面形式告知。接到邀请后，被邀请人对请柬进行回复，通常称为应邀函，古时称“谢帖”，由称谓、正文、祝颂语、落款四部分组成，表达受邀意愿。可以用“我将准时出席”做结尾语，最后的祝颂语可用“预祝生意兴隆”、“预祝大会圆满成功”等词语。谢绝函是被邀请人不能应邀出席而写给邀请人婉言谢绝的回函。从礼仪上讲，不管何种原因不能应邀赴约，一定要以书面形式及时告知邀请人，表达对被邀请的谢意。

[请柬例文一]

结婚请柬

恭请××先生光临

谨定于二零一三年九月二十日

农历八月十六　　　星期五

新郎××与 新娘××

举行结婚典礼

敬备喜宴　恭请光临

时间：上午八点十五分

地点：长春市经济技术开发区北海路世纪广场西侧（省军区南侧）

长春国际会议中心　国际会议厅

敬邀

简析

请柬的主要信息，包括时间、地点、事由及其他被邀请人应知事项在该请柬中都具备，这是必须交代清楚的事项。值得一提的是，结婚请柬的时间要求较为精确，因此准确到了年、月、日、时、分；地址也交代得很清楚，并没有因长春国际会议中心在城市知名度较高而省略详细地址。

[请柬例文二]

请柬

××同志：

我公司定于×年×月×日×时×分举办吉林省文化企业艺术周活动，届时请出席开幕仪式并剪彩（请着正装）。

地址：长春市净月高新技术产业开发区永顺路 1666 号

吉林省科技文化中心博物馆三层会议室

站点：轻轨 3 号线长影世纪城站 公交 102 路

恭候您的光临。

此致

敬礼

（此柬仅限本人）

吉林省科技文化中心有限公司

××年××月××日

简析

此篇请柬较为详细，写明了地址附近的地铁站、公交班次等，以方便被邀请者顺利抵达。正文部分没有文字繁琐、长篇大论，做到了用词简单、语言精练。请柬在结尾处视被邀请人的身份以敬语结束，起到了表达对被邀请人的尊敬的作用。

写作提示

撰写请柬的注意事项

1. 信息要准确详细。会议或活动的时间、地点及提醒被邀请人注意的重要事项，一定要在考虑周全后精确设计，应做到准确无误。例如举办会议或活动的地址，必须写明具体场所，不能因举办会议的建筑物较为有名，就不写明建筑物的具体位置，这样一旦有来宾不熟悉情况，会在寻址的路上耽误时间，引起不必要的麻烦。

2. 要注意敬语的正确应用。在正文后要有敬语，通常是“恭候光临”、“敬请莅临”等，也可以是“请届时光临”，“届时”是“到时候”的意思。这里要避免一个问题，就是有些人把“届时”写成了“准时”，给人以限定时间要求的印象，没有站在被邀请人的角度去考虑问题，往往事与愿违，产生负面效果。

3. 一般情况下，会议或活动总有一些需要被邀请人注意的事项，在请柬的左下方写明各种附启语，如着装、就座、人数限制等。如有的活动本应是一人一柬，如不注明，来的人超出人数限制，桌位席位不好安排，容易引起不必要的麻烦。

实战练习

请根据以下材料撰写一篇请柬。

> 某国有石油公司在某市高新技术产业开发区建设完工一座能源大厦，该大厦是现代化的写字楼，地理环境优越，硬件设施完善，石油公司计划于近期将100多名员工迁至大厦内办公，同日举办能源大厦启动仪式。为感谢高新技术产业开发区管委会对于工程建设的大力支持，石油公司拟邀请管委会张强主任出席仪式并剪彩。

模块二　贺信

任务描述

青岛农商银行从组建到落成营业，一直受到社会各界的广泛关注。得知青岛农商银行即将举办开业庆典活动，政府相关部门、业内各企事业单位纷纷发来贺电、贺信以表祝贺。人民银行青岛分行行长刘××在收到青岛农商银行的开业庆典请柬后，决定发一封贺信以示祝贺。请各小组代替刘行长撰写一封贺信。

任务解析

要写好一篇贺信，首先要弄清楚与祝贺对象之间的关系，这样就可以在贺信中采用表达不同的亲密关系的祝贺性词语；其次是找准想要表达祝贺的亮点；最后是言辞要热情洋溢，充满诚意，评价要客观、恰如其分，语言要精练。

理论知识

一、贺信的概念

贺信的实质是一种书信，所有表示庆祝或祝贺的书信都可以称为贺信。贺信是组织或个人向其他组织或个人表达祝愿的一种方式，也是应用文写作的重要文体之一。贺信的篇幅较为简短，感情充沛，文字流畅。如今贺信已成为表彰、赞扬、庆贺对象在某个方面所作贡献的一种常用形式。在个人与个人之间、集体与个人之间，乃至两个国家之间相互祝贺对方取得重要成就时，都可以用贺信表达美好祝愿。

二、贺信的种类

（一）组织与个人之间的贺信

行政机关、社会团体、企事业单位对个人发出的贺信，对个人在某个行业、专业领域取得进步或成绩的一种肯定与鼓励，提出进一步的希望和要求，进而表达热烈的祝贺。如某省体育局对本省运动员在奥运会赛场上获得奖牌表示祝贺；某公司向员工表达节日祝贺；某公司向在全市书法比赛中获奖的员工表示祝贺等。国家向个人发出的贺信也属于此范畴。

（二）组织与组织之间的贺信

行政机关、社会团体、企事业单位之间发出的贺信，一般是就对方所取得的工作成就表示祝贺，同时还可以表明向对方学习的谦虚态度，以及保持和发展双方关系的良好愿望。如省体育协会祝贺省新闻记者协会获得某项奖励而发出的贺信等。国家与国家之间的贺信在此范畴内，当有外交关系的国家新首脑就职或者友好国家有重大喜事时，一般要发贺信，这既是礼节上的需要，同时也是谋求双方共同发展、维护双方共同利益的方式。

（三）个人与个人之间的贺信

个人之间的贺信往来，对祝贺对象取得成绩或获得奖励的情况表达祝福的心愿，还可以用于亲朋好友在重要节日、重大喜事中互相祝贺、慰勉、鼓励；或者祝贺某人在工作、学习中取得了好成绩，以分享快乐。如刘某对张某的饭馆开张写贺信；孙某对李某的儿子考上名牌大学表达祝贺等。

三、贺信的特点

（一）祝贺性

发出贺信的主要目的是祝贺对方，为对方取得成就增加热烈气氛，增进相互间的感情，体现出相互支持、共同进步的意愿。

（二）信电性

庆贺者发出贺信是由于不能当场向受贺者表示祝贺，贺信一般通过人工投递或电子邮件送抵受贺者手中。

四、贺信的写法

（一）标题

贺信的标题有三种写法：一是直接写“贺信”两个字；二是“发出贺信的单位或个人＋贺信”，如“××公司贺信”；三是写明收发对象，如“××理事长给××公司的贺信”。

（二）称谓

标题下一行顶格书写祝贺对象的单位名称或个人姓名，如“××公司”。如果贺信是写给个人的，那么要加上职务、职称或“先生”、“女士”等。如果是祝贺会议则写会议名称。

（三）正文

用简练的语言写祝贺之由，并表示祝贺，如“值此……之际，谨代表……向……表示热烈祝贺”。根据祝贺对象的不同，正文部分的内容与措词有所区别。如果是祝贺对方取得了突出成绩，在正文部分一般要充分肯定和热情颂扬对方所取得的成绩，述评取得成绩的原因及意义，表示向对方学习或提出希望；如果是祝贺会议，则侧重说明会议召开的重要意义和深远影响；如果是祝贺领导履新，就要侧重于祝愿，祝愿对方在任期内取得新的成就，并祝愿双方的友谊进一步加强。

（四）结尾

写祝愿、鼓励的话，最后署名并写上日期。

[贺信例文一]

致中国少年先锋队建队60周年的贺信

全国少先队员和广大少先队工作者：

在中国少年先锋队建队60周年的时候，我代表党中央，向全国少先队员表示热烈的祝贺！向为红领巾事业付出心血和汗水的广大少先队工作者表示诚挚的问候！

少先队是我们党在新中国成立伊始创立的少年儿童群众组织。60年来，在党的领导下，在共青团的带领下，少先队主动适应时代要求，充分发挥自身优势，广泛开展一系列适合少年儿童特点的活动，为促进少年儿童健康成长发挥了不可替代的重要作用。60年来，在党的阳光雨露哺育下，在星星火炬照耀下，一代又一代少先队员开启了人生的奋斗航程，逐步成长为党和人民需要的合格建设者和可靠接班人，为推进我国社会主义革命、建设、改革事业作出了突出贡献。

经过60年的奋斗，中国特色社会主义事业取得了举世瞩目的巨大成就。要实现中华民族伟大复兴的宏伟目标，还需要一代又一代人长期艰苦奋斗。今天的预备队必将成为明天的生力军。希望全国少先队员牢记党和人民的重托，在德、智、体、美等方面全面发展，争当热爱祖国、理想远大的好少年，争当勤奋学习、追求上进的好少年，争当品德优良、团结友爱的好少年，争当体魄强健、活泼开朗的好少年，时刻准备着为建设富强民主文明和谐的社会主义现代化国家贡献智慧和力量。

少先队组织和少先队工作者要大力发扬优良传统，积极探索当代少年儿童成长规律，不断开创少先队工作的新局面。共青团组织要切实履行全团带队的光荣职责，更好地发挥少先队团结、教育、引导少年儿童的重要作用。

我相信，有党和政府的高度重视，有全社会的热情关爱，有全国少先队员的共同努力，星星火炬在发展中国特色社会主义的伟大进程中一定能够放射出更加灿烂的光芒！

胡锦涛

2009年10月12日

资料来源：http：//61.gqt.org.cn/tdy×/200910/t20091016_302949.htm。

简析

发出贺信的主要目的是祝贺对方，为中国少年先锋队建队六十周年增加热烈气氛，充分肯定和热情颂扬少年先锋队的重要性及所取得的成绩，述评取得成绩的原因及意义，表示对少年先锋队的祝贺并提出希望，起到了振奋精神的作用。

[贺信例文二]

致全体市政协委员的新年贺信

××委员：

虎年千仓满，兔岁百业荣。值此新春佳节即将来临之际，政协宁波市委员会谨向您和您的家人，致以新年的祝福和诚挚的问候。

2010年是全面实现“十一五”规划目标，科学谋划“十二五”发展蓝图的重要一年。在中共宁波市委的领导下，全市上下深入贯彻落实科学发展观，积极实施“六大联动、六大提升”战略，攻坚克难，团结奋斗，加快推进经济发展方式转变，着力保障和改善民生，维护社会和谐稳定，经济建设、政治建设、文化建设、社会建设和生态文明建设取得了新的成就。一年来，作为市政协委员，您肩负使命，珍视荣誉，不负重托，深入调研，积极建言，真诚履职，为推动我市现代化国际港口城市建设、推进人民政协事业创新发展作出了积极贡献。

2011年是“十二五”的开局之年，也是本届市政协的收官之年。新时期新机遇，新发展新希望。在新的一年里，我们要高举中国特色社会主义伟大旗帜，全面贯彻中共十七大、十七届五中全会精神，深入贯彻落实科学发展观，按照中共宁波市委关于“六个加快”的战略部署，紧紧围绕科学发展主题和加快转变经济发展方式主线，认真履行政治协商、民主监督、参政议政职责，努力为“破难促调、创新开局”，更好地维护人民群众的长远利益和切身利益，促进社会公平正义和和谐稳定作出积极贡献，以实际行动迎接中国共产党成立90周年。

回顾过去，丰硕成果让我们倍感自豪，展望未来，宏伟蓝图使我们信心百倍。让我们更加紧密地团结在以胡锦涛同志为总书记的中共中央周围，高举社会主义和爱国主义旗帜，坚持团结和民主两大主题，围绕中心，服务大局，关注民生，真诚履职，为推进全面建设惠及全市人民的小康社会，实现“十二五”宁波经济社会发展宏伟目标而共同奋斗。

衷心祝愿您和您的家人新春快乐，身体健康，阖家幸福，万事如意！

中国人民政治协商会议宁波市委员会

××年××月××日

资料来源：http：//wenku.baidu.com/view/1e2273e84afe04a1b071de76.html。

此篇贺信评价、颂扬了委员们在政协会议所发挥出的重要作用，语言精练流畅，篇幅短小精悍，感情热烈真挚，起到了新年向委员们表达祝贺的作用。

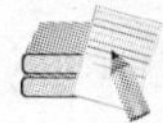

写作提示

撰写贺信的注意事项

1. 内容要实事求是，评价、颂扬和祝贺要恰如其分。
2. 语言要简练流畅，篇幅力求短小精悍。
3. 感情要热烈真挚，发自内心。

实战练习

请根据下面的材料写一封贺信。

吉林省体育局在长春市召开2013年秋季运动会，九地市（州）体育局组织运动代表队参加。赛程过半时，来自四平的代表队一枝独秀，几乎包揽了田径项目的所有金牌，暂列奖牌榜第一名。为了表彰四平代表队取得的成绩，四平市体育局决定向四平代表队写一封贺信，派员送往代表队的驻地，以示慰问和鼓励。

模块三　演讲稿

任务描述

青岛市市长张××收到了青岛农商银行开业庆典活动的请柬，并受邀在揭牌仪式上致辞。请各小组以市长秘书的身份为张市长撰写一篇开业庆典上的演讲稿。

任务解析

本模块的任务是为青岛市市长撰写青岛农商银行开业庆典揭牌仪式上的演讲稿。演讲稿的内容及语言风格要与演讲者的身份一致。这篇演讲稿要把青岛农商银行的成立与青岛市社会、经济发展紧密联系起来，表示祝贺的同时，更要提出一系列的希望，如为支持"三农"、县域经济和中小企业发展作出更大贡献等。

理论知识

一、演讲稿的含义

演讲稿也称演说辞，它是在较为隆重的仪式上和某些公众场所发表的讲话文稿。演讲稿体现着演讲的目的、手段、内容和形式。

演讲是演与讲的有机结合。它是演讲者在特定时空中，凭借有声语言和相应的体态语言，郑重系统地发表见解和主张，从而达到感召听众、说服听众、教育听众目的的艺术化语言交际形式。

二、演讲稿的类型

根据内容性质的不同，演讲稿分为以下三类：

（一）政治鼓动类

这是政治家或代表某一权力机构的要员阐述政治主张和见解的演讲稿。政治家的竞选演说、各级领导的就职演说和施政演说都属于这一类，如《林肯在葛底斯堡的演讲》。

（二）思想教育类

这是针对现实生活中人们的思想动态、思想倾向和思想问题发表的演讲，讴歌真善美，鞭挞假丑恶。这类演讲稿适用于主题演讲会、演讲比赛、巡回报告等。

（三）学术交流类

学术演讲稿是传播交流科学知识、学术见解及研究成果的演讲文稿。这类演讲稿对讨论的问题要有独特的发现和独到的见解。

三、演讲稿的特点

（一）针对性

演讲是一种面对面的宣传形式，能打动听众，能"征服"听众的演讲就是好的演讲。因此在写作时必须深入分析现场听众的心理、文化层次、兴趣爱好和职业特征，投其所好来设计演讲的内容和形式。

（二）鼓动性

好的演讲稿具有进步新颖的思想观点、具体翔实的内容材料、无可辩驳的逻辑力量、生动幽默的修辞力量，能起到感染听众、鼓动听众和教育听众的作用。如果演讲稿写得平淡无味，毫无新意，即使在现场“演”得再卖力，效果也不会好，甚至适得其反。

（三）口语性

演讲稿的最终目的是用于演讲，口语性是其鲜明的特征。演讲稿讲究“上口”和“入耳”，“上口”即讲起来通达流利，“入耳”就是听起来非常顺畅，没有语言障碍，不会发生曲解。

四、演讲稿的写作格式

演讲稿的基本结构一般由标题、称谓、开场白、主体和结尾五个部分构成。

（一）标题

标题是演讲稿的“眼睛”，是全篇的定音之弦。好的标题不仅能吸引听众注意，还能够统摄全文，突出演讲的主题。标题要贴切、醒目、精炼，用最简洁的语言表达最丰富的内涵，如“我不是一张牌”。可以是单标题，如“用梦想撑起蓝天”；也可以是双标题，如“走向社会，追求梦想——在毕业生联欢晚会上的演讲”，正标题概括演讲的主题，副标题说明演讲的性质。

（二）称谓

演讲的场合不同、对象不同，称谓也就不同，常用的是“同志们”、“朋友们”等。还可以加定语以渲染气氛，如“尊敬的各位领导、各位同事”、“年轻的朋友们”等。

（三）开场白

开场白是演讲者与听众之间的第一座桥梁，演讲的开场白要以精彩的导语、新奇的形式先声夺人，控制住全场，吸引听众注意，博得听众的信任与好感，把听众的思路自然而然地引导到主体上来。

演讲者在设计开场白时往往煞费苦心，形式多样：

1. 落笔入题，开宗明义

2009年新东方学校校长俞敏洪在北大演讲时，开场白就采用了单刀直入法。他说：“北大是改变了我一生的地方，是提升了我自己的地方，使我从一个农村孩子最后走向了世界的地方。毫不夸张地说，没有北大，肯定就没有我的今天。北大给我留下了一连串美好的回忆，大概也留下了一连串的痛苦。正是在美好和痛苦中间，在挫折、挣扎和进步中间，最后找到了自我，开始为自己、为家庭、为社会能做一点事情。”

2. 渲染气氛，以情动人

著名素质教育家郭天祥在一次演讲中，一开场就饱含热情，营造出热烈的气氛。他说："生命的每一次重逢绝非偶然，我做梦都没有想到今天能与大家在此相逢，这是我们几千年来有约而今天才能有缘相识、相逢。让我们为这种相逢、这种缘分给一个热烈的掌声。上下几千年，人口近百亿，你我能相识，相聚在一起，你说珍奇不珍奇。所以想你应该，爱你应该，祝福你更应该!"

3. 设置悬念，幽默风趣

著名学者李敖在北京大学做演讲时，就悬念迭起，语惊四座："我在这儿有很多人眼睛看着我，说李敖骂过国民党骂过民进党，骂过老美，骂过小日本，今天你在北京，你敢不敢骂共产党？很多人不怀好意，幸灾乐祸看着我。我告诉你，我先不骂共产党，我先赞美共产党和国民党曾经打倒的势力，那就是北洋军阀。为什么赞美北洋军阀，大家知道吗？北京大学怎么出来的？是北洋军阀；什么人叫蔡元培校长做北京大学校长？（那时候他是国民党人的身份），是北洋军阀。北洋军阀有这个肚量把全国最好的大学交给和他敌对的一个政治势力的首敌……"

还有的开场白采用回忆往事的方式引入正题；或引用哲学名言统领主题等。好的开场白没有固定的格式，但引人入胜、言简意赅是基本原则。

（四）主体

主体部分是演讲稿的主要部分，是对演讲主题的逐渐展开、丰富和深化。如果说开场白以"巧"和"新"吸引听众注意，激发其好奇心，那么主体的作用则在于使人相信、认可演讲者的观点、见解和看法，与演讲者在情感上形成共鸣，并将演讲一步步推向高潮。

在表达方式上，要能让听众明白所讲述的是一件什么事情，这件事情的重点和重心是什么；要让听众听懂所议论的是什么话题，这个话题与现实的密切联系是什么，对其生活又有何启示性作用；要能让听众从理性上认可演讲者的见解，从感性上认同演讲者抒发的感情，从而达成共识。

在行文的过程中，要处理好层次、节奏和衔接等几个问题。

1. 层次清晰明了

层次是演讲稿思想内容的表现次序，它体现着演讲者思路展开的步骤，也反映了演讲者对客观事物的认识过程。演讲稿的层次清晰，听众才会觉得言之有物，才会感觉有所收获。由于听众是以听觉来把握层次的，因此，显示演讲稿结构层次的基本方法就是在演讲中树立明显的有声语言标志，以此适时诉诸听众的听觉，从而获得层次清晰的效果。此外，演讲稿用过渡句，或用"首先"、"其次"、"然后"等词语来区分层次，也是使层次清晰的有效方法。

2. 节奏张弛有度

节奏是指演讲内容在结构安排上表现出的张弛起伏。演讲稿的节奏主要是通过演讲内容的变换来实现的。优秀的演说家都擅长围绕演讲主题，适当地插入故事、诗词、格言等内容，使听众的注意力既能保持高度集中而又不因为高度集中而产生兴奋性抑制。

3. 衔接巧妙自然

衔接是指把演讲中的各个内容层次联结起来，使之浑然一体。由于演讲的节奏需要适时变换，因而易使演讲稿的结构显得零散。演讲稿运用过渡段或过渡句连接上下两段，使内容层次变换自然，使演讲稿富于整体感。

（五）结尾

卡耐基曾说过："最后的也是最重要的，缄口之前挂在嘴边的词儿，可能使人记得最久。"一篇之妙往往在于落句，整个演讲犹如画龙，演讲的结尾则犹如点睛。好的结尾能揭示题旨，加深认识，给听众留下完整深刻的印象；能收拢全篇，使通篇浑然一体；能鼓动激情，促人深思，令人觉醒，能让听众在反复回味中受到教育和启发。

演讲稿的结尾方式多种多样，不拘一格，较为常见的结尾方式有以下几种：

1. 总结式

即用极其精练的语言，对演讲内容和思想观点作概括性总结，以突出中心，强化主题。

2. 号召式

这种结尾是演讲者以慷慨激昂、扣人心弦的语言，对听众的励志和情感进行呼唤，或提出希望，或发出号召，或展望未来。

3. 决心式

以表决心、发誓言的方式结尾。这种结尾感情饱满，态度鲜明，激情奔放，有助于坚定听众的信念，增加演讲的感召力。

4. 抒情式

即以抒情怀、发感慨的方式结尾。演讲本身是一种思想和激情的燃烧，用抒情怀、发感慨的诗情画意的语言结尾，最易激起听众心中情感的浪花。

5. 名言式

即通过引用名言、警句、谚语、格言、诗句等作为结尾，不仅精炼、生动，富有节奏和韵律，而且使演讲的内容丰富充实，具有启发性和感染力，给人生动活泼、别开生面之感。

6. 启迪式

即讲演者用发人深省、启迪心智的语言作为结束语。其结论往往略去不提，让听众结合演讲的内容去思考，从中得出结论。

7. 祝贺式

诚挚的祝贺和赞颂本身就充满了情感的力量，最易拨响听众的感情之弦，产生共鸣。所以，用祝贺或赞颂的言词结尾，能营造热情洋溢、欢乐愉快的气氛，使人在愉快中增加自豪感和荣誉感，激励人们满怀信心去创造未来。

无论以什么方式结尾，都要做到卒章显志、干脆利落、简洁有力，切记画蛇添足、节外生枝。

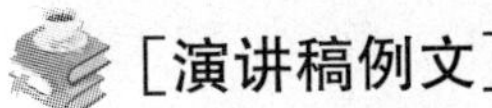

[演讲稿例文]

竞聘演讲词

尊敬的各位领导：

我叫×××，1964年8月出生，中共党员，大学本科学历，专业技术一级警督警衔，高级讲师职称。1986年参加工作，曾先后4次获得政府嘉奖，1次荣记政府二等功，连续两年被评为“全市优秀人民警察”，1999年被公安部授予“全国公安系统优秀教师”荣誉称号。2000年11月任学校办公室副主任，任现职已满5年，同时还担任“公文写作”课程的教学工作。我这次竞争的职位是学校办公室主任。

我个人认为竞争这一职位，有以下几个方面的优势：

首先，我具备一定的组织管理和协调能力。担任办公室副主任的五年来，既要负责学校的文字、信息调研和档案管理工作，又要协助主任抓管理。在几年的工作实践中，我已经摸索和积累了一定的管理经验和方法。比如我与前任办公室主任共同研究制定了办公室管理工作的“三个制度”，包括工作日志制度、工作月评制度和岗位负责制度，几年来，一直常抓不懈。通过一系列的制度，使全室同志的工作责任心和工作的主动性、积极性不断增强，确保了办公室工作职能的正常发挥，为校领导提供了较好的服务。

其次，我具有较强的文字功底。由于工作岗位的原因，多年来，我一直与文字打交道，讲“公文写作”课，离不开对文字的研究和写作；担任现职以来，由于分管学校的文字与信息调研、档案管理工作，就更离不开文字。五年来，我负责起草了校党委文件27件，校文件32件，撰写领导讲话56篇，信息调研文章18篇，编发各种简报167期。特别是在最近这几年中，学校正处在转轨改制的关键时期，按照校党委的指示，我负责起草了一系列与转轨改制有关的文字材料，为学校各项工作的顺利开展做出了自己应有的贡献。

再次，我具有较强的敬业精神。敬业爱岗是做好工作的重要前提。做办公室工作，可以说是一件苦差事，为了赶写材料，就要加班加点；再加上各种事务性工作非常多，因此必须要有高度的敬业精神。我曾以三个“为乐”来时刻勉励自己，即以读书为乐，以工作为乐，以事业为乐。对工作能够做到认真负责、尽己所能。如果各位领导信得过我，我一定不辜负领导的期望，全力以赴地把这份工作做好。

我知道，办公室主任，不只是一个有吸引力的职位，更是一份沉甸甸的责任。如果在这次竞争上岗中我能够如愿以偿，我将在以下几个方面开展工作：

一是找准位置，进入角色。如果我能竞争成功，我将尽快地熟悉新的岗位，为校领导服好务，当好领导的参谋和助手，协调好方方面面的关系，让领导放心，让大家满意。

二是转好业务，干好工作。办公室工作的两大项内容，一是办文，二是办事。这是办公室工作的业务范围。如果我能竞争成功，我将带领全室同志认真钻研业务，不断提高业务能力和水平；要切实提高各种文字的质量，实现我校文字工作和档案管理工作的正规化和科学化；还要不断提高各种信息和调研稿件的上稿率，进一步扩大学校的影响。

三是管好自己，带好队伍。如果这次我竞争成功，我将按照领导的要求，秉承以人为本的原则，尊重人，关心人，带好队伍，致力于提高队伍素质，致力于每个人的成长、进步。尽管能力有限，但我一定会不遗余力，绝不辜负各级领导的重托，请各位领导相信我、考验我。

谢谢！

资料来源：岳海翔：《机关公文写作》，北京，人民日报出版社，2006。

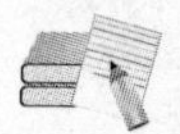

简 析

这份演讲词是工作竞聘演讲，演讲者针对竞聘职位“校办公室主任”，首先介绍了个人的基本情况，接着着重阐述个人竞聘优势，介绍了自己的工作经历、经验，突出了工作能力和竞争优势，最后就“今后如何开展工作”提出了三点想法。全文竞聘目的明确，优势突出，层次清晰，逻辑性强，口语性强，是一篇优秀的竞聘演讲词。

写作提示

撰写演讲稿的注意事项

1. 明确主题

主题是演讲稿的灵魂，是演讲的宗旨所在。一篇演讲稿最好只有一个主题。只有主题集中、观点鲜明，演讲才能在有限的时间内，向听众说明一个问题或道理，同时又感染、鼓动、教育听众。演讲稿主题的基本要求是：明确、积极、深刻、新奇、时代感强。

2. 精心选材

材料是演讲稿的血肉。从一定意义上讲，演讲是以材料说话的。演讲稿材料求实、求精、求新，避免泛泛而谈或细节过多，要突出材料的现实性和生活性。

首先，要围绕主题筛选材料。材料既是主题形成的基础，又是表现主题的支柱。演讲稿的思想观点必须靠材料来支撑，材料必须能充分地表现主题，有力地支持主题。另外，还要选择那些新颖的、典型的、真实的材料，使主题表现得更深刻、更有力。

其次，材料的选择还要考虑到听众的情况。听众的政治素质、社会地位、文化素养和心理需求等，都对演讲有制约作用。因而，选用的材料要尽量贴近听众的生活，这样，不仅容易使他们心领神会，而且他们听起来也会饶有兴致。

3. 构筑高潮

一个成功的演讲，至少会出现一次高潮，它说明演讲者与听众之间在感情上产生了强烈共鸣。它既是演讲者感情最激昂、气势最雄劲的时刻，也是听众情绪最激动、精神最振奋的地方。在写演讲稿时，要精心设计高潮部分，而不是等待高潮部分在演讲过程中自然出现。高潮有时最集中地体现出演讲者的思想观点，是全篇精华所在；有时是在宣泄演讲者的爱憎喜怒，是整篇演讲的情感制高点；有时则出现在格言警句部分，充分表现出演讲语言的精炼美。

4. 注重修辞

为了增强演讲稿语言的表现力和感染力，常常需要运用多种表现手法和修辞手法。在演讲中，常常使用设问、反问、设悬念等引起听众兴趣，激发人们思考；用排比、对偶、反复句式来加强语言的气势，给听众造成快节奏的流动感；用比喻、借代、夸张的修辞手法，将复杂深奥的问题讲得生动明了；用幽默、反语、双关的修辞手法来激活听众的情绪。

实战练习

请对照演讲稿的写作要求，找出下面讲话稿中的毛病，并修改自己认为写得不符合要求的地方。

韩复榘在齐鲁大学校庆的讲话

诸位、各位、在座的：

今天是什么天气？今天是演讲的天气。开会的来齐了没有？看样子大概有五分之八啦。没来的举手吧！很好，都到齐了。你们来的很茂盛，鄙人实在很感冒……你们都是文化人，都是大学生、中学生和洋学生，你们这些乌合之众是科学化的、化学化的，都懂七八国英文，兄弟我是大老粗，连中国英文也不懂，真是鹤立鸡群了……你们是从笔筒子里面钻出来的，兄弟我是从炮筒子里钻出来的。今天到这里讲话，真是蓬荜生辉，感恩戴德。其实我没资格给你们讲话，讲起来就像……就像……对了，就像对牛弹琴……

项目五

规章制度

学习目标

◎ 知识目标

1. 掌握规章制度的格式及要求；
2. 掌握章程和绩效考核方案的格式及要求。

◎ 能力目标

1. 能够根据职业岗位的需求制定规章制度；
2. 能够通过对公司总体目标的分析掌握章程制定的要点；
3. 能够通过对绩效考核方案的学习和对例文的分析掌握绩效考核方案的要点。

项目概要

模块一	制定章程	章程
模块二	制定规章制度	规章制度
模块三	制定绩效考核方案	绩效考核方案

项目情境

内蒙古毅力实业集团股份有限公司是目前中国规模最大、产品线最全的乳业领军者，毅力集团由液态奶、冷饮、奶粉、酸奶和原奶五大事业部组成，全国所属分公司及子公司130多个，旗下拥有雪糕、冰淇淋、奶粉、奶茶粉、无菌奶、酸奶、奶酪等1 000多个产品品种。

在50余年尤其是近10年的发展过程中，毅力集团始终致力于生产100%安全、100%

健康的乳制品，为消费者带来最适合中国人体质的营养，并以世界最高的生产标准严格要求自己，为消费者追求健康体魄和幸福生活服务。其中，毅力金典有机奶、营养舒化奶、畅轻酸奶、金领冠婴幼儿配方奶粉和巧乐滋冰淇淋等产品因其回味无穷的独特口感和科学合理的营养价值备受市场认可，成为消费者心目中最受欢迎的“明星产品”。毅力集团对品质的执著追求也让市场和消费者见证了来自草原雄鹰腾飞的卓越历程。

这天，总经理向总经理办公室主任及人力资源部经理牛云作了交代，公司将在东北三省投资新建奶酪产品公司。并叮嘱他们，此次新公司筹建需要拿出新的公司章程、规章制度、绩效考核方案等。这是支持公司业务进一步拓展的一些重要方案，对公司下一阶段目标的实施将有直接影响。牛云从事人力资源工作已有好几年的时间了，之前曾经自己创办过公司，在迅速地把新公司目标工作的流程过了一遍后，牛云指挥部门人员有条不紊地开始着手各项准备工作。

模块一 章程

任务描述

各小组以内蒙古毅力实业集团股份有限公司奶酪产品公司为背景，根据公司的目标运营情况制定章程，按照工作岗位需要制定并发布章程。

任务解析

本模块的任务是制定公司章程。在开始制定章程之前，各个小组的准备工作包括：

(1) 了解制定章程的一般流程。

(2) 公司各部门沟通并分析岗位需要。

(3) 根据公司的实际情况制定章程纲要。

各小组可以按照以上步骤积极准备，并制定章程纲要。

理论知识

一、章程的含义、作用和特点

(一) 章程的含义

章程是一个党派组织、社会团体、企业为保证其组织活动的正常运行，系统阐明自己的性质、宗旨、任务以及规定成员的条件、权利、义务、纪律及组织结构、活动规则，要求全体成员共同遵守的一种规则性文书。

一个正规的政党、社会团体、学术组织、企业，都应该有自己的章程。

（二）章程的作用

章程是一个组织进行自身管理的基本规则，它有以下四个方面的基本作用。

1. 保证组织的思想统一

这是章程最主要的作用之一。每个组织都有自己的性质、宗旨、指导思想、基本任务，它的成员必须就这些内容达成共识，才能保证组织的思想统一性。

2. 建立组织的管理机制

章程要明确组织内部的管理机制，要对领导岗位的设置、领导者的产生办法和任期、下设部门和分支机构等一一进行确定，以保证组织内部的管理功能正常运行。

3. 保障成员权利

参加任何一个组织、团体，都要承担这个组织交给的工作和义务，但同时也都享有这个组织所规定的权利。章程必须明确其成员的权利和义务，并对其成员的权利起到保障作用。

4. 规定组织纪律

章程还要对成员的行为提出种种规范，凡是违背章程中规定的组织纪律，都应受到处罚或制裁。

（三）章程的特点

1. 共识性

章程反映了一个组织全体成员共同的理想、愿望、意志，体现了全体成员的共同利益，必须在全体成员达成共识的基础上才能建立起来。因此，章程的制定和修改必须经过充分的讨论，并且要在代表大会上表决通过。没有达成共识、多数人抱有质疑态度的内容，不能写进章程中去。

2. 稳定性

章程一经规定，就具有长期的稳定性，不能朝令夕改。一个成熟的章程，应该实行数年、十几年甚至数十年而不过时。当然，随着时代的发展，对章程作一些补充和修改也是必要的，但这些修改必须经充分讨论和表决通过，而且只作局部调整，不作大面积改动。

3. 准则性

章程具有约束力，是一个组织所有成员的思想准则和行动规范，每个成员都应该遵章办事。

二、章程的写法

（一）标题和日期

1. 标题

章程的标题，由组织名称和文种构成，如“中国共产党章程”、“中国写作学会章程”。如果尚未得到通过和批准，可在标题后加括号注明“草案”，如“中国写作学会青年写作理论家协会章程（草案）”。

2. 日期

在标题下方正中加括号标明日期和通过依据。有三种写法：

一是由会议名称、通过日期组成，如“中国科协第二次全国代表大会 1980 年 3 月 22 日通过”。

二是由通过日期、会议名称组成，如“1988 年 6 月 7 日中国写作学会第三届理事会修订通过”。

三是只写明通过日期，如“2013 年 7 月 17 日通过”。

（二）正文

1. 分章式写法

内容丰富的章程采用分章式写法。这种写法是篇下分章、章下分条，条下分款。通常第一章是总纲（或总则），以下各章是分则，最后一章是附则。如《中国科学技术协会章程》，第一章为“总则”，共三条，分述了组织的名称、性质和任务；第二、三、四、五章为分则，共十一条，分述了会员的条件、权利和义务、组织结构、经费来源等内容；第六章为附则，共两条，是一些补充说明。

2. 分条式写法

内容简单的章程直接分条撰写，如《曾宪梓教育基金会章程》，共有六条。第一条是组织的性质；第二条是组织的宗旨；第三条是基金的使用；第四条是组织结构及职责，其中又分为三款；第五条是注册；第六条是办事处的设置及各自的职责。

[章程例文]

××大学文天学院广告与营销协会章程

第一章 总则

第一条 本社团的名称：××大学文天学院广告与营销协会，简称：广销会。

第二条 本社团的性质：本社团为科技活动类非营利性社会组织，由学生自愿加入。

第三条 本社团的宗旨：在遵守法律、法规、校规校纪和院团委的有关规定，遵守社会道德风尚的前提下，从实践中出真知，打造文天学院第二课堂。

第四条 本社团是××大学文天学院学生社团的成员，接受共青团××大学文天学院委员会的领导，接受学生社团联合会的监督管理，接受指导单位的指导。

第二章 业务范围

第五条 本社团的活动范围

（一）组织社员按工作计划开展社团活动；

（二）积极与本部社团及兄弟院校社团取得联系并开展联谊活动。

第三章 会员

第六条 申请加入本社团的会员，必须具备下列条件：

（一）具有××大学文天学院正式学籍；

（二）承认本社团章程；

（三）有良好的人品，具有一定的沟通能力。

第七条　会员入会的程序是：

（一）提出入会申请；

（二）参加社团面试；

（三）社团理事会讨论通过后由社团执行机构发给会员证。

第八条　会员享有以下权利：

（一）本社团的选举权、被选举权和表决权；

（二）参加本社团的活动；

（三）获得本社团服务的优先权；

（四）对本社团工作的批评建议权和监督权；

（五）入会自愿、退会自由。

第九条　会员履行下列义务：

（一）执行本社团的决议；

（二）维护本社团的合法权益；

（三）参与本社团的活动；

（四）按规定交纳会费；

（五）向本社团反映情况，提供有关资料。

第十条　会员退会应书面通知本社团，并交回会员证。

第十一条　会员如有严重违反本章程的行为，经社团执行机构会议表决通过，予以除名。

第四章　组织机构和负责人产生、罢免

第十二条　本社团的最高权力机构是会员大会（或会员代表大会），会员大会（或会员代表大会）的职权是：

（一）制定和修改章程；

（二）选举和罢免社团执行机构；

（三）审议社团执行机构的工作报告和财务报告；

（四）决定社团终止事宜；

（五）决定其他重大事宜。

第十三条　会员大会（或会员代表大会）须有 2/3 以上的会员（或会员代表）出席方能召开，其决议须经到会会员（或会员代表）1/2 以上通过。

第十四条　会员大会（或会员代表大会）每届一年。

第十五条　会员大会（或会员代表大会）的执行机构在闭会期间领导本社团开展日常工作，对会员大会（或会员代表大会）负责。

第十六条　社团执行机构的职权是：

（一）执行会员大会（或会员代表大会）的决议；

（二）筹备召开会员大会（或会员代表大会）；

（三）向会员大会（或会员代表大会）报告工作和财务状况；

（四）决定会员的吸收和除名；

（五）决定社团下属各部门主要负责人的聘任；

（六）领导本社团各机构开展工作；

（七）制定社团内部管理制度；

（八）决定其他重大事项。

第十七条　本社团的会长（社长）、副会长（副社长）、各部门负责人必须具备下列条件：

（一）拥护党的路线、方针、政策；

（二）热心学生社团工作；

（三）学习成绩中等以上，每学期不及格课程不多于两门；

（四）大学期间未受过学院的处分。

第十八条　本社团会长（社长）、副会长（副社长）、各部门负责人任期时间由社团会员大会决定，连任不得超过两届。

第十九条　本社团会长（社长）行使下列职权：

（一）召集和主持执行机构会议；

（二）检查会员大会（或会员代表大会）、社团执行机构决议的落实情况；

（三）代表本社团签署有关重要文件。

第二十条　本社团副会长（副社长）行使以下职权：

（一）主持办事机构开展日常工作，组织实施年度工作计划；

（二）协调各分支机构、代表机构、实体机构开展工作；

（三）协助会长（社长）处理其他日常事务。

第五章　资产管理、使用原则

第二十一条　本社团经费来源：

（一）会费；

（二）捐赠、赞助；

（三）在核准的活动范围内开展活动或服务的收入；

（四）其他合法收入。

第二十二条　本社团按照院团委有关规定收取会员会费。

第二十三条　本社团经费必须用于本章程规定的业务范围和事业的发展，不得挪作他用，不得在会员中分配。

第二十四条　本社团建立严格的财务管理制度，保证财务资料合法、真实、准确、完整。

第二十五条　本社团具有专门的财务人员。财务人员变动时，必须与接管人员办清交接手续。

第二十六条　本社团资产管理必须执行××大学文天学院规定的财务管理制度，接受会员大会（或会员代表大会）和各级指导单位的监督。资产来源属于专项资金或者社会捐赠、资助的，必须接受团委的监督，并将有关情况以适当方式向会员公布。

第二十七条　本社团资产，任何单位、个人不得侵占、私分和挪用。

第六章　章程的修改程序

第二十八条　对本社团章程的修改程序，由社联、本社团执行机构或10名以上本社团成员联名提出，并交经本社团会员大会审议。

第二十九条　本社团修改的章程，须在会员大会上通过后7日内报院团委。

第七章　终止程序及终止后的财产处理

第三十条　本社团完成宗旨或自行解散或因分立、合并等原因需要注销的，由社团执行机构提出终止协议。

第三十一条　本社团终止协议须经会员大会表决通过，并报指导单位审查同意。

第三十二条　本社团终止前，须在院团委组织下成立清算组织，清理债权债务，处理善后事宜。清算期间，不开展清算以外的活动。

第三十三条　本社团经院团委办理注销登记手续后即告终止。

第三十四条　本社团终止后的剩余财产，在团委的监督下，按照××大学文天学院管理条例的有关规定处理。

第八章　附　则

第三十五条　本章程经2013年9月16日会员大会表决通过。

第三十六条　本章程的解释权属本社团会员大会执行机构。

第三十七条　本章程自团委核准之日起生效。

××大学文天学院广告与营销协会

2013年9月16日

简 析

这是一篇章条式社团组织章程，总共有八章、三十七条。总则明确了该社团的名称、性质和宗旨等；第二章规定了社团的活动范围；第三章明确了会员的入会条件、入会程序以及会员的权利和义务等内容；第四章介绍了社团的组织结构和负责人任免等内容；第五章规定了社团的资产管理和经费来源等；第六章和第七章规定了本章程的修改和社团终止等事项；第八章附则对本章程的通过日期和生效日期等进行说明。全文条款清晰、语言精炼、内容全面、格式标准。

写作提示

制定章程的注意事项

1. 制定的章程要符合国家政策和法律规定。

2. 章程的内容要求系统、周密，条理明确清晰，语言精当质朴。

实战练习

以下例文结构不完整，请根据内容编写完整，并且使之条理清晰。

1. 班长职责

(1) 把握班级工作的主体方向和工作重点，负责制定并组织落实本班工作计划，做好月末、期终总结，对班委会全面负责。

(2) 检查班委会成员履行职责情况，督促其完成各项工作。

2. 副班长职责

(1) 副班长是大学班级行政事务方面的主要领导成员之一，是班长的助手和合作者。在班长不在时，代理班长履行其职责，对班级事务负主要责任。

(2) 了解和掌握全班同学各方面的状况，协助班长和团支书搞好班级和团支部管理工作。

(3) 鉴于实际情况，负责女生方面的各项管理工作，及时传达通知，经常向班长和班主任汇报女生各方面的状况，并反映女生的要求和愿望。

3. 团支部书记职责

(1) 及时传达和贯彻上级团组织的指示和决议，研究制定本支部工作计划并组织落实，全面负责团支部的工作。

(2) 负责主持和组织政治学习、读报活动和团日活动，做好经常性的思想政治工作，组织开展争创红旗团支部，带头争当优秀团员。

4. 学习委员职责

(1) 负责班级学习方面的管理工作，组织好全班同学的学习，督促和检查收发作业情况，了解完成作业情况，尽量解决同学们在学习上的困难。

(2) 定期向班主任及任课老师反映同学们的意见和要求。

5. 组织委员职责

(1) 负责学校和学院组织的各种活动的组织工作。

(2) 负责记录各种大型活动和班级活动的出勤记录工作。

(3) 配合学习委员做好上课和自习的考勤记录工作。

6. 宣传委员职责

(1) 积极主动地做好宣传鼓动工作。

(2) 做好学校或学院重大活动的宣传工作。

7. 生活委员职责

(1) 做好本班学生宿舍的卫生管理工作，为同学们创造良好的学习和生活环境。

(2) 通过调查充分掌握班级经济困难学生的情况，做好勤工助学、助学贷款、困难补助等助困的基础工作。

8. 文艺委员职责

(1) 发动和组织全班同学积极参加课余文化娱乐活动，丰富同学们的课余文化活动。

(2) 组织举办各种文化娱乐讲座及鼓励同学们参加学校娱乐组织，陶冶艺术情操，提高同学们的娱乐欣赏能力和艺术修养。

9. 体育委员职责

(1) 组织班级同学进行适当的体育锻炼，提高全班同学的身体素质，搞好运动会的后勤工作。协助体育老师上好体育课。

(2) 根据校、院的安排组织班内的体育活动，以达到增强班级凝聚力的目的。

(3) 配合学生会体育部做好工作。

10. 安全委员职责

(1) 认真做好晚归检查工作，维护本班安全稳定和班级成员的人身财产安全。

(2) 定期对同学们进行安全教育，组织各寝室排除安全隐患。

11. 心理委员职责

(1) 对班级同学的性格特点有大致了解，对性格古怪的同学要进行心理交谈，使其摆脱心理阴影，投入到健康的生活当中，对性格内向的同学，要鼓励其多与其他同学沟通交流，参加各种活动。

(2) 关注班级同学是否有上网成瘾问题，特别是发现对网络游戏痴迷的同学，要及时向班长和班主任上报，使其解除网瘾。

(3) 定期找班主任交谈本班同学的心理问题，使班主任对本班同学的心理状况有一定了解。

第四条　班级制度建设

班级制度是要求大家共同遵守的办事规程或行动准则，是保证班级工作目标得以顺利实现的重要措施。

1. 班委会建立例会制度，例会要严格考勤。

2. 每星期星期天的晚上由班长、副班长或团支书主持召开班会。若临时有急需向同学们通知或和班级同学商讨的事项，及时组织班级同学召开班会。

3. 每月进行男生宿舍卫生评比，由副班长带领女生到男生寝室进行评比，一方面可以加强寝室卫生，另一方面可以加强男女生之间的交流与沟通。

第五条　纪律规章制度

1. 班级、团支部开展的各种活动，须积极参与，有事需及时请假，不请假者按缺勤记入考勤簿，出勤率将纳入年末个人考评。

2. 不得无故迟到或旷课，对于无故迟到或旷课超过五次者，团支部将取消一年内“推优”资格。

第六条　文明公约

大学校园，文明殿堂，传播知识，塑造高尚。

1. 注重修养，讲究公德，诚信待人，学会关心他人，关心学习。

2. 自觉维护校园环境，尊重教职员工的劳动。

3. 遵守学校规章制度，保持校园整洁有序。

第七条　团支部制度规范条例

1. 大学班级团支部是共青团在大学中的基层组织。

2. 团支部必须大力加强团的建设，不断提高团组织的战斗力。

3. 团支部在党和上级团组织的领导下，在辅导员（班主任）的具体帮助和指导下，针对广大团员和青年学生的思想实际，深入进行思想政治教育工作。

4. 团支部的经常性工作：

（1）认真宣传贯彻党的路线、方针、政策，学习马列主义、毛泽东思想。

（2）认真完成党和上级团组织交给的各项工作，帮助班委会抓好班级的各项工作。

5. 定期召开团员大会，两个月一次。

6. 定期召开团支委会，每两周一次。

7. 定期召开团小组会。

第八条 班委与团支委的任期及考核

班委与团支委的任期为一年，任期满后，班委会和团支委应进行述职，一般采用集体述职，即班长或团支书代表全体学生干部进行工作总结。

班委与团支委的选举、换届与任免工作一般于每年的九月份进行。班委与团支委实行合并换届。选举与换届工作的基本程序为：

1. 选举与换届之前，应邀请班主任参加选举与换届的主题班会。

2. 向全班同学提交选举或换届选举办法。在选举办法中要说明当选条件。班委成员要具备与工作岗位相适应的素质和特长。

第二章 附则

第九条 本条例自公布之日起开始实施。

模块二 规章制度

任务描述

各项目小组以内蒙古毅力实业集团股份有限公司奶酪产品公司为背景，根据公司的实际目标运营情况制定规章制度，并讨论此规章制度的可行性。

任务解析

本模块的任务是制定规章制度。在开始制定规章制度之前，各个小组的准备工作包括：

（1）了解规章制度的作用。

（2）公司各部门沟通并分析岗位特征和规章制度的要点。

（3）根据公司的实际情况制定规章制度。

各小组可以按照以上步骤积极准备，并制定规章制度。

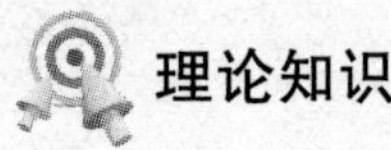

理论知识

一、规章制度的概念和作用

规章制度是由国家机关、社会团体、企事业单位在一定范围内制定的一种具有法规性和约束力的文件。它是对一定范围内的行为作出的规范性的要求，有关人员必须按章办事，共同遵守。

规章制度具有法规性和约束力。规章制度一经制定并公布，就具有法规性质，在一定范围内对人们的行为起规范作用，具有行政约束力。

规章制度这类文书应用十分广泛，是社会管理的有力工具，为企业生产经营服务，为组织的高效率运转服务，为社会的稳定和安宁服务。任何一个团体、机关、单位、部门等，都是一个相对独立的系统，这个独立的系统又是由若干个体组成的，为了让众多的个体朝共同的目标和方向迈进，必须对个体行为进行约束和规范。这是各种规章制度产生的原因，也是它的作用。只有用规章制度来约束、控制和指导，才能确保工作、学习、生产、生活等有秩序地、正常协调地进行。

二、规章制度的种类

规章制度是一个总称，它的种类比较多。一般来说，由政府或企事业单位根据实际需要，用行政单位的名义制定公布的，叫做规章制度；由群众公议订立的，叫做公约。

常见的规章制度有章程、条例、规定、制度、规程、办法、规则、细则、守则、须知等。常见的公约有学习公约、班级公约、服务公约、卫生公约、拥军优属公约、拥政爱民公约等。

下面主要介绍章程、条例和规定。

（一）章程

章程是政治、经济、文化、科学等组织，为所属成员制定的共同遵守的法规性文件，如《中国共产主义青年团章程》。章程要对一个组织或团体的性质、宗旨、任务、目的、组织结构、成员、权利、义务、活动方式以及纪律等作明确的说明与规定。它是一种系统性、根本性的规章制度，对组织成员有很强的约束力。章程的使用范围很有限，一般是党团组织用以规定其组织性质、任务、宗旨等。此外，一些企业单位规定其业务性质、活动方式时也采用章程的形式。其他方面的规范一般不采用章程的形式。

（二）条例

条例是对某方面行政工作作出比较全面、系统规定的文书。它属于行政法规的文件，如《中华人民共和国治安管理处罚条例》（已废止）。条例，实质上是国家领导机关对法律、政策所做的补充说明和辅助性规定，是对某些政策、法律的进一步具体化。条例，是具有权威性、法制性和强制性的行政法规文件。只有党和政府的领导机关才能制定条例。

它具有法的约束力，它是行政人员执行公务时的具体依据，具有很强的指导性。同时，对被执行对象具有强制性。如《中华人民共和国治安管理处罚条例》对执行者、执行对象、执行方式等都作出了明确的规定。

（三）规定

规定是某个组织针对某项工作或活动提出一定的要求，并制定相应的措施，要求下级机关或有关部门贯彻执行的指令性文件。规定具有一定的法规性，是一种应用极为广泛的机关事务性文书。凡党政机关、企事业单位、社会团体需对某方面工作作特定的要求，都可以制定相应的规定，以保证工作的顺利完成和落实，如《国务院关于职工探亲待遇的规定》。比之条例，规定所规范的对象和范围要集中一些；措施要求也要具体一些，比之办法，规定的原则性更强。

三、规章制度的格式和内容

（一）标题

规章制度的标题应标明规章制度的种类和规范的对象、内容等，写在第一行的正中。规章制度种类不同，标题的写法也不完全一样，归纳起来有五种写法：

（1）内容＋种类。如“出版物汉字使用管理规定”、“服务公约”。

（2）单位＋种类。如“中国作家协会章程”。

（3）人员＋种类。如“中学生守则”、“企业职工奖惩条例”。

（4）单位（地域）＋内容＋种类。如“××百货商场服务公约”、“中华人民共和国国库券条例”。

（5）公文式。如“北京市关于禁止燃放烟花爆竹的规定”。

如果规章制度在内容上还不够成熟，可以在标题内写明“暂行”、“试行”或“草案”等字样，如“高等学校学生行为准则（试行）”。

（二）正文

正文要写清楚规章制度的具体内容，这些内容一般都是分条列出，一个意思一条。正文主要有两种类型：

第一种是章条式的写法，需分章、分条目来写。第一章叫总则，简要说明制定本规章制度的依据、目的和总的要求。以下各章叫分则，说明具体要求执行的事项和办法。分则分章要设小标题，表明本章的主旨。最后一章叫附则，说明本规章制度以及具体实施办法的制定权、修订权、解释权，以及适用对象和生效日期等。适用对象和生效日期也可以写在总则内。每章下分若干条，条的序数按整个规章制度统一排列。每条下有时又分若干款，但一般不写“第×款”，只用序码标明。

第二种是条文式的写法。一般适用于内容比较简单的规章制度，只要分条写出规章制度的内容即可，如守则、须知、公约等。有的分三层意思来写，第一层先简单说明制定这项规章制度的目的、意义；第二层分条写出应遵守的事项；第三层补充说明解释权限、生效日期等。也有的把第一层意思作为第一条，接着按序号排列下去，把第三层意思作为最后一条。

（三）署名和日期

制定者的名称和实行日期，一般写在正文结尾后面。已在标题中写明单位名称的，这里就不必重复。有的规章制度是由政府机关随文颁发的，也不再署名。有的规章制度从公布之日起需要长期实行的可以不写日期。有的随文件颁发，文件上已有日期，也可以不再写日期。凡要写日期的，就应具体写明年、月、日。

[规章制度例文]

办公室规章制度

为加强公司管理，维护公司良好形象，特制定本规范，明确要求，规范行为，创造美好的企业文化氛围。

职员工作时间不得吃零食、闲聊、大声喧哗，发现一次罚款 5 元，不听劝解者给予记过并处以相应的罚款。

职员工作时间不得离岗、串岗，需要处理什么事情需征得部门主管同意。离岗时间不得超过 20 分钟，第一次离岗超过 20 分钟给予警告；三次以上给予记过处分，并处以相应的罚款。

职员工作时间不得做私活，发现一次罚款 50 元。对于劝解不听者公司作辞退处理。

职员的工作区间要注意个人卫生，上班前及下班后对于工作区域内的物品要摆放整齐，对于不经常处理的给予通报批评，并做书面检讨并处以罚款。

职员确实落实“5S”理念，注意节能环保。离开工作岗位注意关闭照明、空调，下班后关闭电脑、打印机、空调，没有关闭的，发现一次罚款 5 元。

职员不得打印与工作无关的图纸及文件。对于作废的文件、图纸，纸张可以循环利用的一定要循环利用，注重节约，杜绝浪费，有浪费行为的，每次罚款 5 元。

职员不得迟到和早退，迟到、早退一次罚款 5 元。对于一个月累计迟到、早退合计 1 个小时的，给予记过处分。对于一年累计迟到、早退合计 8 小时的，予以辞退。

职员每天应提前 5 分钟到达工作岗位，下班应推后 5 分钟，在此期间对工作范围进行必要的清扫、清洁。

职员要做到今日事今日毕，杜绝拖沓，对于劝解不听者，给予记过处分并处以相应的罚款。

职员工作时间应努力完成自己的工作，不要打扰其他人的工作。

职员接打客户的电话原则上不得超过 5 分钟，面对客户要及时准确地给予答复，不能立即答复的要记录下来，及时找相关人员咨询并反馈给客户。

职员上班时间不得上网聊天、下载与工作无关的文件、看电影、玩游戏，发现一次罚款 20 元，对于劝解不听者，给予记过处分并处以相应的罚款。

职员相互之间沟通要在指定区域，谈话时不得影响他人工作。

职员相互之间不打听与自己工作无关的内容，私下不得在公司内讨论公司的规章制度及工资待遇。(公司的例行会议上可以集中讨论。)

职员相互间严禁打架、语言侮辱，一旦发现给予记过处分，劝解不听者作辞退处理。

职员之间相互遇到可以互相打招呼（点头、微笑)，保证公司的氛围融洽。

职员有客户来访，要在接待区完成，严禁带客户到工作区域，发现一次警告，劝解不听者给予记过处分。

职员应保护好客户资料，严禁把客户资料提供给其他公司，如有上述行为给予记过处分并处以罚款，严重者作辞退处理。

职员不得向竞争对手提供公司的产业规划、方案、图纸及一切影像资料，如有需要需征得直属领导意见并报总经理审批，未征得同意私自有上述行为之一的，公司作辞退处理。

职员不得向其他公司提供公司的采购渠道、原材料价格，如有需要需征得总经理同意，未征得同意私自有上述行为之一，给公司造成经济损失的，公司将追究其相应的法律责任。

职员接待客户要礼貌周到，不卑不亢，注重礼节。

简 析

这是一篇办公室管理规章制度。它详细规定了办公室职员的权利和义务，其主要内容是对员工在上班期间的行为的各种规定，涉及工作时间、工作任务、公司机密、公司采购、环保、卫生、员工交流等各方面的要求。这篇范文的优点是内容全面、语言简洁，不足之处是结构简单，缺乏系统性。

写作提示

制定规章制度的注意事项

1. 制定规章制度必须符合党和国家的方针、政策、法令，以严肃审慎的态度进行拟制。

2. 制定规章制度必须结合本单位或本部门的实际情况，要有针对性、可行性。为了使群众能自觉遵守，制定过程中应该通过各种方式广泛吸收群众的意见。

3. 规章制度的内容要全面系统。对组织内部涉及的各个方面都要考虑到，不能遗漏某方面内容，对内容的简述要分章分节交代清楚，条款分明，不能前后混杂，更不能前后矛盾。

4. 规章制度所规定的内容既要有原则性的，又要有具体性的。规定不能过于死板，要有一定的灵活性，以便于各地根据自己的实际情况，使规章制度得以贯彻执行。

5. 用词要准确，概念要单一，语气要肯定。条文清楚，语言简洁，便于记忆和执行。

6. 规章制度制定以后要定期检查，发现有不合适或不完善的地方，及时修改和补充。

实战练习

分析下面班级管理规章制度的写作特点，如有不妥请改正。

班级管理制度

为了营造我班更好的学习氛围，创造一个公平公正的班级风气，也为我班以后评优评先提供更好的评断依据，特制定了一个关于学生学习、活动方面的奖惩制度。本制度采用计分制，每人每学期的基础分为10分。具体执行内容如下：

一、学习条例

1. 积极参加学校组织的学习方面的竞赛活动者加1分。根据赛后的成绩以及为班级争得的荣誉加2～3分。

2. 上课积极活跃，主动配合老师者加1分。

3. 无故旷课及未出示标准请假条者扣2分。

4. 迟到、早退者扣1分。

5. 影响课堂纪律及班级同学者扣2分。

6. 故意拖欠或不交课后作业者扣1分。

二、活动条例

班上确定的集体活动（班会、团组织活动、郊游等）应准时参加，不得无故缺席、迟到、早退。无故迟到、早退者扣1分，缺席者扣2分。在集体活动中表现优秀者可适当加分（1～2分）。一切经过学校通知、班委讨论决定、大多数同学决定（20人以上）的视为班级活动。

三、班费管理条例

1. 对无故拒交、拖欠班费者扣1分。

2. 班级活动无故缺席者不予退班费且扣2分，有特殊情况者特殊处理。

3. 一切班级活动开销从班费支出，如有争议可与生活委员协调。

4. 一切班费开支需由所有班委同意方能通过。

四、在每周末，信息委员将在班级博客上更新每位同学的（详细）得分情况，接受大家的监督，对自己得分有异议的可以向班委反映。

补充：1. 考勤分基准分为2分，每旷课一次扣×分，扣完为止。

2. 平时组织活动，志愿参加的加×分，如不是自愿也参加的加×分。

…………

模块三　绩效考核方案

任务描述

各小组在分析内蒙古毅力实业集团股份有限公司奶酪产品公司的章程和管理制度的基础上，初步制定员工绩效考核方案。此方案可以参考同行业考核方案，并结合本公司产品特点制定。

任务解析

本模块的任务是撰写绩效考核方案。在开始写作之前各个小组的准备工作包括：

(1) 了解绩效考核方案的一般制定流程和特点。

(2) 公司各部门沟通并分析岗位特征。

(3) 根据公司的实际情况制定绩效考核方案。

各小组可以按照以上步骤积极准备，制定出绩效考核方案纲要。

理论知识

一、绩效和绩效考核

所谓绩效，通常包括员工的业绩和行为两部分内容。对员工进行绩效考核也应该包括两部分：业绩考核和行为考核。根据业绩、行为的不同结合，对员工应分别对待使用。业绩好、行为差的员工，应限制使用；业绩差、行为差的员工，应予以淘汰；业绩差、行为好的员工，应培养使用；业绩好、行为好的员工，应予以重用。

二、制定绩效考核方案流程

(一) 开展工作分析

工作分析是所有人力资源管理的基础，既是薪酬管理系统的第一步，又是绩效管理系统的第一步。

(二) 建设绩效指标库

绩效指标库是企业绩效考核的基础和核心，绩效指标的来源有：

1. 基于企业经营目标的分解

指为完成战略任务而将企业经营目标逐层分解到每个部门及相关人员的一种指标设计方法。通过这种方法得到的指标所考核的内容都是每个人最主要的且必须完成的工作。

2. 基于工作分析

通过职位说明书或岗位职责说明可以把多种类型的工作分成必须做、应该做和要求做三种，而这种指标设计法就是找出必须做、可衡量的工作，并把它们设成绩效考核的指标。

3. 基于综合业务流程

根据被考核对象在流程中所扮演的角色、肩负的责任以及同上游、下游之间的关系，来确定衡量其工作的绩效考核指标的一种设计方法。

三、绩效考核方案的五大要素

（一）高层管理者高度重视

绩效管理的导入是企业的一项大的组织变革，一方面，绩效管理的引入涉及利益分配的问题，由于变革的诸多不确定性，大家对未来的预期不明确，绩效管理的推行将会受到来自各级管理者和员工的强大阻力，绩效管理工作的负责部门也会被推到风口浪尖上。另一方面，绩效管理会触及企业管理的方方面面，包括绩效管理的计划、辅导、评估、反馈、激励等各环节管理工作，都需要从不同部门收集大量的企业工作绩效数据。

所以，如果高层管理者没有高度重视，没有对该项变革工作给予大力支持，绩效管理负责部门的工作开展将面临很多困难，其他部门管理者和员工的配合程度也将大打折扣，绩效管理工作的导入就很有可能会停滞不前或是流于形式。

（二）直线管理者责任到位

除了高层管理者的高度重视和支持外，强化直线经理的绩效责任意识也至关重要。绩效管理工作不仅仅是人力资源管理部门的事情，还是一个自上而下目标分解、不断指导沟通和交流的过程。

一般来说，在绩效管理中，人力资源管理部门的角色定位应该是整个企业绩效管理游戏规则的制定者、宣传者、培训者、推广者和实施监督者，而直线管理者的角色定位是绩效管理方案的细化者、实施者和反馈者，即根据不同部门的特色，细化绩效考核方案。若脱离直线管理者的具体工作，绩效管理工作将会变成“无源之水，无本之木”。

（三）方案设计科学合理

绩效方案要实现科学合理设计，以下四个方面的工作是非常重要的：

一是绩效管理体系的核心要素要齐全，包括谁来做、考核谁、谁来考核、考核什么、怎么考核、多久考核、结果怎样用、结果如何反馈、如何沟通改进等内容。

二是对企业的所有岗位进行分层分类，不同系列和层次的岗位，其考核周期、指标类别的权重、绩效工资比例等各方面应有所区别。

三是指标的选择要遵循“二八原则”，突出重点，不强求面面俱到；定性的指标考核，根据岗位性质的不同，灵活采用360度的各个方面维度；绩效目标值的确定要合理科学，不能由自己设定，否则将脱离绩效管理的初衷。

四是绩效考核结果的应用要全面，不应仅仅是与个人的绩效工资挂钩，其范围应涉及晋升、培训、调岗、调薪、年终奖金等方面。

若企业缺乏绩效管理方案设计方面的人才，建议引入第三方机构协助制定。

（四）方案宣传要深入基层

方案的大范围宣传是绩效管理方案顺利实施的重要保证。一方面，只有对方案进行全面且深入的宣传讲解，才能确保各级管理者和执行者理解和掌握绩效管理方案的操作要领，以更好地推进工作开展；另一方面，通过方案的大力宣传让全体员工清楚地了解企业导向的是何种行为、反对何种行为，并逐步形成良好的企业文化，确保绩效管理工作的长期贯彻落实。为了确保方案宣传工作能取得更好的效果，建议采取多介质和多方式结合的宣传方式，如发公文、墙报宣传、制度竞赛活动等多种方式。

（五）沟通贯于始终

企业员工和上级领导的双向沟通是绩效管理的生命线。然而，大部分企业都忽略了绩效沟通的重要性，而强调评估阶段的工作。绩效沟通在计划、辅导、评估、反馈、激励等不同阶段都要贯穿始终。

对于员工来说，与上级领导及时有效的沟通有助于发现自己上一阶段工作中的不足，并确立下一阶段工作绩效改进点，这对提升自己的工作绩效大有好处。此外，以有效沟通为基础进行绩效考评是双方共同解决问题的一个机会，是员工参与工作管理的一种形式，这样能很好地激发员工的主人翁责任感，强化责任。对于管理者来说，通过与员工的有效沟通，有助于全面了解员工的工作情况、掌握工作进展情况，并有针对性地提供相应的辅导，很好地帮助下属提升能力，保证绩效管理制度的顺利实施。

四、绩效考核的必要性

绩效考核是企业对员工的正当要求和标准规范，优秀的绩效不仅对公司有帮助，对员工的个人成长更是意义重大。有考核的企业与无考核的企业业绩可以相差一倍。企业越走向成熟，处理事情的顺序就越应是法理情，而不是情理法。

不考核、不管理并不是真正地对员工好，爱员工就应该考核他。没有标准的爱，叫溺爱；没有制度的爱，叫宠爱。

[绩效考核方案例文一]

公司绩效考核办法

为贯彻执行本公司《管理人员薪酬管理办法》，制定本实施办法。

1. 目的

1.1 客观公正地分析和评价员工履行职责情况及实际工作效果，并依据考核结论正确地指导分配、实施奖惩，以充分激发员工的聪明才智，保障公司的可持续发展。

1.2 完善目标管理体系。公司制定年度经营目标和阶段工作目标，通过逐级分解展开实施，必须有相应的配套考核体系。

2. 适用范围

本办法适用于部门工作的考核，以及对总经理以下的管理人员、科技人员和其他非生产人员的考核。

3. 考核原则

3.1 重点考核原则：以工作目标和工作任务为依据，按照岗位职责标准对员工进行考核。

3.2　分别考核原则：按对应的岗位职能设置考核要素逐项进行考核。

3.3　主体对应原则：由各自的直接上级进行考核，并就考核结果及时沟通。

3.4　部门联动原则：部门经理和一般员工的最终绩效均受部门整体考核结果的影响。

3.5　目标考核和专项考核相结合的原则：对各部门的质量、安全、成本等专项工作设置相应的权重，与考核期内的目标任务完成情况一并纳入考核体系。

4. 考核组织

4.1　公司成立考核小组，对部门进行考核。考核小组由总经理或其授权人、分管副总、总经办和人力资源部组成。考评结果由总经办负责汇总，人力资源部根据考评结果核定部门绩效。

4.2　各部门长负责本部门员工的考核工作，于每月30日前将考核结果报人力资源部备案。

5. 考核方式

5.1　采用月度考核制，每月对部门和员工进行考核。

5.2　采用通用评价和岗位职责评价法对员工进行考核，并结合目标管理法（部门整体工作目标完成情况）对部门进行考核。

5.3　部门考核：以公司下达的月计划和部门职责为考核内容，月终由部门长向考核小组汇报，考核小组根据部门工作目标完成情况评定考核结果。

5.4　员工考核：由部门长根据各岗位特点制定考评细则，参考附表三。部门负责人直接考核人数超过8人的，可指定人代为考核，再签批。

5.5　人力资源部对各部门员工考核的过程和结果有监督权。员工对考核有异议的，可以直接向人力资源部投诉，由人力资源部调查后裁决。

6. 考核内容和计分办法

6.1　部门绩效考核见附表一。

6.2　部门负责人考核内容：工作目标与关键指标考核结果（取百分率）与各类专项考核结果（取百分率）相乘，得当月绩效分配系数，见附表二。

6.3　员工考核内容：要求各部门针对岗位特征定出量化考核指标，并将考评标准告知本部门员工。

7. 考核程序

7.1　员工每月26日向部门长提交工作报告，作为月度考核依据。

7.2　部门负责人根据员工的工作报告、工作表现和工作目标完成情况，填写《绩效考核表》（员工），打分并签字。

7.3　各部门考核表打分完毕，交人力资源部存档。

7.4　各部门长每月26日向公司考评小组提交月度工作总结，作为部门月度考核依据。

8. 考核注意事项

8.1　员工考核工作由部门负责人组织，每次考核时，被考核者的直接上级必须与被考核者进行至少一次的沟通。部门考核由总经理办公室组织，并进行相关沟通和统计工作。

8.2　每月30日前，各部门将员工考核表、总经办将部门考核表交至人力资源部，由人力资源部完成对数据的统计。

9. 考核结果处理

9.1　连续3个月考核“不合格”者，解除劳动合同。

9.2　年度综合考核“不合格”者，予以降级、降薪或解除劳动合同。

9.3　年度综合考核“优秀”且无“不合格”记录者，晋一级。

9.4　职等五等以下员工，连续五年年度综合考核为“优秀”者，晋一等。

10. 考核责任

10.1　不能在规定的日期内上交考核表的，视为考核者工作失误。每延误1天，减发考核者20元的绩效工资。

10.2　考核者应对被考核者作出公正评价。若在考核过程中弄虚作假，一经发现，减发考核者20元的绩效工资；考核者一年内累计失误3次者，视同失职处理。

11. 工资发放

11.1　公司按部门核发部门工资总额，由部门负责人负责本部门员工工资的考核发放。

11.2　绩效考核结果转化为绩效系数，实现其调节工资分配的功能。部门绩效系数和个人绩效系数均定义为百分制，考核结果取百分率；其中部门长的个人绩效系数为工作目标考核结果与各类专项考核结果（取百分率）的连乘积。

11.3　部门工资计算方法

部门工资＝基本工资总额＋年功工资总额＋全勤奖总额

（岗位技能工资总额＋绩效工资总额）×部门绩效系数＝∑部门员工工资

11.4　部门负责人工资计算方法

部门长工资＝［基本工资＋年功工资＋全勤奖（岗位技能工资＋绩效工资）］×部门绩效系数×个人绩效系数

11.5　员工工资计算方法

员工工资＝［基本工资＋年功工资＋全勤奖（岗位技能工资＋绩效工资）］×部门绩效系数×（个人岗、效工资和×个人绩效系数）÷∑部门（个人岗、效工资和×个人绩效系数）（“个人岗、效工资和”＝岗位技能工资＋绩效工资）

12. 相关文件

Q/BW. 管理人员绩效管理办法

13. 记录文件

绩效考核表（部门）

绩效考核表（员工）

绩效考核表（部门负责人）

附加说明：

本办法由公司人力资源部编制

本办法由公司人力资源负责解释

本办法主要起草人：

本标准主要审定人：

发布日期：2011 年 5 月 12 日

简 析

这篇员工绩效考核方案结构完整，内容全面。方案由标题、正文、结尾组成。内容共分十三章，对考核内容、考核方式、考核程序、考核责任、工资发放等重点内容进行了详细而具体的规定。全文层次清晰、标准明确、表述准确，易于实施，可行性强，是一篇较规范的例文。

[绩效考核方案例文二]

公司员工绩效考核管理办法

第一章：总则

第一条　为全面了解、评估员工工作绩效，提高企业对人力资源控制和配备的有效性，通过科学考核发现人才、使用人才，为员工提供一个竞争有序、积极向上的工作氛围，特制定本办法。

第二章：适用范围

第二条　本办法适用于公司全体员工。

第三章：考核原则

第三条　坚持公平、公正、公开的“三公”原则。要求考核者对所有考核对象一视同仁、对事不对人。坚持定量与定性相结合，建立科学的考核要素体系与考核标准。

第四条　坚持全方位考核的原则。采取自我鉴定、上下级之间考评、外部考评、考核领导小组考核相结合的多层次考核方法，使所有层次员工均有机会参与公司管理和行使民主监督权利。

第五条　坚持责、权、利三者相结合的原则。

第六条　坚持实行考核定期化、制度化的原则。

第四章：考核目的

第七条　考核目的：

1. 确定员工岗位薪酬、奖金、福利待遇的重要依据；

2. 确定员工职务晋升、岗位调配的重要依据；

3. 获得专业（技能）培训、潜能开发的主要依据；

4. 鞭策后进、激励先进；增强员工沟通、强化团队精神和提升企业竞争能力。

第五章：考核领导机构

第八条 公司成立员工绩效考核领导小组（以下简称“考核领导小组”），全面负责员工绩效考核的组织管理工作，公司总经理任考核领导小组组长，小组成员由公司相关领导及相关职能部门负责人组成，下设员工绩效考核领导小组办公室，隶属人力资源部管理。

第九条 公司各项目同时成立（设）员工绩效考核小组，在公司考核领导小组的领导下开展工作。

第六章：考核分类

第十条 员工绩效考核共分三类。即：经理级员工绩效考核、专业（技术）管理员工绩效考核、普通员工绩效考核。

第十一条 经理级员工是指项目领导班子成员及总部各部门经理级员工。

第十二条 专业（技术）管理员工是指公司各项目部门负责人及在专业岗位履行业务（技术）管理职能的员工（含政工、测量、试验）。

第十三条 普通员工是指在生产一线从事技能操作的员工（含通信员、打字员、小车司机）。

第七章：考核时间

第十四条 定期考核分为半年度考核和年度考核两种。

第十五条 根据工作需要公司可对专项事件（岗位）进行不定期考核。

第八章：考核形式和方法

第十六条 考核形式：

1. 任期内工作述职。

2. 上、下级考评。

3. 同级同事考评。

4. 外部（业主、甲方）考评。

第十七条 考核方法：

1. 直接面谈评议法。

2. 无记名打分投票评议法。

3. 记录查询法。重点查看员工任期内出勤档案和奖惩记录。

4. 述职报告评议法。主要适用于对经理级员工、专业管理员工的考核。由被考核对象向公司员工考核领导小组提交任期内述职报告（详见附件），考核领导小组按照本办法对其述职报告进行综合评议。

5. 民主座谈评议法。根据不同考核对象，按比例随机抽取部分公司领导、项目领导、专业管理员工和普通员工，逐个对考核对象进行综合、全面评议，上述人员的比例原则上控制为15%：25%：35%：25%。

6. 信函征求外部（业主、甲方）评议法。主要适用于对项目领导班子成员及项目部门负责人的考核。

第九章：考核职责分工

第十八条 根据公司实际，员工绩效考核职责分工如下：

1. 公司领导由上级主管部门进行考核；

2. 项目领导班子成员及总部各部门经理的绩效考核由公司考核领导小组负责考核；

3. 专业（技术）管理员工及普通员工的绩效考核由所在单位员工绩效考核小组负责考核；

4. 在涉及对考核领导小组成员的考核时，当事人应予以回避；

5. 公司考核领导小组有权对员工绩效考评结果进行复核。

第十章：考核内容

第十九条 根据公司管理实际及发展需要，并结合岗位职责，对不同层次员工分别确定考评要素，引进权重。一般每个要素按优劣程度划分四个等级，每个等级对应一个考评分数（实行百分制）。

第二十条 考评重点从“德、能、勤、绩”四个一级考核要素入手，在此基础上结合岗位工作数量多少、专业知识含量高低、完成工作的难度系数和工作环境优劣划分二级考核要素。

第二十一条 经理级员工考核标准详见附件《经理级员工考核表1—4》；

第二十二条 专业管理员工考核标准详见附件《专业管理员工考核表1—3》；

第二十三条 普通员工考核标准详见附件《普通员工考核表1—2》。

第十一章：考核结果评定

第二十四条 各层次员工考核结果共分四个等级，即：优秀（合计总分为90～100分）；良好（合计总分为75～90分）；称职（合计总分为60～75分）；基本称职（合计总分为55～60分）；不称职（合计总分在55分以下者）。

第十二章：考核程序

第二十五条 公司人力资源部根据当年员工绩效考核工作计划或工作需要，下发员工绩效考核通知，明确考核对象、时间、地点。

第二十六条 被考核员工认真全面撰写任期内述职报告，其他有关主管、下级、同级员工准备公司考核领导小组或项目考核小组的考评、咨询材料。

第二十七条 公司考核领导小组或项目考核小组分别按照职责分工和本办法第八章考核形式和方法，对考核对象进行灵活考评，并组织员工代表对各项考核要素进行量化打分。

第二十八条 考核对象的述职报告、员工代表的考评意见、评语一并汇总至公司人力资源部。考评意见、评语可不与考核对象见面。

第二十九条 对口考核（领导）小组在汇总考核对象的考评总分后，应及时将考评结果反馈至考核对象，对持不同意见的考核对象，可报公司考核领导小组最终审定。

第三十条 考核结束后，考核对象上级主管应及时与考核对象进行座谈，对其提出改进工作绩效办法。

第三十一条 考核结果一式两份，分别存放于个人人事档案及所在单位人力资源管理部门。

第十三章：附则

第三十二条 本办法同时适用于对同类、同级员工的聘任和离岗、离任考核。

第三十三条 本办法由公司人力资源部负责解释。

简 析

这是一篇企业员工绩效考核方案。全文采用章条式结构，由十三章、三十三条组成。这篇方案的结构完整、格式规范、内容全面、要求具体、标准明确、语言简洁，是一篇比较标准的范文。

补充知识

一、什么是业绩考核与行为考核

（一）业绩考核

业绩考核包括两大部分：目标业绩考核和职能考核。

目标业绩考核是对结果的考核，如对业务员的目标业绩考核的是销售额。它往往与企业目标管理相结合，是对企业目标进行分解落实而得到的。

职能考核是对岗位职责的考核，如对业务员的目标业绩考核的是销售额，而销售额来自于客户量，开发新客户就是一个职能考核。

业绩考核大多以客观数据考核为主。

（二）行为考核

行为考核也包括两大部分：纪律考核和品行考核。

纪律考核是指对员工遵守公共规则（包括社会规则和企业规则）、遵守公共纪律（包括社会纪律和企业规章制度）能力的考核。纪律往往与扣罚结合在一起。

品行考核是指对人的品行、表现出来的行为情况的考核。

行为考核大多以主观评判为主。

二、KPI 绩效考核方案的制定

KPI（Key Performance Indication）即关键业绩指标，是在现代企业中受到普遍重视的业绩考评方法。KPI 可以使部门主管明确部门的主要责任，并以此为基础，明确部门人员的业绩衡量指标，使业绩考评建立在量化的基础之上。建立明确的切实可行的 KPI 指标体系是做好绩效管理的关键。

KPI 的考核范围可大可小，制定标准也因公司业务不同而有很大差异。很多公司会把全年 KPI 的考核结果作为年终奖金分配的依据，同时把 KPI 考核与员工的职务晋升相挂钩。但是，也有很多公司的 KPI 绩效考核只是流于形式。

KPI 法符合一个重要的管理原理——“二八原理”。在一个企业的价值创造过程中，存在着“20/80”的规律，即 20%的骨干人员创造企业 80%的价值；而且在每一位员工身上“二八原理”同样适用，即 80%的工作任务是由 20%的关键行为完成的。因此，必须抓住 20%的关键行为，对之进行分析和衡量，这样就能抓住业绩评价的重心。

对于 KPI 方案的具体制定可以从以下几个方面进行：

（1）做好实施 KPI 考核前的宣传和教育工作，使公司员工认识到 KPI 考核实施的必要性、重要性、紧迫性。

（2）采取有效的激励措施，承诺公司将从年利润中拿出×%作为 KPI 考核的奖金，KPI 考核与员工的直接利益挂钩。

（3）统一 KPI 指标的制定原理为，把公司的年度经营目标分摊到各个部门形成部门考核目标和部门考核指标，把部门考核指标再分解、细化到部门的各个岗位。

（4）采取打分制度，由企管部每月考核执行。部门或个人的考核基础分数为 100 分，没有按时完成一项指标就扣×分，超额完成一项指标就加×分，加满为止。

（5）采取公平、公正、公开的考核制度，部门 KPI 指标的定义要与责任部门主管沟通确定，双方均无异议时，部门主管要签字确认。同时，任何加分、扣分、奖罚情况都要得到当事人的确认。

（6）每个月盘点 KPI 考核实施的效果，并不断修正考核指标的不足。同时定期公布各部门的 KPI 完成情况，通过 KPI 考核最大化地反映员工的工作绩效。

（7）从长远来说，通过 KPI 考核的实施，可以规范员工的工作习惯，使 KPI 考核的观念固化在员工头脑中。

项目六

市场调研

学习目标

◎ **知识目标**

1. 掌握市场调查的主要方法；
2. 掌握调查问卷的目的和作用；
3. 掌握市场调研报告的格式及要求；
4. 掌握可行性分析报告的格式及要求。

◎ **能力目标**

1. 能够针对某个产品进行市场调查；
2. 能够针对某个产品设计调查问卷；
3. 能够根据材料撰写有价值的市场调查报告；
4. 能够根据市场调查报告撰写产品或方案的可行性研究报告。

项目概要

模块一	市场调查	调查问卷　市场调查报告
模块二	研究可行性	可行性研究报告

项目情境

赵小虎、刘军和严峰是某高职院校的应届毕业生，面对竞争激烈的就业市场和微薄的薪水，他们有些失望，继而产生了创业的想法。赵小虎是个彻头彻尾的“吃货”，尤其热衷于烧烤，他建议开家烧烤店。刘军说：“开烧烤店可以，但一定要有特色才行。”严峰是个 IT 达人，他说："现在有一种时髦的营销方法称为社会化营销，也叫 O2O（online to offline）模式，就是利用微博和微信这些互联网上的社交平台进行营销活动。我们也可以采用这种营销模式，利用微信订单，提供烧烤送餐服务。"赵小虎和刘军当即表示赞同，认为这样做不仅特色鲜明，而且可以节省租门店、装修等大量的创业资金。创业的点子得到一致赞同，小伙伴们一个个心潮澎湃、摩拳擦掌，准备到商海中大显身手、大干一场。不过，创业可不是件简单、容易的事，好多工作都摆在他们面前，亟待完成。

模块一　调查问卷　市场调查报告

任务描述

各小组根据本模块"实战练习"的材料，为赵小虎、刘军、严峰的烧烤店进行一次市场调查，考察消费者对 O2O 模式下的烧烤经营有什么样的看法，并以市场调查报告的形式呈现。

任务解析

本模块的任务是对 O2O 模式经营烧烤店进行市场调查，并撰写市场调查报告。各小组首先应讨论需要调查的问题和要收集的材料，然后设计调查问卷。接着明确分工，到街道、社区、商业区进行走访，主要利用调查问卷收集信息。资料收集之后，应检查所有答案，不合格的问卷考虑剔除。最后，对全部问卷进行数据分析，在此基础上完成市场调查报告。

理论知识

一、市场调查的方式和方法

（一）市场调查的方式

市场调查的方式主要有普遍调查、抽样调查和重点调查。

1. 普遍调查

普遍调查是指对调查对象进行一个不落的穷尽式调查。这种调查方式的特点是调查结果准确，但耗时较大，人力、资金需求量大，在实际应用中较少使用。

2. 抽样调查

抽样调查是指从调查对象的总体中抽取部分对象进行调查，并根据这部分调查结果推断总体状况。抽样调查的结果虽然不及普遍调查精准，但能够节省人力、物力，并且能够说明调查对象的大体情况。因此，抽样调查法的使用频率很高。

抽样调查一般可分为随机抽样调查和非随机抽样调查。

(1) 随机抽样调查是指调查过程不存在调查者的主观目的性，在调查范围内，随便选取部分调查对象进行调查。随机抽样调查能够有效避免调查者的主观因素干扰，但同时又不可避免地由于偶然性而增大了影响调查结果精准度的可能性。

(2) 非随机抽样调查是指为了使调查结果更加全面、深入、有代表性，调查者在选取样本时增加了一定的目的性。比如，在消费者满意度抽样调查中，为了提高调查结果的精准度，调查者会有目的地按照年龄、性别、职业等范畴，从每类消费者中抽取一定数量进行调查。

3. 重点调查

重点调查是指从调查对象中选取重要的、有代表性的人物进行调查。重点调查是普遍调查和抽样调查的重要补充。例如，想要了解智能手机市场的经营状况，若对所有智能手机品牌进行普遍调查，则耗时、耗力，没有必要，如果使用抽样调查法，可能导致调查结果没有代表性或不够全面，而选择重点调查法，对进口智能手机和国产智能手机品牌中的重点品牌进行调查，就能够满足摸清智能手机市场的大体经营状况的要求。

(二) 市场调查的方法

1. 访谈法

访谈对象一般为业内专家、监管部门管理人员、企业领导或掌握大量信息的知情人士，通过对以上重点人士的访谈，可以得到详细、准确的市场信息。访谈法得到的调查结果具有高效、权威、有代表性的优点，不足之处是缺乏普遍性，可能包含一定的主观因素。

2. 现场调查法

调查者亲临生产第一线或商品消费场所进行实地考察，获取第一手资料的方法即现场调查法。现场调查法的优点是材料真实、感性认识深刻，不足之处是调查范围有限，耗费大量的人力、物力。

3. 问卷调查法

问卷调查法是指调查者通过向被调查者发放调查问卷（调查表），在被调查者填写问卷后，收回问卷，对全部数据进行统计、分析，并得出结论的调查方法。作为市场调查中运用最广泛的调查方法，问卷调查法具有多种优势，如调查方式灵活多样，不受时空限制，经济、快捷，短时间内可完成大量调查工作，调查数据规整，利于定量统计分析，调查成功率高，可有效避免有些问题当面不便回答的情况等。

二、设计调查问卷

(一) 调查问卷的格式

调查问卷一般由标题、填表说明、调查对象的相关信息、主体和结尾构成。

1. 标题

调查问卷的全称标题由“地区＋单位＋时间＋内容＋文种”构成，如“上海南天2013年员工满意度调查问卷”。在实际运用中，简称标题应用更广泛，即“内容＋文种”，而时间、地区、单位可根据具体需要有选择性地添加，如“携程品牌调查问卷”、“惠普家用电脑售后服务客户需求调查”、“2012年启德教育深圳分公司培训需求调查”，“北京市东城区旅游公共服务设施调查问卷”等。

2. 填表说明

主要向被调查者介绍本次调查的目的、缘由、调查内容、填表办法、问卷回收方式、通讯地址及奖励办法等情况。

3. 调查对象的相关信息

这部分内容主要包括被调查者的姓名、性别、年龄、职业、文化程度、经济状况、联系方式、通讯地址等个人信息。

4. 主体

主体部分由调查的问题构成。根据提问方式的不同，调查的问题可分为封闭式问题和开放式问题两种。

(1) 封闭式问题。

封闭式问题是指问卷设计者在提出问题的同时，设计出若干个合理的答案，供被调查者选择。封闭式问题的提问方式主要有以下三种：

1) 二选一。提问的句式属于是非问句，即被调查者只能从两种相对的答案中进行选择。例如：

您是否使用过我公司的美容产品？

A. 使用过　　　B. 没使用过

2) 多选一。提问的句式属于一般问句，有三个或三个以上的互相补充的答案，各选项的外延没有交集，被调查者只能任选其一。例如：

在选择购房时，对您影响最大的因素是什么？

A. 地段　　　B. 价格　　　C. 开发商的资质　　　D. 其他

3) 排序。要求被调查者根据其个人喜好按特定要求对多个备选答案进行排序。例如：

在购买内衣（文胸）的时候，您最为注重的三方面因素是什么？请选出并按重要性进行排序。

A. 品牌　B. 款式　C. 价格　D. 质量　E. 颜色　F. 面料　G. 美观性和流行性

第一位________第二位________第三位________

(2) 开放式问题。

开放式问题是指对于提出的问题，没有参考答案可供选择，被调查者需要根据自己对问题的理解，结合自身情况自由作答。例如：

您对协会公益培训的评价、建议或者意见：

____

____

5. 结尾

一般使用致谢语来结束问卷调查，如“感谢您的配合”。也可以征询一下被调查者对问卷设计和问卷调查本身的看法和感受。

(二) 设计调查问卷的注意事项

1. 问卷应尽量简短

问卷的问题不能设置太多，一般不超过 25 个。答题时间应控制在 15 分钟之内，否则填表人会产生厌烦心理，影响问卷的填写质量。

2. 避免使用不确切的词语

提问要明确、清晰，不可含混、模棱两可。一些表示程度、频率的形容词和副词在提问时应避免使用，如“通常”、“一般”、“经常”等。例如：“您经常光顾夜店吗?”应改为“您每个月光顾夜店几次?”

3. 避免引导性提问

如果问题中掺杂了设计者的主观态度和观点，或者暗示某种倾向性，被调查者的判断力可能会受此影响，进而选择带有倾向性的选项。例如：“有人认为购买国产品牌手机是爱国，您在购买手机时，是否会选择国产品牌手机?”应改为“您在购买手机时，是否会选择国产品牌手机?”

4. 避免使用刺激性词语

如果问题涉及个人隐私或可能伤及被调查者的自尊，应避免使用直白、生硬的词语，而使用温和的词语或委婉表达，以免对被调查者造成伤害。例如：

您没有选择购买我小区楼盘的主要原因是什么?

A. 价格太贵　　B. 格局不合理　　C. 面积太大　　D. 地理位置不合理

备选答案应改为：

A. 价格不合理　　B. 格局不合理　　C. 面积不合理　　D. 地理位置不合理

5. 问题排序要合理

调查问卷的问题要依据以下原则进行排序：易答的问题在前，难答的问题在后；封闭式问题在前，开放式问题在后；内容联系紧密的问题集中排列。

[调查问卷例文]

长春市饮料市场消费者调查问卷

您好，我们是吉林省经济管理干部学院市场营销专业的学生。我们正在做一个关于长春市饮料市场的调查作业。为了更好地了解市民对饮料的需求状况，引导饮料生产企业生产更好的产品满足我市消费者，我们特地组织了这次调查。为了您在未来能消费到更好的饮料，希望您能积极配合，谢谢!

1. 性别：□男　　□女

2. 您的年龄：□ 18 岁以下　□ 18～25 岁　□ 25～35 岁　□ 35～60 岁　□60 岁以上

3. 您的学历：□高中以下　□高中　□大学　□大学以上

4. 您的职业：□职员　□学生　□个体经营者　□白领　□打工人员　□待业　□其他

5. 说到饮料，您最先想到的饮料品牌是：________________

6. 您曾经喝过哪些品牌的瓶装饮料？

□康师傅 □统一 □汇源 □健力宝 □王老吉 □达利园 □可口可乐

□娃哈哈 □百事 其他________

7. 您最常购买的瓶装饮料品牌有哪些？

□康师傅 □统一 □汇源 □健力宝 □王老吉 □达利园 □可口可乐

□娃哈哈 □百事 其他________

8. 您最喜欢的饮料品牌是：

□康师傅 □统一 □汇源 □健力宝 □王老吉 □达利园 □可口可乐

□娃哈哈 □百事 其他________

9. 为什么？

□口感好 □包装好 □有特别功效 □品牌形象好 □品牌定位适合自己

其他________________

10. 您平均多久买一次饮料？

□一天多次 □每天一次 □几天一次 □每周一次 □其他

11. 您经常在哪里购买饮料？

□就近购买 □超市 □零售商店

12. 您最熟悉何种类型的饮料？

□碳酸饮料 □果汁或蔬菜汁饮料 □含乳饮料 □茶饮料 □蛋白饮料

□咖啡饮料 □植物饮料 □风味饮料 □功能饮料 □固体饮料

□其他饮料类型

13. 受采购成本上升的影响，国内饮料价格将普遍上调，对此您怎么看？

□上调是正常的，完全接受 □虽然有理由上调，但我不太愿意接受

□不应该上调，不接受

14. 在以下哪种状态下您会购买饮料？

□口渴 □与朋友一起时 □需要补水时 其他__________

15. 您认为饮料除了解渴外还应具备哪些功能？

□好的口感 □减肥 □补充维生素 □补充体力 其他__________

16. 您的收入：□1 000 元以下 □1 000～3 000 元 □3 000～5 000 元

□5 000 元以上

感谢您的配合！

简析

这是一份比较简单的调查问卷。问卷设计比较合理，在此基础上得到的数据分析结果应该能够说明一些问题，如消费者的消费观、消费习惯，不同年龄段的消费者的购买力等。但是这份问卷仍存在一些问题，如部分问题相对重复等。

三、市场调查报告的概念及作用

市场调查报告是在对市场上某种商品或某类商品的经营状况进行调查的基础上，运用科学的方法加工、整理、分析研究收集到的信息，并得出结论的书面报告。

市场调查是企业了解市场动态、掌握商品运营情况的重要手段。市场调查报告是企业制定营销方案、调整营销策略、指导新产品开发的重要依据，对于扩大商品的市场占有率、提高企业的市场竞争力具有重要作用。同时市场调查报告也是政府了解市场情况，发挥其监管、调控职能的依据。

四、市场调查报告的类型

市场调查报告的种类繁多，根据不同的标准可划分为不同的类型。按照调查内容分类，可将市场调查报告分为以下四类：

（一）商品调查报告

这类调查报告主要调查商品的质量、价格、功能、外形、包装、售后及评价等，目的在于了解商品的市场反馈信息，进而改进和完善商品或开发新产品。

（二）市场供求调查报告

市场供求关系是指市场中某类商品的供应量与需求量之间的关系。市场供求调查报告重点调查商品的市场供求情况，即商品是供大于求还是供不应求，调查结果服务于企业对商品产量的控制和调整。

（三）竞争对手调查报告

竞争对手调查报告是以市场上同类商品的生产企业为对象，调查主要竞争对手的经济实力、产品研发能力、营销手段，以及竞争商品的质量、特点、市场评价等，为本企业商品的改进、调整营销策略等提供依据。

（四）消费者调查报告

这类市场调查报告的调查对象是某种商品或某类商品的消费者及潜在消费者，调查内容主要包括消费者对商品的满意度、意见或建议，消费者的消费心理，消费者的年龄、性别、区域分布特点等。消费者的需求是企业研发产品的航标，通过消费者调查报告可以了解消费者的需求，引导企业的新产品研发。

五、市场调查报告的特点

（一）以事实为依据

为了应对瞬息万变的商品市场，企业根据市场调查报告的结论进行决策，制定对策。调查报告的结论完全依赖于通过市场调查得到的大量真实、准确的市场信息。从真实的信息中得出的结论能够帮助企业作出正确的决策，虚假的信息直接影响调查报告结论的准确性和科学性，可能导致企业作出错误的决策，甚至毁灭性的决策。

（二）以调查为基础

调查是获取市场信息的重要手段，是撰写市场调查报告的前提和基础。市场调查为企业提供最新的、真实的、准确的市场信息。通过市场调查得到的第一手材料是撰写市场调查报告的基础，调查报告的结论是在对这些材料进行整理、筛选、分析的基础上得出的。

（三）以时效为要求

时效性是所有应用文的共同特点，这一点在市场调查报告中显得尤为重要。市场调查报告对时效性的要求是由激烈的市场竞争环境和商业信息变化快决定的。及时掌握商品市场动态，准确把握商业发展脉搏，是企业在激烈的市场竞争中立于不败之地的制胜法宝。失去时效性的市场调查报告就失去了其应用价值。

六、市场调查报告的写法

（一）标题

市场调查报告的标题主要有两种形式，一种是公文式标题，另一种是新闻式标题。

1. 公文式标题

市场调查报告的标题没有严格的格式规定，一般由“时间＋单位或地区＋内容＋文种”构成，如“2013年中国智能手机市场调查报告”。“时间”和“单位或地区”有时可以省略，简短标题只包括内容和文种，如“情人节礼物市场销售调查报告”。

2. 新闻式标题

与公文式标题不同，新闻式标题不受固定格式的限制，运用生动的语言，高度概括调查报告的主旨或主要结论，一般出现在互联网、杂志、报纸等新闻媒体。例如，“探秘‘奶荒’背后　进口奶粉经销商最受益”。新闻式标题也可采用复式标题，即由正标题和副标题构成。正标题采用新闻标题形式，副标题采用公文式标题，如“50%企业不清楚惠企政策——工信部企业负担调查报告”。

（二）正文

市场调查报告的正文包括前言、主体和结尾三部分。

1. 前言

前言部分主要介绍有关调查的情况，包括调查的缘由、时间、对象、范围、过程和方法等。写作方式有以下几种：

(1) 说明式。对本次调查的一般情况进行说明，如调查的目的和原因、调查的对象和范围、调查的方式和方法等，使读者对调查报告有一个大概的认识。

(2) 议论式。先列举本次调查所关注的事实或现象，提出将要调查的中心问题，再就调查的重要性进行论证，以此引起读者对该问题的重视，进而引发读者的思考。至于调查对象、范围、方法等问题可在后文中介绍。

(3) 结论式。在前言中提出调查报告的结论。其优点是为读者节省时间和精力，使读者开篇就对调查报告产生较深入的认识。

2. 主体

主体是调查报告的核心，主要包括三部分内容：总结情况、分析材料和提出建议。

(1) 总结情况。对通过市场调查所获得的材料进行归纳和总结，逐条进行叙述。总结情况应以具体的数据为支撑，也可结合图表进行说明，再用案例、事实材料进行充实。

(2) 分析材料。根据材料对前文列举的情况进行分析，论述各种问题产生的原因，并得出相应的结论。有的结论在分析问题的基础上，对市场的发展趋势进行预测，或者暗含市场发展趋势的信息。

(3) 提出建议。针对报告中提出的问题，根据调查材料和分析数据，提出切实可行的解决问题的办法或应采取的措施等。

3. 结尾

结尾的形式灵活多样，有的重申主题；有的提出一些调查中未解决的问题；有的对市场的发展趋势进行预测；也有的干脆省略结尾，直接在文末署上作者的部门、姓名和日期。

[市场调查报告例文]

城镇化另一面：农民县镇购房多　平时居住少

与北京、上海等大城市户口被不断追捧不同的是，中小城市户籍成为农民眼里的“鸡肋”。但从中小城市的视角，我们看到了另一种城镇化景象。

记者日前在江西部分市、县调查发现，与前些年“被上楼”现象相比，当前内陆地区农民主动进所属城镇安居的意愿趋强，成为县镇购房主力，但他们进城不入籍，少有申请“农转非”。与此同时，农村土地流转加速，整村流转增多，撂荒地明显减少。

户口没有吸引力、教育资源紧缺、产业支撑不足，农民进城后，城市功能不足、配套准备滞后的问题也暴露出来。基层干部建议，抓住当前农民进城安居渐强的意愿，加快改革，让农民安心带土地进城。同时加快完善城市功能，让农民留得住。

一、县镇购房多　平时居住少

记者在江西九江市和抚州市及所属部分县（市、区）调研发现，当地城镇商品房的最大购买群体是农民。在很多地方，近两年来大量农民自发进城上楼，进城意愿强烈。

抚州市目前城镇化率为41.5%，农民进城购房的比例超过50%。在抚州市市政府所在的临川区，今年商品房销售1 500套，根据产权登记资料，约70%被农民购买。抚州市南城县建设局统计，县城近7年共销售商品房1 900套，其中农民买了1 500套；抚州市副市长黄赛荣分别对临川区、东乡县和崇仁县的三个村进行了实地调查，农户进城购房比例分别是50%、53%、35%。

除了在县城购房，农民在乡镇建房或买房也很普遍。南城县上唐镇60%的农民在集镇建新房。南城县建设局党委书记廖泉涌说：“过去农民‘被上楼’，现在农民自己上楼去。”按一对农民夫妇在外务工每年赚5万～7万元计算，基本上有能力在县城买房。

随着进城购房的增多，县城居住人数增长较快。南城县县城人口由10年前的6.4万人增至目前的14.35万人。与之对应的是空心村增多。临川区大岗镇10%的村为空心村，九江市共青城市金湖乡黄桥村1 300多人口，只有10%在村里常住。

由于多数县城的工业园区不能完全吸引农民就近就业，不少农民仍选择到沿海打工。农民在县城购房，实际居住不足20%，有的平时闲置待春节返乡时住，有的让父母带孩子居住，也有的是为投资。宜黄县城商品房平时入住率为40%，春节前后入住率达到85%。

二、农田流转多　户籍流转少

与农民大量上楼相对应，近两年各地农田流转明显加速，租金年年上涨，专业合作社整村承租现象增多，规模经营形成气候。

在记者此次调研所到地，土地规模流转率一般在40%～50%。在南城县株良镇骆家塘村，有两个村小组因地处山区自然条件较差，整村自发搬迁。当地人周玉旺前年整体承租了这里的350亩山区田，租金为每亩480元，租赁时间30年。周玉旺说："虽然三十年租期的风险不小，但农民在城里有了固定的就业和住房，返乡种田可能性小，土地流转不会出现大的反复。"

江西九江共青城市江益镇南湖村明年初将实施整体搬迁，农田整村流转。村支书万为林算账说，种20亩水稻，产量约为26 000斤，销售收入3万多元。除去每亩600多元的各项投入，纯收入只有2万多元，按四口之家计，人均年收入5 000元，效益低，至少要种50亩水稻才有赚头。所以多数农民选择将土地承包经营权流转。

江西上饶市余干县42岁的种粮大户李检发2004年在临川区承包了1 000亩田，前年增至3 000亩，到今年共在临川区7个乡镇包田5 600亩，花费200万元购置了十多台农机，还为部分粮田购买了农业保险。

另一方面，记者所到的九江共青城市和抚州南城县、宜黄县、临川区等地，尽管"农转非"不存在门槛，但极少有农民申请由农村户口转为城镇户口。

中小城市城镇户口缘何遇冷？与北京、上海、广州等大城市比，中小城市的户口含金量不高，农村户口反而含金量高。一些乡镇干部给记者细算了农村户口的优势：计划生育可以享受两胎政策；宅基地是不小的财富；即使自己不种地，国家的粮食补贴、土地流转租金等每亩每年有五六百元收入。土地今后还有升值空间。而且，以共青城为例，农民进城完全可以自由选择参加城镇社保、医保。

三、产业支撑筑牢城镇化塔基

共青城市是江西省城乡一体化试点县市，人口19万，其中农民9万人。今年8月共青城出台规定，农民可用宅基地置换城镇商品房，以土地承包经营权置换股份合作社股权或城镇社会保障，同时推进农村产权、就业创业、社保、金融服务等改革。共青城预计为此三年内财政投入30多亿元，转移农民进城2万人，目前已开建的安居小区可容纳搬迁农户7 000户。

49岁的熊茂贵是九江共青城市江益镇南湖村村民。他和两个儿子用宅基地换了三套市区安居小区的商品房，政府整合涉农建设资金发给他约10万元搬迁补贴，他自己出了10万元。村支书万为林说，启动宅基地与商品房产权互换后，受到村民的欢迎，全村只有10户还没提交置换申请。

在经历了2010年宜黄拆迁自焚事件后，江西抚州市吸取教训，突出“城镇化是人的城镇化”这一核心。市长张和平说，城市结构应该是金字塔，塔尖是“北上广”等特大城市，中间是省会城市等，塔基是县城。当前加速城镇化要把比较多的力使在县城。做好全域性城镇化规划，对本域城乡人口的变迁布局要有准确预判，提前做好县城基础设施和公共服务设施的配套完善。

要让农民留得住，产业发展是重点。目前中小城市扶持产业发展资金有限，几乎全部依靠土地财政或举债完成。南城县委书记胡领高认为，要从税收优惠、财政补助、完善基础设施等方面，加大对中小城市产业发展的扶持力度。南城县株良镇近年利用传统优势，打造出全国闻名的校具加工产业，97家校具生产企业带动了周边山区村民向集镇汇集。目前，这个镇3.9万人中有1.7万人从事校具生产销售，“三产”随之迅猛发展，出现两个集镇中心。

基层干部认为，当前加速城乡一体化的一些条件已渐成熟，政府要因势利导，加快推进改革，完善规划，采取允许农民带土地进城等办法，让农民在城镇化进程中获得发展和利益。

四、瞄准城镇化后劲　消除管理盲区

单纯依靠农民购房来实现城镇化将会缩短城镇化生命周期。数据显示，2009年以后，抚州市农民购房户数以每年10%的速度增加。黄赛荣预计，农民进城购房的热潮估计还有五年时间，城市扩张步伐此后可能会慢下来。为此，基层干部建议解决好以下问题推进城镇化良性发展：

——解决农民进城后人户分离的管理难题。大量农民进城不改户籍，造成“人户分离”问题突出，给管理带来挑战。基层干部建议将进城的农村户籍人口一并纳入社区管理，让进城农民享有等同于居民的社会管理服务，纳入社区文化建设对象。

——加大农民就业技能培训力度。就业出现困难，可能使进城农民若干年后主动或被动退出城镇。抚州市人保局副局长徐能华说，40岁的农民进城后容易获得体力型工作，但这些人10年后可能无力从事这些工作，将成为城镇就业的困难群体，回乡也许会是他们无奈的选择。如果就业技能培训到位，将使这批进城农民在城镇工作的年限延长20～30年。

——进一步完善城镇化的考核评价体系。当前一些地方城镇化出现走样，或为政绩工程甚至人工造景，或忽视民生保障，或过度拆迁损害农民利益。抚州市市长张和平建议，将群众满意度纳入对城镇化工作的评价体系中，同时要将政府负债率等一并纳入考核指标，防止一些地方城镇化的偏差给未来带来隐患。

五、教育投入逆城镇化须关注

教育对农民进城的吸引力最大，但记者调查发现，推进城镇化教育“梗阻”现象突出，尤其是教育投入逆城镇化现象值得关注。

在抚州市宜黄县梨溪镇上狮溪村小学，记者看到1名老师、6名小学生，守着三层楼的崭新校舍和校舍前上百平方米空地的场景。老师洪年英说，村小学生一年比一年少，前年9个，今年6个。这座2010年花费20万元新农村建设资金和20万元其他资金新盖的小学，面临无生可招的窘境，导致资源闲置。

另一方面，尽管一些城区不断加大扩校建校的力度，但仍跟不上农民进城的脚步，城镇小学和学前教育供需缺口尤其大。

记者调查了解到，江西部分地区普遍存在村小学生数萎缩，城镇学生数迅速膨胀的现象。抚州市城区随着农民大量进城，最高峰时小学每班人数达到120人。临川区今年又新增了2 000名小学生，近年来每年都有进城农民上访要求解决子女上学难题。宜黄县委书记许中伟介绍，为缓解农民进城后的子女上学压力，抚州市所属各县城区和一些乡镇所在地都在加速建设中小学校。

从最近几年中央下达到地方的教育项目资金投向来看，基层反映，投入到农村的占大头，大大改善了农村教育条件。江西省发改委社会处负责人介绍，今年中央给江西的教育项目资金约为8亿元，其中用于城镇教育约为1.6亿元，农村教师周转房、农村幼儿教育专项、农村初中教育专项等占了大部分项目资金。临川区教育局局长龚国平告诉记者，这个区每年农村学校建设获得中央财政资金2 000多万元，城区不足500万元。

基层干部建议，根据加快推进城镇化的新要求，在确保农村现有教育的前提下，将中央财政投入教育建设的资金和项目与城镇化规划相结合，加快县城和乡镇中小学校、幼儿园的建设，适应城镇化带来的大量农村儿童进城就读的实际需要。

这是一篇以新闻形式呈现的市场调查报告，其格式与教材中的有所不同。为了增加文章的可读性和易读性，新闻式市场调查报告采用横式结构进行论述，省略调查目的、调查方法和调查过程等内容，直接以小标题的形式对调查中发现的问题进行分析，并得出结论。本篇调查报告分别从住房使用率、农田流转情况、产业支撑、政府职能、教育投入等五个方面全面分析了城镇化带来的影响，即农民买房多、入住少的原因，并提出应对措施。这篇市场调查报告的材料翔实、分析准确、论证充分、建议和措施得当，是一篇非常优秀的范文。

写作提示

撰写市场调查报告的注意事项

1. 市场调查工作要扎实。

调查工作是撰写市场调查报告的前提和基础。如果调查工作做得不准、不细、不实，调查报告则无法动笔，即使写出来也没有意义，不能用来指导实践、为决策服务。因此，市场调查工作一定要认真地进行，广泛而深入地收集材料，为撰写市场调查报告做准备。

2. 使用材料要突出重点。

调查材料是撰写市场调查报告的基础，这并不意味着有了充足的材料就能写出高水平的报告。因为，调查报告并不是材料的堆积，它要求撰写者具有较强的组织材料和筛选材料的能力。材料的取舍要分清主次，紧紧围绕调查报告的主题。

3. 观点和材料要统一。

观点和材料是辩证统一关系。观点的提出要以材料为依据，同时也需要材料作支撑；材料是提出观点的基础，同时又为观点服务。在撰写市场调查报告的过程中，一定要处理好观点和材料的关系，切不可使二者失衡。

补充知识

市场调查中的访问技巧

现代企业越来越重视市场调查。调查方法很多，其中访问调查用途最广，如入户访问、拦截访问等。在访问调查中，访问员是一个颇为重要的角色，他们的穿着、语气表情、询问方式都会影响访问能否成功进行。要想获得成功的访问，访问员就必须掌握一定的行为规范和技巧。

◆ 访问员行为规范

作为一名访问员，在调查过程中应当遵守以下行为规范：

◇ 严格执行调查技术规范，不得擅自更改调查程序和访问受众。

◇ 必须诚实、负责，绝不弄虚作假。

◇ 严禁未依据受访者对所问问题的回答填写问卷，而是自己模仿或揣测受访者的想法，以受访者名义填写问卷。

◇ 严禁在受访者数量不足的情况下，随便找非指定的人访问，冒充指定受访者填写问卷。

◇ 必须始终保持公平、中立态度，不诱导受访者回答问题，并使受访者知道你既没有偏见，也不想左右他的想法。

◇ 要有坚忍不拔的精神，勇于克服困难，积极耐心地向受访者讲解调查活动的意义。

◇ 完整准确地保持调查数据的原始形态，无权修改受访者答案。当答案可能有出入时，应及时追问；如受访者坚持答案，请将你的个人判断写在问题旁边，但不能更改受访者的答案。

◇ 遵守保密原则，不得向与本调查无关的人员提及项目、受访者的任何情况。

◇ 礼貌。做到举止大方、轻松自然，创造融洽氛围，与受访者建立互相尊重、互相理解的人际关系，努力消除受访者的紧张情绪和怀疑心理。

◇ 始终保持愉快心情。每当面对一位新的受访者时，都要把它当做一个新的开始。请记住每位受访者都是第一次接受你的访问，你需要耐心讲解才能保质保量地完成工作。

◇ 必须随身携带胸卡，以便获得指定受访者的信赖与合作。

◇ 必须衣着整洁，禁止穿着奇装异服进行访问。

◇ 尊重受访者意愿，不冒犯受访者禁忌。

◇ 将应交给受访者的礼品交给对方，不得擅自更换或藏匿礼品。

◇ 访问结束后应检查问卷，以保证问卷填写符合要求、所需信息确实无误。检查内容包括：是否询问了所有应问的问题；答案是否已被正确记录；有无遗漏、错填现象；答案之间是否符合逻辑；记录（包括接触记录）是否已经完成。

◆ 获得合作

访问员的首要任务是获得受访者的合作。访问员面对的是不同阶层、不同年龄的受访者，他们并不认识访问员，往往根据访问员的服饰、发型、年龄、声调、口音等决定是否接受访问。因此，访问员必须保持仪表端正、用语得体、口齿伶俐、态度谦和，给人以亲切感，使受访者放心接受访问。

自我介绍是访问开始的重要步骤。访问员应使受访者感到你是可信的：访问员可出示有关证件，表明调查是真实的，不是推销商品；使用大学（或市场调研公司）的名字，对受访者来讲，也意味着访问是可信的。

如果访问备有礼品，在访问开始时可以委婉暗示："我们将耽误您一点时间，届时备有小礼品或纪念品以示谢意，希望得到您的配合。"但切不可过分渲染礼品，以免让受访者觉得难堪，有贪小便宜之嫌，反而拒绝接受访问；或者为了获取礼品来迎合访问，从而影响访问的实际效果。

访问员应避免使用"我可以进来吗"、"我可以问您几个问题吗"这类请求允许访问的话，因为在这种情况下，人们更易拒绝而非接受访问。当然，访问员也应具备应付拒绝或不情愿接受访问情况的技巧，主要是确定拒绝或不情愿的原因并加以克服；另外也可进一步解释调查目的，说明访问资料可供改善目前的产品及促进发展等；有时，向受访者承诺保密也是很重要的。如果受访者实在不情愿接受访问，访问员仍应礼貌地说："谢谢！打扰了。"这对那些对自己的公众形象很敏感的委托企业而言是很重要的。

◆ 询问问题

向受访者询问问题是必不可少的步骤。访问员掌握询问问题的技巧非常重要，因为这方面的偏差是访问误差的主要原因。询问问题的原则是：

◇ 用问卷中的用词询问；

◇ 慢慢地读出每个问题；

◇ 按照问卷中的问题次序发问；

◇ 详细询问问卷中的每个问题；

◇ 重复被误解问题。

没有经验的访问员也许不能理解严格遵循这些原则的重要性，即使专业访问员当访问变得枯燥时也会讲得简单些，他们可能只靠自己对问题的记忆而非读出问卷中的问题，从而无意识地缩减了问题用词。即使问题用词只有一点变化，也可能歪曲问题的意思，从而产生访问偏差。而读出问题，访问员就能注意到问题中的特定用词或短语，并避免在语调方面发生变化。

有时，受访者会主动提供一些与下面要问的问题相关的信息。在这种情况下，访问员要调整受访者的思路，使其不要离题太远，但又不能影响受访者的情绪。访问员可以这样说："这个问题，我们等一下再讨论。让我们先谈谈……。"依次询问每个问题，就不会有漏问问题的现象发生。

如果受访者不理解问题中的一些用词，他们通常会要求澄清。但是，如果问卷中没有注明要作出解释，访问员不得随意解释。有些访问员会按照自己的理解作解释，这些个性化的解释就会造成访问偏差，因为每个访问员的解释并不一样，而有些解释可能是错的，最好的方法是回答“正如您想的那样好了”。

◆ 适当追问

追问是进行访问调查的重要技巧，分为两类：勘探、澄清。勘探是在受访者回答的基础上，进一步挖掘更多答案的方法；澄清是让受访者对回答作出详细解释，以明确答案的方法。

例 1：勘探

问题：您为什么喜欢这种球拍？

第一次回答：漂亮。

追问：您还喜欢什么呢？

第二次回答：手感好。

追问：您还有没有喜欢的呢？

第三次回答：没有了。

例 2：澄清

问题：您为什么喜欢这种球拍？

第一次回答：很好，不错。

追问：您所谓的“很好，不错”是指什么呢？

第二次回答：舒服。

追问：怎么个舒服呢？

第三次回答：手握着时手感很舒服。

例 1 是勘探性追问的例子，通过追问扩展了受访者的答案。例 2 是澄清性追问的例子，从“很好，不错”这样模糊的回答中抽取出更确切的答案。

例 3：先澄清，再勘探

问题：对这个电视广告，你有什么地方不喜欢的吗？

回答：不行，很差。（回答太模糊，没有任何确切的内容。）

追问：您说的“很差”是指什么呢？

回答：档次低点。（比上一个回答有进步，但仍不够确切。）

追问：哪些地方档次低呢？

回答：女模特穿着睡衣坐在床上。

追问：您还有什么不喜欢的吗？（在已有答案基础上追问更多内容。）

回答：没有了。（停止追问。）

例 4：先勘探，再澄清

问题：对这个电视广告，您有什么地方不喜欢的吗？

回答：不行，很差。

追问：您还有什么不喜欢的吗？

回答：没有了。

追问：您说的“很差”是指什么呢？（回到原来不确切的回答，加以澄清。）

回答：档次低点。

追问：哪些地方档次低呢？

回答：女模特穿着睡衣坐在床上。

追问应当是中性的，不应有任何提示或诱导。

×：您不喜欢这种口味？您是指太甜了吗？

√：您不喜欢这种口味？那么您不喜欢这种口味的什么方面呢？

遇到停顿情况时，访问员可根据情况选择以下技巧：

（1）重复问题。当受访者完全保持沉默时，他（她）也许没有理解问题，或还没有决定怎样回答，重复问题有助于受访者理解问题，并能鼓励其回答。

（2）观望。访问员认为受访者有更多内容要说，那么沉默伴随着观望性注视，也许会鼓励受访者集中思想并给出完整回答。当然，访问员必须是敏感的，以避免观望真的成为沉默。

（3）重复被访者的回答。访问员逐字重复受访者的回答，也许会刺激受访者扩展他（她）的回答。

◆ 记录答案

尽管记录看起来非常简单，但是错误经常发生在记录阶段。因此，请使用钢笔或圆珠笔；在记录封闭式问题答案时在符合的代码上画圈。

◆ 在访问同时记录回答

除了筛选题，在访问的同时要记录回答。因为筛选题的答案全部获得之后才能确认是否访问，所以通常先不记录，等筛选题完成之后确认合格再作记录。

使用受访者的语言，不要增加、减少或变更被访者的回答。

记录所有追问的回答。

◆ 结束访问

访问技巧的最后一个方面是如何结束访问。访问员在所有信息到手之前不应结束访问。避免匆忙离开也是礼貌的一个方面，如果受访者问起调查目的，访问员应当尽己所能给予解释。

在将来，也许我们还会再次访问受访者。这样，友好地离开受访者就是极其重要的，因为他们的合作值得我们这样做，他们也应当为他们的时间和合作获得感谢。

实战练习

根据以下材料，代替赵小虎等人设计调查问卷并撰写市场调查报告。

赵小虎、刘军和严峰三人打算经营一家O2O模式营销的烧烤店，他们给烧烤店取名为“阿虎烧烤”，地址就选在长春市净月大学城附近。不过，他们还不知道消费者对这种新式送餐上门的烧烤经营模式的接受程度如何。所以，他们打算先对大学城附近的居民进行一次市场调查，根据调查结果来决定烧烤店项目能否实施。

模块二 可行性研究报告

任务描述

通过市场调研，赵小虎的团队对 O2O 经营模式的市场反馈有了一定的了解。总体来讲，多数消费者认为 O2O 模式和运营载体都很新颖，能够接受这种营销方式，其中愿意尝试 O2O 消费方式的受访者年龄多为 30 岁以下。这样的调查结果给赵小虎的团队带来极大的信心，但是他们对于创业计划是否可行仍心存疑虑。请各小组以专业咨询公司的名义，为赵小虎团队的创业计划进行一次可行性研究，并以可行性研究报告的形式呈现。

任务解析

本模块的任务是为赵小虎等人的烧烤店撰写可行性研究报告。各小组在行动之前一定要明确分工。根据研究对象性质的不同，可行性研究的内容各有不同。对赵小虎等人的烧烤店进行可行性研究可以从以下几个方面讨论：市场分析、选址、技术和特色、饭店组织和劳动定员、项目进度安排、投资估算与资金筹措、财务分析、可行性研究结论和建议等。

理论知识

一、可行性研究报告的概念

可行性研究报告又叫可行性论证报告，是对经济、建设、科研等领域的拟实施项目进行全面的调查、分析和论证，得出该项目实施的可行性，并对项目成果或效益进行估算和预测，最终形成的书面报告。

二、可行性研究报告的作用

（一）决策的依据

可行性研究是一个项目从提出设想到走向实施过程中的一个至关重要的环节。新项目能否得到批准实施关键在于它能给投资者带来多少效益，对社会建设能做多少贡献，而可行性研究在对各种影响因素进行深入调查、分析的基础上，能够为以上问题提供科学的评估和预测。因此，可行性研究报告是投资者进行决策的重要依据。

（二）审批的依据

科学研究项目和建设项目必须经过业内专家或上级主管部门的审批，合格后方可实施。评审专家通常重点审查申报者的资质、项目实施的软硬件条件以及预期成果、经济效益等，而这些内容都包含在可行性研究报告之中。因此，可行性研究报告是专家评审的重要依据。

（三）编写计划任务书的依据

项目审核通过后，便进入实施阶段。为了确保项目能够顺利实施，达到预期目标，编写一份科学详细的计划任务书是十分必要的。而可行性研究报告已对项目实施方案、组织方式、管理措施、进度安排、人员分工、经费预算等问题进行了详细的论证和说明，这为计划任务书的编写提供了重要的参考依据。

三、可行性研究报告的分类

从内容角度划分，可行性研究报告可分为政策可行性研究报告，项目可行性研究报告，新技术、新管理办法的可行性研究报告。

从性质角度划分，可行性研究报告可分为肯定可行性研究报告、否定可行性研究报告、选择型可行性研究报告。

从使用领域划分，可行性研究报告可分为建设项目可行性研究报告、商业项目可行性研究报告、科研项目可行性研究报告、银行贷款的可行性研究报告等。

四、可行性研究报告的写作

（一）可行性研究报告的格式

可行性研究报告的内容较多，通常要单独成册。一份完整的可行性研究报告一般包括封面、正文和附件三部分。

1. 封面

封面的版面设计无固定样式，主要内容包括报告名称、编制单位和成文时间。报告名称通常由“项目名称＋文种”组成，如“关于建设废水处理厂的可行性研究报告”，也可以由“编制单位＋项目名称＋文种”构成，如“××公司关于成立北京分公司的可行性研究报告”。

2. 正文

（1）前言。

前言是对报告的总体情况进行说明，主要包括项目的背景和概况，使读者对项目的可行性有一个基本了解，具体包括项目名称、起止时间、主办单位、可行性研究的负责人等内容。

（2）主体。

主体是可行性研究报告的核心，主要运用定性分析和定量分析的系统研究方法，根据各种数据资料，对与项目相关的技术、市场、资金、管理等因素进行评估，进而论证项目的可行性。不同性质的项目，论证的具体内容也不尽相同，以建设型项目为例，主要包括以下几方面内容：

1）需求预测和项目规模预测。对国内外市场需求情况进行预测，据此设定拟建设项目的规模，预测产品的产量、销量和市场竞争力。

2）厂址选取理由。主要从建厂的地理位置、交通运输条件及自然、社会条件等方面详细论证选址的合理性和科学性。

3）设计方案。包括项目的构成范围、生产工艺的选取和技术水平等级、引进设备、技术来源、全厂布置方案和拟建总工程量估算等。设计方案是可行性研究报告的重点内容之一，它不仅决定了项目落成后的技术水平和市场定位，也决定了项目投资总额和项目建设期限。

4）项目实施进度。设计出项目建设的时限及详细进程表。

5）投资估算和资金筹措。要科学地估算出项目建设的投资总额，并详细估算出各子项目的资金需求量。此外，还要说明资金来源、筹措方式及贷款偿还方式等。

6）社会及经济效益预测。投资的目的是获得回报，效益是衡量投资所得回报的指标。只有在充分的市场调研基础上，才能准确地预测拟建项目落成后的经济效益。项目投资在追求经济效益的同时，还应注重社会效益。因此，也要对项目可能带来的社会效益进行预测。

7）其他方面。与项目相关的其他需要说明的内容。

（3）结尾。

总结全文，在完成所有方面的可行性分析的基础上，对整个项目作出综合性评价，得出结论。

3. 附件

为了增强报告的可信度和说服力，还要附上一些政策文件、调查资料、协议书、设计图纸等材料，如批准文件、土地使用批准书、有关协议书、资金保障文件、工程准备材料一览表等。

（二）可行性研究报告的写作要求

1. 材料要真实可靠

可行性研究报告是投资决策的重要依据，而真实、准确的材料是可行性研究报告得出科学结论的前提和基础。因此，在撰写可行性研究报告的过程中，必须确保一切调查材料实事求是，全部数据真实、准确，切不可为了追求理想的论证结果，篡改数据、歪曲事实，否则，将会给投资者带来不可挽回的损失。

2. 论证要充分有力

可行性研究本身是一门科学，因此，撰写可行性研究报告一定要运用系统的分析方法，将项目拆解成几个部分，分别进行严谨的科学论证。在论证过程中，一定要处理好整体与部分、宏观与微观、理论与实践的关系，只在这样，才能得出科学的结论。

3. 行文格式要规范

行文格式规范是对所有应用文书的基本要求。虽然可行性研究报告依据性质、领域等的不同，其内容的差异较大，但是必须遵从格式规范，做到重点突出、结构合理、格式规整、条理清晰。

[可行性研究报告例文]

加工制作快餐盒饭项目可行性研究报告

第一章 加工制作快餐盒饭项目总论

总论作为可行性研究报告的首要部分，要综合叙述研究报告中各部分的主要问题和研究结论，并对项目的可行与否提出最终建议，为可行性研究的审批提供方便。

1.1 加工制作快餐盒饭项目背景

1.1.1 加工制作快餐盒饭项目名称

1.1.2 项目承办单位

1.1.3 项目拟建地点

1.1.4 项目建设内容

1.1.5 可行性研究报告编制单位

1.1.6 可行性研究报告编制依据

(1)《中华人民共和国水污染防治法》。

(2)《中华人民共和国节约能源法》。

(3)《中华人民共和国固体废弃物污染防治法》。

(4)《中华人民共和国清洁生产促进法》。

(5) 国家计委发布的《建设项目经济评价方法与参数》(第三版) 及现行财税制度。

(6)《国民经济和社会发展第十二个五年发展规划》。

1.2 可行性研究结论

在可行性研究中，对项目的产品销售、原料供应、生产规模、厂址、技术方案、资金总额及筹措、项目的财务效益和国民经济、社会效益等重大问题，都应得出明确的结论。

1.2.1 原材料、燃料和动力供应

1.2.2 厂址

1.2.3 项目工程技术方案

1.2.4 环境保护

1.2.5 工厂组织及劳动定员

1.2.6 项目建设进度

1.2.7 投资估算和资金筹措

1.2.8 项目财务和经济评论

1.2.9 项目综合评价结论

(1) 符合国家节能政策。

(2) 工艺技术国内领先。项目采用国内先进生产技术，采用节能设备，污染少，能耗低，而且产品质量达到国内先进水平，可以满足下游市场对产品的质量要求。产品市场空间广阔，产业发展前景良好，企业具有很大的发展空间。

(3) 本项目所在地拥有丰富的资源、稳定的电力资源和劳动力资源，项目所在地环境保护较好，是建设项目的较好地点。

(4) 本项目财务评价分析主要指标均超过行业相同规模企业，项目财务经济效益较好，并具有一定的抗风险能力。

(5) 本项目能保持企业的平稳发展，对地方经济发展将起到积极的推动作用。项目建设符合国家的相关政策，项目建设可行。

综上所述，本项目符合国家的产业政策，是国家鼓励发展的项目。产品市场前景广阔，经济效益和社会效益显著，符合国家质量标准，所以建设本项目是切实可行的。

1.3　主要技术经济指标表

在总论部分中，可将研究报告中各部分的主要技术经济指标汇总，列出主要技术经济指标表，使审批和决策者对项目有一个综合了解。主要技术指标表根据不同的项目有所不同，一般包括：生产规模、全年生产数、全厂总定员，主要原材料、燃料、动力年用量及消耗定额、全厂综合能耗及单位产品综合能耗，全厂占地面积，全员劳动生产率，年总成本、单位产品成本、年总产值、年利税总额、财务内部收益率，借款偿还期，经济内部收益率，投资回收期等。经测算，项目计算期平均税后利润为 35 511 万元，税后销售利润率为 18.45%，表明项目有较高的盈利水平；税前内部收益率为 37.39%，税后内部收益率为 29.70%，高于行业收益率；税前静态投资回收期为 5.37 年，税后静态投资回收期为 6.04 年，投资回收期较短。

第二章　加工制作快餐盒饭项目背景和建设的必要性

这一部分主要应说明项目发起过程、提出的理由、前期工作的发展过程、投资者的意向、投资的必要性等可行性研究的工作基础。为此，需将项目的提出背景与发展概况作系统叙述，说明项目提出的背景、投资理由、在可行性研究前已经进行的工作情况及其成果、重要问题的决策和决策过程等情况。在叙述项目发展概况的同时，应能清楚地提示出本项目可行性研究的重点和问题。

2.1　加工制作快餐盒饭项目提出的背景

2.1.1　国家或行业发展规划

2.1.2　项目发起人和发起缘由

2.2　项目发展概况

2.2.1　已进行的调查研究项目及其成果

2.2.2　试验试制工作情况

2.2.3　厂址初勘探和初步测量工作情况

2.2.4　项目建议书的编制、提出及审批过程

2.3　投资的必要性

第三章　加工制作快餐盒饭项目承办单位情况

3.1　企业简介

3.2　企业近三年财务状况

3.3　股东构成

3.4 研发团队

3.5 研发成果

第四章 加工制作快餐盒饭市场分析

市场分析在可行性研究中的重要地位在于，任何一个项目，其生产规模的确定、技术的选择、投资估算甚至厂址的选择，都必须在对市场需求情况有了充分了解以后才能决定。而且市场分析的结果，还可以决定产品的价格、销售收入，最终影响到项目的盈利性和可行性。在可行性研究报告中，要详细阐述市场需求预测、价格分析，并确定建设规模。

4.1 加工制作快餐盒饭产品应用简介

4.2 国内外市场供需情况的预测

4.2.1 行业综述

4.2.2 行业产能和产量分析

4.2.3 主要加工制作快餐盒饭生产企业及其产能、技术特点

4.2.4 行业需求总量和增长趋势

4.3 加工制作快餐盒饭产品的价格预测

4.4 产品的市场竞争能力分析

4.5 产品的市场风险分析

4.6 产品的基本营销模式

4.7 产品的产能消化措施

第五章 生产纲领

5.1 生产规模确定

5.2 加工制作快餐盒饭产品技术来源

5.3 加工制作快餐盒饭产品介绍

第六章 加工制作快餐盒饭项目选址

6.1 项目选址原则和基本思路

6.2 项目所在地的自然、经济、社会状况分析

6.2.1 地理环境

6.2.2 气象条件

6.2.3 交通条件

6.2.4 经济发展

6.3 场址选择（要附上总图）

6.4 加工制作快餐盒饭项目建设条件

6.5 原材料供应及外部配套条件

第七章 加工制作快餐盒饭项目工厂技术方案

主要研究项目应采用的生产方法、工艺和工艺流程，重要设备及其相应的总平面布置，主要车间组成及建筑物形式等技术方案。

7.1 加工制作快餐盒饭项目组成

7.2 生产技术方案

7.2.1 生产工艺流程

7.2.2 组装工艺流程

7.3 设备方案

7.3.1 生产流水线基本配置

7.3.2 测试生产流水线基本配置

第八章 加工制作快餐盒饭项目总图及公用工程

总平面布置应根据项目各单项工程、工艺流程、物料投入与产出、废弃物排出及原材料贮存、厂内外交通运输等情况，按厂地的自然条件、生产要求与功能，以及行业、专业的设计规范进行安排。

8.1 总平面布置原则

8.1.1 设计标准及依据

8.1.2 平面布置原则

8.2 总平面布置

8.2.1 主要车间组成

8.2.2 竖向布置原则及土方工程量

8.2.3 场地雨水

8.2.4 绿化与消防

8.3 建筑与结构设计

8.3.1 建筑设计

8.3.2 结构设计

8.4 公用及动力工程

8.4.1 给排水工程

8.4.2 电气工程

8.4.3 防雷及接地保护

8.4.4 电讯

8.4.5 采暖与通风

第九章 节能措施

按照国家发改委的规定，节能需要单独列一章。按照国家发改委的相关规定，建筑面积在2万平方米以上的公共建筑项目、建筑面积在20万平方米以上的居住建筑项目以及其他年耗能2 000吨标准煤以上的项目，项目建设方都必须出具《节能专篇》，作为项目节能评估和审查中的重要环节。项目必须取得节能审查批准意见后，方可立项。因此，对建设规模超过国家发改委规定要求的项目，《节能专篇》如同《环境评价报告》一样，是项目建设前置审核的必须环节。

对于高耗能产业，如钢铁、有色金属、煤炭、电力、石油石化、化工、建材等，应加强对能源利用效率的评价，优先鼓励发展节能降耗环保的先进技术设备和产品，强制淘汰高耗能、污染大、质量差的落后生产能力、工艺和产品；项目建设方案应该符合转变经济增长方式战略、能源效率政策的要求；能源资源的开发应该坚持开发与节约并重，把节约放在首位的原则；节能的核心是提高能耗效率、降低单位产值能耗。

对于高耗能项目，应该对拟建项目的能耗指标进行分析，计算单位产品消耗各种能源的实物量并折算成标煤消耗量，或计算消耗单位能源所实现的国内生产总值进行分析比对，一般要求万元产值能耗应低于0.98t标准煤，达到国内外同行业先进水平。

9.1　加工制作快餐盒饭项目所在地能源供应条件

9.1.1　项目使用能源品种的选用原则

9.1.2　项目所在地能源供应条件

9.2　合理用能标准和节能设计规范

9.2.1　相关法律、法规、规划和产业政策

9.2.2　节能标准及技术规定

9.2.3　相关终端用能产品能效标准

9.3　项目能源消耗种类及数量计算

9.3.1　能源消耗种类、来源及流向

9.3.2　能耗分析

9.4　节能措施

9.5　能源管理机构及计量

9.5.1　能源管理机构

9.5.2　节能管理制度

9.5.3　能源计量器具的配备

第十章　环境保护

在项目建设中，必须贯彻执行国家有关环境保护和职业安全卫生方面的法律、法规，对项目可能对环境造成的近期和远期影响，对影响劳动者健康和安全的因素，都要在可行性研究阶段进行分析，提出防治措施，并对其进行评价，推荐技术可行、经济，且布局合理，对环境的有害影响较小的最佳方案。按照国家现行规定，凡从事对环境有影响的建设项目都必须执行环境影响报告书的审批制度，同时，在可行性研究报告中，对环境保护和劳动安全要有专门论述。

10.1　设计依据及采用的标准

10.1.1　设计依据

10.1.2　设计原则

10.1.3　采用标准

10.2　建设地区的环境现状

10.3　产污节点

10.4　环境质量标准

10.4.1　大气环境

10.4.2　地表水

10.4.3　声环境

10.5　污染物排放标准

10.5.1 污水

10.5.2 废气

10.5.3 噪声

10.6 环境影响分析

10.6.1 施工期环境影响分析

10.6.2 运营期环境影响分析

10.7 厂区绿化

10.8 环境影响评价结论

第十一章 加工制作快餐盒饭项目工厂组织及劳动定员

11.1 工厂组织

11.2 劳动定员及培训

11.2.1 劳动定员

11.2.2 人员培训

11.3 组织结构

11.4 企业理念

第十二章 加工制作快餐盒饭项目进度安排

项目实施时期的进度安排也是可行性研究报告的一个重要组成部分。所谓项目实施时期可称为投资时期，是指从正式确定建设项目到项目达到正常生产这段时间。这一时期包括项目实施准备、资金筹集安排、勘察设计和设备订货、施工准备、施工和生产准备、试运转直到竣工验收和交付使用等各个工作阶段。这些阶段的各项投资活动和各个工作环节，有些是相互影响、前后紧密衔接的；也有些是同时开展、相互交叉进行的。因此，在可行性研究阶段，需将项目实施时期各个阶段的各个工作环节进行统一规划、综合平衡，作出合理而又切实可行的安排。

12.1 加工制作快餐盒饭项目实施阶段

12.1.1 建立项目实施管理机构

12.1.2 资金筹集安排

12.1.3 施工准备

12.1.4 生产准备

12.1.5 竣工验收

12.2 项目实施进度

第十三章 投资估算与资金筹措

建设项目的投资估算和资金筹措分析，是项目可行性研究内容的重要组成部分，要计算项目所需要的投资总额，分析投资的筹措方式，并制定用款计划。

13.1 项目总投资估算

13.1.1 建设投资估算

13.1.2 流动资金估算

13.2 资金筹措及使用计划

一个建设项目所需要的投资资金，可以从多个来源渠道获得，项目可行性研究阶段，资金筹措工作是根据对建设项目固定资产投资估算和流动资金估算的结果，研究落实资金的来源渠道和筹措方式，从中选择条件优惠的资金。可行性研究报告中，应对每一种来源渠道的资金及其筹措方式逐一论述，并附有必要的计算表格和附件。可行性研究中，应对下列内容加以说明：

13.2.1　资金来源

13.2.2　筹资方案

13.2.3　资金使用计划

第十四章　财务与敏感性分析

财务评价是考察项目建成后的获利能力、债务偿还能力及外汇平衡能力的财务状况，以判断建设项目在财务上的可行性。财务评价多用静态分析与动态分析相结合、以动态为主的办法进行，并用财务评价指标分别和相应的基准参数——财务基准收益率、行业平均投资回收期、平均投资利润率、投资利税率相比较，以判断项目在财务上是否可行。

14.1　财务预测方法及依据

14.2　财务假设

14.3　产品销售收入及税金估算

14.4　产品成本及费用估算

14.5　利润及分配

14.6　财务盈利能力分析

14.6.1　动态分析

14.6.2　静态分析

14.7　项目不确定性分析

在对建设项目进行评价时，所采用的各种数据多数来自预测和估算。由于资料和信息来源的有限性，将来的实际情况可能与此有较大的出入，即评价结果具有不确定性，这对项目的投资决策会带来风险。为了避免或尽可能减少这种风险，要分析不确定性因素对项目经济评价指标的影响，以确定项目在经济上的可靠性。这项工作称为不确定性分析。

根据分析内容和侧重面不同，不确定性分析可分为盈亏平衡分析、敏感性分析和概率分析，盈亏平衡分析只用于财务评价，敏感性分析和概率分析可同时用于财务评价和国民经济评价。在可行性研究中，进行盈亏平衡分析、敏感性分析和概率分析，可视项目情况而定。

14.7.1　盈亏平衡分析

14.7.2　敏感性分析

14.8　财务分析结论

财务评价是根据国家现行财务和税收制度以及现行价格，分析测算拟建项目未来的效益费用。考察项目建成后的获利能力、债务偿还能力及外汇平衡能力等财务状况，以判断建设项目在财务上的可行性，即从企业角度分析项目的盈利能力。财务评价采用动态分析与静态分析相结合、以动态分析为主的办法进行。评价的主要指标有财务内部收益率、投资回收期、贷款偿还期等。根据项目特点和实际需要，有些项目还可以计算财务净现值、投资利润率指标，以满足项目决策部门的需要。

财务评价指标根据财务评价报表的数据得出，主要财务评价报表有：财务现金流量表、利润表、财务平衡表、财务外汇平衡表。

用财务评价指标分别和相应的基准参数——财务基准收益率、行业平均投资回收期、平均投资利润率、投资利税率相比较，以判别项目在财务上是否可行。

第 15 章　经济和社会影响分析

15.1　对地方经济的影响

15.2　缓解社会就业压力

15.3　市场高科技地位

第 16 章　可行性研究结论与建议

16.1　结论

16.2　建议

附表一　项目流动资金估算表

附表二　项目销售收入估算表

附表三　项目资产折旧估算表

附表四　项目总成本费用估算表

附表五　项目损益表

附表六　项目现金流量表

附表七　项目资金来源和运用表

附表八　项目资产负债表

简析

这是一份关于加工制作快餐盒饭项目的可行性研究报告，内容完整，结构合理，所需相关材料详细、完备，对重点内容提供论述参考意见，可供相关项目参照仿写，是一篇很标准的可行性研究报告模板。

写作提示

撰写可行性研究报告的注意事项

1. 注意分析的系统性。撰写可行性研究报告一定要运用系统的分析方法，紧密围绕影响项目建设的各方面因素展开全面、深入的分析研究。割裂各部分的相互联系、孤立的分析，不仅使分析不透彻，“只见树木，不见森林，”而且会破坏报告的整体性，使论证不充分，影响报告的说服力。

2. 注意论述的准确性。可行性研究报告的论述一定要明确、具体，不能含糊其辞、模棱两可。如果报告中提出多种研究方案，应该明确作者的选择。

3. 注重不确定性因素分析。预测和估算是可行性研究报告结论中的重要内容。对未知事件的预测必须使用科学的方法，在对已知信息进行统计分析的基础上提出。而预测和估算都要面对太多的不确定因素，如宏观政策、市场的微观波动等。因此，一定要加强对不确定因素的分析。

实战练习

根据下面材料，为赵小虎等人撰写一篇可行性研究报告。

赵小虎、刘军和严峰将烧烤店的地址选定在长春市净月大学城附近。由于他们选择使用微信进行O2O营销，只提供送餐上门服务，不提供实体店服务，所以他们不需要选择临街的商铺做店面。为了节约成本，在烧烤店经营初期，赵小虎他们不准备再另外雇用员工。他们的创业基金总共3万元，也就是说，在烧烤店开业收益之前，他们只有3万元可供支出。创业想法有了，创业基金也到位了，可是该如何一步步地实施创业计划？创业计划是否可行呢？他们急需咨询公司提供一套切实可行的方案和建议。

项目七

经济文书

学习目标

◎ 知识目标

1. 掌握招标书的结构、写法；
2. 掌握投标书的结构、写法；
3. 掌握协议、意向书的结构、写法。

◎ 能力目标

1. 能够按要求写作招标书和投标书；
2. 能够根据所学理论知识，发现并修改合同案例中存在问题；
3. 能够运用合同的相关知识维护和保障单位和个人的合法权益。

项目概要

模块一	发布招标	招标书
模块二	企业投标	投标书
模块三	签订合同	经济合同

项目情境

北方著名汽车厂商齐众汽车有限公司是我国汽车行业的“黄埔军校”。作为中国最先进的世界级汽车制造企业，齐众汽车为我国汽车企业设立了全新标准：精益化制造、先进的质量工艺、环保科技和对员工的关注。目前生产长轴距E级轿车、C级轿车和豪华中型SUV，另有多个新项目正在顺利进展之中。

以“拓展行驶空间，提高生活品质”为使命，齐众汽车正在向中国用户提供先进的产品和服务，努力成为中国高端轿车市场的主角。

模块一　招标书

任务描述

齐众公司预备召开品牌经销商年会，公司组成专门工作组进行招标，招标的对象主要是全国相关筹办企业，旨在找到一家资质经验皆佳的企业承办本届年会。目前一家名为焦点传媒有限公司的企业最具有竞争实力，此公司是国内著名文化传媒公司，具有承办大型会议、展览的经验与能力。

任务解析

本模块的任务是撰写并发布招标启事。在开始发布招标之前各个小组的准备工作包括了解招标投标程序，掌握招标投标中各种文书的写法。

理论知识

一、招标书的概念

所谓招标书，即业主按照规定条件发布招标书，邀请投票人投标，在投标人中选择理想合作伙伴的一种方式。

招标书是招标过程中介绍情况、指导工作，履行一定程序所使用的一种实用性文书。

招标书是一种告示性文书，它提供全面情况，便于投票方根据招标书提供的情况做好准备工作，同时指导招标工作开展。

招标书也称为招标通知、招标公告、招标启事，是一种告知性文件。它一般通过大众传媒公开，因此也称招标广告，具有广告性。

招标书是吸引竞争者加入的一种文书，它具有相当的竞争性。

招标书要求在短时间内获得结果，因此，又具有时间的紧迫性。

二、招标书的种类

招标书有不同的种类，按时间划分有长期招标书和短期招标书，按内容及性质划分有企业承包招标书、工程招标书、大宗商品交易招标书。建筑行业的招标书主要是指业主（招标单位）或招标代理机构向建筑单位所提供的有关此工程的一些基本信息，比如工程的资金来源、建筑规模、开标时间及地点、所要求的资质等级、建筑单位所要提供的相关资料等，以便于建筑单位编制投标文件。按招标的范围分，有国际招标书和国内招标书。

三、招标书的写法

招标书一般由标题、正文、落款三部分组成。

（一）标题

标题位于首行中间位置，常见写法有四种：一是由招标单位名称、招标性质及内容、招标形式、文种四元素构成；二是由招标性质及内容、招标形式、文种三元素组成；三是只写文种名称“招标书”；四是广告性标题，如“谁来承包×××工厂”。

（二）正文

正文由引言、主体部分组成。引言部分要求简介招标单位的基本情况、招标的依据和原因、招标项目的名称等，并用“现邀请合格的投标人参加投标”或“欢迎合格投标人的参与”等承上启下。主体部分是招标的核心，要详细写明招标方式（公开招标、内部招标、邀请招标）、招标范围、招标程序、招标内容的具体要求，双方签订合同的原则、招标过程中的权利和义务、组织领导、招标人的联系方式等有关事项。

（三）落款

招标书在正文右下方注明招标单位的名称、地址、电话等，以便投票者参与。

【招标书例文】

荣昌校区一卡通系统招标书

重庆市××大学荣昌校区“校园一卡通”项目即将开工，建设项目需采购相关设备和服务。现决定对该项目及相应服务进行公开招标，特邀请有能力的投标方前来投标。

一、招标项目：荣昌校区一卡通系统

1. 适用范围

本招标书仅适用于××大学荣昌校区。

2. 定义

（1）招标方——××大学荣昌校区；

（2）投标方——按要求向招标方提交投标文件的竞标单位。

3. 招标文件构成

（1）招标项目；

（2）投标方须知；

（3）招标内容与要求；

（4）招投标时间；

（5）开标时间及地点；

(6) 附件。

4. 招标文件答疑

由招标方负责解答。

5. 招标文件的修改

(1) 在投标截止日期前3天，招标方可以主动或依据答疑情况修改招标书，并通知所有投标方。

(2) 招标方在招标书变动较大时，会考虑合理延迟投标截止时间，并书面通知所有投标方。

二、投标须知

1. 投标方式：邀标询价

2. 投标费用

(1) 投标方自行承担所有与参加投标有关的全部费用。

(2) 购招标书费：200元/份（售后不退）。

3. 投标供应商的资格要求

(1) 具有中华人民共和国工商行政管理机关颁发的有效企业营业执照；

(2) 具有中华人民共和国承担本项目能力与经验的相关证明；具有国家相关部门颁发的“计算机信息系统集成三级资质”以上（含三级）；

(3) 具有国家相关部门颁发“银行资信”、“ISO9001质量体系认证”、“软件企业认定”资质证书；

(4) 注册资本不小于1 000万元人民币；

(5) 投标人必须提供一卡通系统销售情况一栏表（近3年）；其中提供高校相类似的成功案例5个以上（含5个）；

(6) 具有软件产品、计算机软件著作权登记证书及相关产品的专利证书；

(7) IC卡读写机具生产许可证，POS机通过3C论证；

(8) 具有履行合同的能力和良好的履行合同记录，在高校和政府采购中无不良记录；

(9) 须提供主要设备（服务器）原厂商针对本次项目授权原件或出具承诺函（承诺在荣昌校区校园网发布中标结果的3个工作日内提供原厂商针对本次项目授权原件，逾期提供则取消其中标资格并没收投标保证金）。

4. 真实性要求

投标方应认真阅读招标书的所有内容，并确保提供的投标文件符合招标方要求并且真实；否则，视为废标。

5. 投标文件语言及计量单位

(1) 所有投标文件应用中文书写，如有英文文件，须附相应的中文翻译。

(2) 除在招标书技术规格中另有规定的文件外，计量单位及金额应使用中华人民共和国计量单位。

6. 投标文件的组成

(1) 公司名称和简介及相关资质。

(2) 营业执照副本复印件。

(3) 售后服务承诺。

(4) 其他相关材料。

7. 投标文件格式及规定

投标文件一式两份，正本和副本各一份。每份投标文件上必须在密封袋上注明“正本”或“副本”字样，由法人或经过法人授权的投标方代表签字盖章。如有差异，以正本为准。

三、招标要求与内容

1. 基本概况简介

××大学荣昌校区，前身为始建于1938年的建华高级农业职业学校，抗战时期为国民政府中央畜牧实验所、农业实验所和血清研究所所在地，新中国成立后为国内著名的四川省荣昌畜牧兽医学校，1978年经国务院批准升建为四川畜牧兽医学院。2001年经教育部批准，与原××农业大学、中国农科院柑橘研究所合并组建新的××农业大学，设立荣昌校区。2005年7月，××农业大学与××师范大学合并组建××大学，校区更名为××大学荣昌校区。

校区位于成渝高速公路、成渝铁路中段的“中国畜牧科技城”重庆国家现代畜牧业示范区核心区——荣昌县城，占地462亩、校舍建筑面积14万平方米。仪器设备总值5 221万元，图书馆藏书32万余册，数字资源48.72万册，并与本部实现VPN链接。校区设有动物科学系、动物医学系、水产系、商贸系、信息管理系、基础部和成教部等教学单位。有动物科学、动物医学、水产养殖学、计算机科学与技术、信息管理与信息系统、市场营销、公共事业管理等7个普通本科专业。全日制在校本科学生4 100余人，硕士研究生60人；各类成人教育、函授教育、校外办学点学生1 500余人；在职教职工近500人。校区设置综合办公室 、教学工作办公室 、科技工作办公室 、财务工作办公室 、学生工作办公室 、后勤工作办公室 、工会、团委、图书馆等机构部门。

随着信息技术在我校的广泛应用，并为加强统一管理、提高管理质量，学校决定建立“校园一卡通系统”。这种管理模式代替了传统的做法，集学生证、工作证、身份证、借书证、医疗证、会员证、校门出入证、餐卡、水卡、银行卡、电话卡于一卡，实现“一卡在手，走遍校园”的目的，为广大师生员工的工作、学习、生活提供高效、便捷、安全的服务。

2. 系统功能与技术要求

(1) 总体功能要求。

校园一卡通系统必须实现各个机构部门的连通。该系统主要具有消费、身份识别、个人信息查询、缴费等功能，整个系统应与银行金融系统和校内原有的主要管理信息系统有良好衔接，并为学校潜在的管理信息系统预留合适的接口，以适应未来不断增加的其他应用系统的需要。

实现校园卡与银行卡物理上分开，但又逻辑上统一，有机结合的功能。校园卡可以采用非接触式加密IC芯片卡片，在校园内通用，具有多钱包功能。可使两卡在卡号上有逻辑联系，实现资金圈存功能。可针对多个电子钱包批零充值功能，如发放奖学金、助学金、贷款，指定上机经费等。

对校园卡的要求：卡面印有持卡人的彩色照片、卡号、姓名、学号（工号）、单位信息、卡号的条形码；卡存储区合理分配，既满足当前功能，也为将来功能扩充留有余地；卡内数据安全可靠，不可复制和轻易窜改；具有多个钱包功能，分别具有批、零“代收代扣”功能，如缴纳学费、住宿费、书本讲义费等；提供多种类型卡，如学生卡、教工卡、临时卡、单位卡、身份卡、来宾卡，根据各自的具体需求实现不同的功能，如适用范围、功能模块、有效日期。

（2）系统设计技术要求。

系统主干平台：基于学校统一数据资源与交换服务平台来部署实现，包括中心数据库服务器、个应用服务器、前置机等。

中心服务器：负责一卡通中心所有数据的存储、更新、备份、维护；硬件配置采用高档服务器及网络传输、控制、存储设备。

软件平台：UNIX，Oracle9i DB和Oracle 10g AS中间件平台，配以Veritas存储系统。

应用软件：在Oracle数据库管理系统上实现一卡通数据库管理系统，基于Oracle 10g AS中间件开发的、支持WEB SERVICE标准协议的一卡通后台服务核心软件及应用软件等。

查询服务器：提供网上查询、触摸屏查询、领导查询等综合的web查询服务。

转账服务器：负责与银行前置机的专线连接，同时管理监控校区各个自助转账终端，代理提供自动、自助两种方式的实时转账业务。

综合卡务系统：卡务管理点负责校内持卡人的综合业务，分为个别和批量的业务，包括开户、撤销、换卡、挂失解挂、冻结解冻、卡卡转账、查询、身份参数维护、现金充值等。

电话查询子系统：实现无人值守的24小时综合业务服务。

会计业务子系统：负责本校区的商户管理，包括商户的开户、撤销、变更、报表、查询、转账等。

3. 具体功能模块实现

（1）消费/POS系统。

学生可在食堂、超市、门店等一切校园内消费场所使用校园一卡通进行消费。

学生可使用一卡通在教务处、网络管理中心等校园行政部门刷卡缴费。需要在使用结束时间内（即23：00至次日5：00）停止使用功能。

定额和不定额消费系统都能与POS系统相结合使用，保证账户的安全性前提下，能分别按部门、人员、窗口、时间段等分析和统计消费数据，出财务报表。

（2）控水管理子系统。

实现自动供水控制和收费，可以实现无人值守，采用电子钱包交易。可以在校园浴室、开水房刷卡取水，一次刷卡取水，并从卡中预先消费一元，按照出量等差花费预支资金，当取水完毕，用户可以二次刷卡使停水，并将未花费的金额归还一卡通。

需要在使用结束时间内（浴室：当日 21：00 至次日 15：00；开水房：当日 5：00 至当日 8：00、当日 12：00 至当日 13：00、当日 17：00 至当日 23：00）停止使用功能。

（3）供电管理子系统。

实现自动供电控制和收费，可以在供电中心使用一卡通刷卡买电。需要在使用结束时间内（即 17：00 至次日 9：00）停止使用功能。

（4）门禁管理子系统。

学生一卡通与宿舍楼门禁机通讯，控制和管理门禁机，学生刷卡后可以进入入住的宿舍楼，不可以进入其他宿舍楼。可实时监控和查询门禁信息。宿舍管理员有权停止指定宿舍楼的门禁系统，可以手动开关宿舍楼大门。需要在使用结束时间内（即 00：00 至次日 5：00）停止使用功能。

（5）图书管理子系统。

学生读者可以持校园一卡通在校图书馆办理借书手续。所借图书与该学生一卡通绑定，提示图书出库，并在图书管理系统中保留案底。读者可以持校园一卡通在校图书馆办理还书手续。所还图书一与该学生一卡通取消绑定，提示图书入库。若所借图书超出规定的借取时间则按天数从其一卡通中扣取过期罚金。若所借图书丢失、损坏，可以通过一卡通进行赔偿。

管理员则进行相关的图书入库、查询、统计、打印报表等管理；需要在使用结束时间内（即 21：00 至次日 9：00）停止使用功能。

（6）医疗管理子系统。

学生可以通过一卡通在校医院进行刷卡挂号。各科室医护人员得到挂号学生信息。学生可以通过一卡通在校医院进行看病缴费、购买药品等。

（7）电子阅览室管理子系统。

学生可以通过一卡通刷卡在机房上机，并按时计费，再次刷卡关机并停止计费。需要在使用结束时间内（即 22：00 至次日 8：00）停止使用功能。

（8）圈存机管理子系统。

提供校园卡、银行卡转账，可将银行卡中存款转账至校园一卡通。校园卡密码修改，可通过圈存机修改校园卡的消费密码。校园卡挂失，可通过圈存机输入卡号和密码进行挂失操作。消费记录查询，可通过圈存机查询持卡人的消费记录。采用一张校园卡和一张银行卡绑定的措施，保证数据的安全可靠性。

四、招投标时间与地点安排

1. 发售招标书

时间：2011 年 11 月 1 日至 2011 年 11 月 3 日（上午 9：00—11：00，下午 3：00—5：00）发售招标书。

地点：××大学荣昌校区二教学楼大厅。

2. 递交投标书

时间：递交投标书的截止日期为2011年11月15日上午11点。

地点：××大学荣昌校区二教四楼教师办公室。

联系电话：023－886××××。

联系人：吴劲松、伍孝林。

3. 开标时间及方式

开标时间：2011年11月16日下午3点。

地点：教职工专家会议室。

五、其他事项

本招标文件的解释权属于××大学荣昌校区。

本招标文件未明事宜，待确定中标单位后建设单位与中标单位澄清。

××大学荣昌校区

2011年10月26日

简析

这份招标书的格式规范，内容全面、具体。背景材料清楚，要求明确。全文思路清晰，言简意赅，语言准确，是一篇标准的范文。

写作提示

撰写招标书的注意事项

招标书写作是一种严肃的工作，要求注意：

一是语言周密严谨。招标书不但是一种“广告”，而且也是签订合同的依据，因而是一种具有法律效应的文件。这里的周密与严谨指的是内容和措辞要周密严谨。

二是行文简洁清晰。招标书切忌长篇大论，将所要表述内容简明扼要地表述清楚即可。

三是表述注意礼貌。招标书的内容通常涉及贸易活动，因此招标书的内容要遵守公平的原则，在语言表述上切忌盛气凌人，更反对低声下气。

实战练习

根据招标书的写作方法，修改下面这则招标书。

××职业技术学院对南校区学生公寓物业管理权进行公开招标，选定物业管理单位对南区学生公寓物业进行管理。管理范围包括：学生公寓（3～14层）28 776.5m^2；周边道路、运动场6 704m^2；绿化面积1 171m^2。招标内容以招标单位提供的《招标文件》为准。凡达到××市物业管理三级以上资质的物业管理公司或高校后勤服务公司（集团）均可参加投标。

招标公告

1. 招标条件

某代理有限公司受某学校的委托，现对某学校计算机采购项目进行公开招标。该项目招标已经某市政府采购管理办公室核准、备案，建设资金来源为政府投资（或自筹），采购人为某学校，项目已具备招标条件，欢迎符合招标条件的公司参与投标。

2. 本次招标项目概况与招标范围

（1）项目名称：某校计算机采购项目。

（2）项目地点：某校内。

（3）项目工期： 年 月 日至 年 月 日。

（4）招标范围：设备的供应、运输、安装、调试、使用培训及售后服务（附所需计算机的配置）。

（5）质量要求：符合国家规范、行业标准，合格工程。

3. 投标人资格要求及资格审查方式

（1）参与投标的生产厂家、代理供应商必须符合《中华人民共和国政府采购法》第二十二条的规定，并有良好的售后服务能力；

（2）生产厂家或代理供应商均需提供营业执照（经营范围包括本次采购内容的经营许可，注册资金在100万元以上）；

（3）生产厂家或代理供应商均需提供税务登记及组织机构代码证原件；

（4）具有本次采购项目的生产或经营范围，有能力提供本次采购项目及所要求的服务；

（5）本项目不允许联合体投标，成交供应商不得分包或转包；

（6）资格审查采用资格后审方式。

4. 招标文件的获取

（1）时间：2010年 月 日至2010年 月 日，每日（工作日）上午8时至11时，下午13时至17时（北京时间）。

（2）地点：

（3）售价： 元/份，文件售后不退。

（4）购买招标文件时，请携带“企业法人授权委托书”。

5. 投标文件的递交及投标保证金

（1）投标文件递交截止时间：2010年 月 日 时 分（北京时间）。在此时间之后送达的投标文件恕不接受。

投标文件递交地点：某校会议室（××街道××门牌号）届时举行开标会议，请竞标人的法定代表人或其授权代表按时参加。

（2）逾期送达的或者未送达指定地点的投标文件，采购人不予受理。

（3）投标保证金人民币 万元整（RMB 元），采取现金形式，在递交投标文件时送达某代理有限公司。

6. 招标人及招标代理机构

采购人名称：某校

办公地址：
联 系 人：
电　　话：
代理机构：某代理有限公司
地　　址：
联 系人：
电子邮件：
邮　　编：
电　　话：
日　　期：2010年　　月　　日

模块二　投标书

任务描述

各项目小组以齐众汽车有限公司筹办经销商年会的招标计划为背景，以焦点传媒有限公司为依托，根据齐众汽车有限公司的实际招标条件制定投标书，按照对方需要撰写并发布投标书。

任务解析

本模块的最终任务是撰写并发布投标书。在开始写作投标书之前各个小组的准备工作包括以下内容：首先，了解投标一般流程。其次，公司各部门沟通并分析招标条件相匹配的投标要点。最后，根据公司的实际情况制定投标书。

理论知识

一、投标书的概念

投标书是与招标书相对应的应用文，是投标单位接到招标书后，决定参加投标竞争活动所写的文书。从实质上讲，投标是对招标提出的要约的响应、回答或承诺，同时提出具体的标价和条件承诺来竞争中标。

二、投标书的特点

（一）竞争的公开性

目前，随着我国的市场经济发展的日趋成熟，经济活动中的招投标竞争也逐步规范起来。为促进正当、合法的竞争，大都实行公开竞标。

（二）制作的规范性

投标书的制作既要遵守国家对招投标工作的有关规定和具体办法，又要执行国家颁布的技术规范和质量标准，不能随心所欲、任意制作。

（三）承诺的可行性

对投标书承诺的各项条件（包括项目标价、规格、数量、质量及进度要求等），承诺单位务必保证其可行性，一旦中标，必须严格履行承诺，绝不能违反投标书的具体条款。

（四）时间的限定性

招投标活动一般都有严格的时间限定，必须在限期内将投标书递交招标单位，过期将视同自动放弃。同时，对投标项目的进度要求也有严格的时间限定。

三、投标书的作用

招投标是当今社会兴建工程或者进行大宗商品交易时广泛采用的一种公开竞争方式，是一种现代贸易活动。通过招标与投标的方式实现贸易成交，有利于打破垄断行为，进行正当、合法的竞争，这对于促进企业的改革、发展与管理，保证企业管理人员的廉洁自律，增强企业的活力，降低企业经营成本，提高经营效益，无疑都具有非常重要的意义。

四、投标书的种类

按照标的划分，投标书通常有以下四类：一是货物类，即大宗商品交易类；二是工程类，即工程项目建设类；三是技术类，如技术引进、开发或转让，科研课题申报等；四是服务类，如劳动服务。

五、投标书的结构

一份完整的投标书应当包括标题、主送单位、正文、落款和附件五个部分。

（一）标题

投标书标题一般由“投标单位＋投标项目＋文种”组成，例如“××省省属大专院校助学贷款投标书”；有时为了简便也采取省略式，只写“投标书”或“投标单”等。

（二）主送单位

即投标书的主送对象，系指招标单位或者招标办公室，要写其全称或者规范化简称，以示郑重。

（三）正文

1. 引言

这部分是投标书的导语，要用较为概括的语句简要明确地交代出投标的目的或依据。例如："根据已收到的贵公司招标编号为 ARBUO—ZB001 号的项目招标文件，遵照国家有关招标投标管理办法的规定，经研究上述工程招标文件的投标须知、合同条件、技术规范、项目期限和其他有关文件后，我方决定参加投标。"

2. 主体

主体部分是投标书写作的核心部分，是招标方评标的重要依据。由于投标项目不同，写法也有区别，但整体而言，都要紧紧围绕招标文件的具体要求进行表述，充分展示出投标单位的实力和竞争能力，从而保证竞标成功。就通常而言，投标书的内容应主要载明竞标项目的价格（标价）、保证和条件等，要注意写得明确、具体、完整。其中项目的价格（标价）部分应首先将有关招标的产品与服务内容、质量和数量等交代清楚，然后写明完成招标项目的标价及优惠等；保证和条件是指要载明保证完成的期限、组织保障、服务承诺等，要写得明确具体，以便招标单位通盘考虑，认真权衡，予以采纳。

在具体写法上，可以采取表格形式，也可采取分条列项的形式，将有关内容依次陈述清楚。要注意所用数据必须做到完整、准确，所提目标必须确凿可信，所提措施必须切实可行。

（四）落款

投标书的落款部分应当写明投标单位的名称、地址、邮编、联系人姓名和电话以及电子邮箱等，并署上日期，加盖公章。

（五）附件

附件主要包括：（1）投标报价表；（2）货物清单；（3）技术差异修订表；（4）资格审查文件；（5）开户银行开具的投标保证金保函；（6）开户银行开具的履约保证金保函等。

[投标书例文]

投标书

致：××大学

根据贵校财招××××投标邀请，签字代表_________（全名、职务）经正式授权并代表投标方_______________（投标方名称、地址）提交下述文件正本一份和副本五份。

（1）投标书、开标报价表。

（2）投标资格证明文件：营业执照、税务登记证"二证"加盖单位印章的复印件、产品代理协议复印件或厂商授权书。

（3）该厂家产品北京地区高校五个以上的大型网络工程案例（其中有 211 学校），

并提供用户在本年度提供的反馈证明原件。

(4) 自主产品及证明。

(5) 取得相关部门颁发的荣誉证书复印件。

(6) 公司员工构成情况，并提供本项目项目经理及主要技术人员的相关学历证明、网络工程师或安装资格认证等的复印件。

(7) 产品厂商 ISO9000 系列认证书。

(8) 投标方认为有必要提出的合理化建议。

(9) 出具投标单位基本情况和经营情况报告：中介机构审核后的 2011 年、2012 年两年的审计报告、资产负债表、损益表。

(10) 服务承诺及对本项目的优惠条款。

(11) 供应商资格声明。

(12) 由________________（银行名称）出具的投标保证金汇票（或现金支票、现金），金额为________。

据此函，签字代表宣布同意如下：

1. 所附报价表中投标总价为________（注明币种），即____________（文字表述）。

2. 投标方将按招标文件的规定履行合同责任和义务。

3. 投标方同意提供按贵方可能要求的与投标有关的一切数据或资料，理解贵方不一定要接受最低价的投标。

4. 与本投标有关的一切正式通讯地址：

地址： 邮政编码：

电话： 传真：

投标方代表名称、职务：

投标方名称：

（公章）：

日期：年 月 日

全权代表签字：

简 析

这篇投标书的结构完整，格式规范。标题、致送单位、引言、正文、结尾几部分俱全，重点突出，详略得当。正文部分采用列表式叙述方法，将投票单位所具备的相关资质以列表的方式陈列出来。其优点是结构清晰，一目了然。落款部分的内容较完整，包括地址、邮编、电话、传真、投标方单位全称、代表名称职务以及公章、日期等。

写作提示

撰写投标书的注意事项

1. 要及时拟制和提交。

由于招标是招标单位为了选择产品或服务，将有关条件和要求予以公布，利用投标者之间的竞争而优选投标人的行为，具有明确具体的时限要求。因此，投标单位必须确切把握，抓住时机，在特定的时限内拟制并适时送交投标书，以便实现投标的目的。否则就会贻误良机，使中标的愿望落空。

2. 要坚持实事求是的原则。

无论招标与投标，都是在国家金融政策法规规定允许的条件下实施的十分严肃的金融交易行为，其整个过程都要受到国家有关监督机关和部门的指导和约束。因此，在撰写时必须坚持从实际出发、实事求是的原则，不容粗疏延误。特别是投标，作为投标方，必须做到这一点。要认真细致地权衡自身所具有的人员素质、技术水平、金融实力，做到量力而行、量体裁衣。切不可为中标而夸大其辞或弄虚作假。否则，就会给国家、招标单位以至自身利益造成难以预料的损失。

3. 要知己知彼，增强竞争力。

在写投标书前，必须进行认真的市场情报收集工作，力求准确吃透招标单位的需求及思路，使本单位提出的投标书与招标书的内容合拍。同时还要认真研究竞争对手的实力与营销策略，知己知彼，既合理核算成本，又使报价适中，具有竞争力。

4. 要注意明确性和可行性。

撰写投标书，其所涉及的每一项内容，特别是有关的目标、标价、完成期限、质量标准以及服务承诺等，必须写得明确具体、切实可行。要本着适度的原则，尽量预见各种可能遇到的情况，充分展示出自身的金融实力、技术水平和不凡的经营策略，既不要“好高骛远”，妄加许诺，也不能过于“保守”，进而在用语上流于空洞浮泛，以致有损投标书的质量，影响中标。

5. 要注意文字的简洁性和内容的周密。

投标书是一种实用性很强的文书，因而在语言表达上应力求准确、简要，特别是涉及技术指标、质量要求、服务承诺等，更应如此。要避免诸如“尽可能”、“力争”、“××以后”等模糊度较大的词语出现，以免言不及义。同时要对照招标书的要求，对投标书的各项内容的表达进行严格的检查，做到严谨周密、完备无遗，防止因粗心大意而遗漏重要事项。

模块三　签订合同

任务描述

焦点传媒有限公司已经在前期的竞标过程中取得了优胜，成功得到承办齐众汽车有限公司经销商年会的资格。现要求各个小组根据甲方公司的实际要求情况撰写一份经济合同。

任务解析

本模块的最终任务是完成经济合同的撰写。在起草经济合同之前，各小组要认真学习相关的理论知识，保证合同的语言严谨。

理论知识

一、经济合同的概念

《中华人民共和国合同法》中指出："合同是平等主体的自然人、法人、其他组织之间设立、变通、终止民事权利义务关系的协议"，而经济合同则是双方或多方当事人为了实现一定的经济目的而通过平等协商，明确相互权利与义务，共同订立的一种具有经济关系的协议，是当事人表示见解一致的法律行为。

法人与自然人是一组相对的概念，法人首先是组织，但并非任何一个组织都能成为法人。法人必须具备四个条件：一是依照法定程序成立；二是具有独立财产；三是具有自己的名称、组织机构和场所；四是能以自己的名义进行民事活动，承担民事责任。

二、经济合同的种类

从不同的角度，可将合同划分为不同的种类。

（1）按时间划分：长期合同、中期合同、短期合同。

（2）按表达形式划分：书面形式合同和口头形式合同。

（3）按书面格式划分：书面合同还可再分作条款式合同、表格式合同及条款加表格式合同。

（4）按业务性质和内容划分：买卖合同、供用电（水、气、热力）合同、赠予合同、借款合同、租赁合同、融资租赁合同、承揽合同、建设工程合同、运输合同、技术合同、保管合同、仓储合同、委托合同、行纪合同、居间合同等。

三、经济合同的写作格式

合同一般包括以下几个部分：

（1）标题：标题应写在合同首页上方居中的位置。

（2）合同当事人名称。

（3）合同编号与签订地点、时间。

（4）正文：一般包括开头、主体、两个部分。

1）开头：主要写明当事人签订合同的依据或目的。

2）主体：在这一部分要写明合同当事人所签订的具体条款，即双方所承担的义务和应享受的权利，主要包括以下内容：

● 标的：标的是合同双方当事人的权利义务所指向的共同对象，这是合同的中心内容。

● 数量和质量：数量是衡量标的的尺度，是确定双方权利义务大小的标准，是标的的计量。质量是标的的内在素质（包括物理的、机械的、化学的、生物的）和外观形态的综合，是标的的性质和特征，反映作为标的的产品或劳务的优劣程度。

- 价款或者报酬：是指取得对方的产品或劳务等成果时所支付的代价。
- 包装和验收方法：合同对产品货物的包装方法、包装标准，包装物的供应与回收，验收的地点、方式、标准，都应作出明确规定，以免责任不明，引起纠纷。
- 履行的期限、地点和方式。
- 违约责任。
- 解决争议的方法：《合同法》明确规定要将“解决争议的方法”写进合同的主要条款。

（5）署名和有效期限。

署名一项包括：合同当事人双方单位的名称、地址，法定代表人姓名，委托代理人姓名，电话，电报挂号，开户银行、账号，邮政编码等。

[合同例文]

保密合同

甲方：齐众汽车有限公司

地址：××省××市××大街

乙方：焦点传媒有限公司

地址：××市××大街

（以下分别称为“一方、各方”或者共同称为“双方”）

甲、乙双方因本协议第一条所指“2013齐众大众品牌经销商合作伙伴大会项目招标”，经自由协商，于2013年9月在××市就保护各自的及对方的商业秘密一事，达成一致协议如下：

第一条　项目

1.1　如本协议未另行明确规定，本协议中所指的“2013齐众大众品牌经销商合作伙伴大会项目招标”是指：设计/创意/策划/执行/制作物/印刷/媒介/信息沟通等一切与之相关的工作。

1.2　与项目有关的或者因项目而产生的其他工程、活动、业务安排、技术展示、信息提供等，也应视为本协议项下的项目。

第二条　项目协议

甲、乙双方或者甲、乙方与第三人将签署或者可能签署与项目有关的合同、协议（以下称“项目协议”）——但不包括本协议——不应影响本协议的效力，除非该项目协议另行包含保密条款且明确声明本协议不再有效。

第三条　与项目有关的权利保证

3.1　甲方保证，其是提供给乙方的实物或者资料的合法权利人。

3.2　乙方保证，其是提供给甲方的实物或者信息的合法权利人，且甲方有权依赖于该实物或者信息从事服务于甲方利益的合法目的，除非乙方以权利人的身份正式书面告知甲方任何该等权利限制。但乙方不得保留或者声称其享有任何甲方已支付对价且善意取得的由乙方为履行项目协议而交付给甲方的项目成果的财产权和工业产权。

3.3 前款所指项目成果，是指乙方为履行项目协议而交付给甲方的工程、报告、作品、证书、权利或者权利申请、实物、资料、数据等等，或者其一部分。前款所指信息，是指以有形形式表现或者记录的工业产权，包括产品名称、商号、商标、注册商标、专利、商业秘密、著作权、计算机软件版权、地理名称、工业外观设计、因特网域名等。

3.4 甲方为履行项目协议而向乙方支付任何款项，或者为付款的意思表示，或者以转移使用权或者所有权的方式向乙方交付实物，或者甲方已实际使用专用资金用于履行或者准备履行项目协议下项下的甲方义务，或者为与乙方的合作或者合作谈判而放弃或者延迟的与其他第三人的合作或者合作谈判，均应视为甲方支付对价的形式。

第四条 保密信息

4.1 为且仅为履行项目协议的目的，甲方、乙方均有权使用对方提供的保密信息，以及向对方提供自己的保密信息。

4.2 任何一方均不得未经对方同意而获取或者试图获取属于对方的保密信息。

4.3 任何一方对其获取的属于对方的保密信息，均负有保密的责任，详见第五条的规定。

4.4 就甲方而言，其保密信息是指由甲方披露或提供给乙方的所有或任何数据、材料或信息，既包括口头的（但要以随后的书面确认披露为准），又包括书面的。这些保密信息涉及甲方或其商业或业务的任何一方面；或与任何甲方的董事、发起人或其他关联公司有关，包括但不限于：设计、加工、图纸、配方、计划、政策、过程/程序、雇员、资产、存货、发现、知识产权、费用、财务报表和数据，以及与第三方的关系有关的，属于甲方专有的机密的数据、材料和信息。保密信息也包括那些含有或反映或部分或全部的以此保密信息为基础的任何记录、分析、编辑物、研究，或其他的由接受方制作的资料和文件。

4.5 就乙方而言，其保密信息是指由乙方披露或提供给甲方的与项目有关的资料和信息。该保密信息一旦成为项目成果的一部分，或者成为实施项目成果的前提和条件，则不再成为乙方的保密信息。

4.6 执行项目过程中产生的资料、数据、信息等，均应属于甲方的保密信息且其所有权和工业产权归甲方所有。

4.7 尽管有上述规定，保密信息不应包括以下信息或资料：(i) 众所周知的或已经被人知道的，而不是由接受方泄密所造成的，或 (ii) 在披露方或代表披露方披露或提供保密信息以前，接受方已经拥有或已知的，但前提是这些资料或信息的来源不受披露方约定的、法定的或保密信用义务的约束，或 (iii) 资料或信息是由接受方从第三方那里获得的，且第三方不受约定的、法定或保密信用义务的约束，或 (iv) 资料或信息是由接受方在未接触披露方保密信息的前提下自行独立开发的，而这些资料或信息属于保密信息的内容，并在协议中被限定使用的。

4.8 披露方应按本协议规定的目的，按照双方不时以书面或口头的约定向接受方提供保密信息。

第五条 保密责任

5.1 接受方承认并特此确认披露方所持有之第四条所指保密信息是保密的、特殊的，并对于披露方来说是独一无二的，而且保密信息是接受方的财产。

5.2 除此之外，双方均应对以下信息严格保密，不得披露或促使披露或准许披露，使其被任何人士或实体获得：(i) 有关项目的任何信息，或 (ii) 有关接受方已经获得保密信息的事实以及正在考虑的项目。但以下情况除外：(a) 披露给那些与交易有合理必要关系的人士，并且这些人士同意受本协议条款的约束，(b) 经披露方另行书面同意而披露，(c) 被法律或任何司法或政府机关所要求进行的披露行为。接受方应采取一切合理必要的措施以确保保密信息的严格保密，不向任何人士或实体泄露、出示、使用，并不被其获得，除非按照符合本协议中的有关条款或按照上述 (c) 项而需要公开的信息，而在这种情况下，接受方应在合理可行的情况下，立即给予披露方适当的事先书面通知。

5.3 接受方只能按照与本协议条款和条件一致的方式为执行项目的目的而使用该保密信息。接受方不应在任何时候，以与本协议条款和条件不一致的方式，或以不利于或损害披露方的方式，为其自身或任何其他第三方利益而使用、复印或复制该保密信息。

5.4 没有披露方事先书面同意的前提下，接受方不应就项目或为了获得用来执行项目的信息之目的而接触披露方的任何雇员，客户或供应商。

第六条 对保密信息的权利

6.1 保密信息由披露方独家并独占地拥有，并且始终属于披露方独占的财产。接受方对任何保密信息以及由其所开发出的任何资料没有任何权利、所有权或权益。但第四条第五款另有规定的除外。

6.2 接受方保证未以暗示或其他方式，就商标、商业秘密或披露本协议项下保密信息的其他权利，给予任何人许可权。

第七条 期限和终止

本协议自签署之日生效，将持续有效直到：(i) 双方正式签署有保密条款的项目协议，(ii) 由披露方发出的正式书面终止通知。两者中任何一件发生时，本协议将终止。尽管本协议终止，每一方应在本协议终止之日后的48个月内将继续受到本协议保密条款的约束。

本协议签署以前披露方向接受方披露或提供的保密信息，也适用本协议的规定。

第八条 泄露保密信息的行为

接受方及从接受方获得保密信息的任何其他人士或实体违反本协议的规定或以任何不符合本协议目的的方式泄露或导致、允许泄露保密信息的，该方应在其得知或应该知道泄露事实发生后3日内书面通知另一方泄露事件。此外，披露方有权向任何有管辖权的法院申请禁令或类似保全措施禁止接受方及从接受方获得保密信息的任何其他人士或实体使用保密信息。

第九条　保密信息的归还

9.1　如项目因故终止，或者双方已签署包含保密条款的项目协议已终止，或本协议终止时，或甲方提出归还要求的任何时候，乙方应立即将其获悉的保密信息（包括乙方所开发的任何记录、书面材料或其他材料，无论其是否完整和有效）和所有的复印件归还给甲方，并不再在档案中保留任何该等信息；或者，根据乙方选择，销毁全部保密信息（在此情况下，由经授权的乙方管理人员向甲方保证该等销毁已完成）。即使归还和销毁事宜已完成，乙方仍应按以上第七条的规定继续受到本协议的约束。

9.2　甲方获悉的乙方的保密信息，如对项目成果的实施没有任何影响，或者不构成项目成果的一部分或者前提和条件，在本协议终止时或者项目协议终止时，应归还给乙方，并不再在档案中保留任何该等信息；或者，根据甲方选择，销毁全部保密信息（在此情况下，由经授权的甲方管理人员向乙方保证该等销毁已完成）。即使归还和销毁事宜已完成，甲方仍应按以上第七条的规定继续受到本协议的约束。

第十条　非陈述、非担保

披露方提供保密信息，但不提供有关本保密信息的正确性、完整性或其他质量方面的任何保证陈述，无论是明示或暗示的。在任何情况下，披露方或其关联公司、或其各自的任何董事、管理人员、雇员、顾问、代理或代表，不向接受方承担任何与保密信息有关的法律责任或因使用保密信息而引起的任何法律责任。

第十一条　其他规定

11.1　本协议应对双方及其各自继承人或受让人具有约束力，由双方及其各自继承人或受让人执行，并确保双方及其各自继承人或受让人受益。但在没有披露方事先书面通知的前提下，接受方不得转让本协议。如果可能的话，本协议的每一条款应按照适用法律下有效和合法的方式解释。但如果本协议任何条款按照任何司法管辖区域的任何适用法律或规定认为无效、不合法或不可执行，则只是该部分被认为无效、不合法或不可执行的条款无效，本协议其余部分保持有效。本协议除非由双方书面签字同意，否则不可修改、变更或者是放弃任一条款。

11.2　每一方特此声明并保证其签署本协议的人员由各方正式授权，并代表其各方利益而签署本协议，并对其所代表的一方具有约束力；同时还声明和并保证授权签约人签署协议的所有必要的公司批准和程序均已正式获得并合法有效。

11.3　本合同每种文本签署正本两（2）份，双方各持一（1）份。

第十二条　管辖

产生于或关于本协议的任何争议或异议，包括对本协议的解释、有效性、履行或违约，都将提交给中国国际经济贸易仲裁委员会并按其仲裁规则进行仲裁。仲裁庭应由三（3）名仲裁员组成，双方各任命一位仲裁员，双方任命的仲裁员指定第三名仲裁员，并由其担任首席仲裁员。多数仲裁员的裁定结果将是终局的，并对双方具有约束力。若其中任何一方没有指定其一方的仲裁人，另一方指定的仲裁员将担当独立仲裁人。独立仲裁人的裁决是终局的，并将对双方具有约束力。

双方于文首所书日期签署本协议，以资证明，协议签署即生效。

齐众汽车有限公司

授权代表：　　　　　　　　授权代表：

职务：　　　　　　　　　　职务：

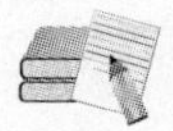

这是一份保密合同，标题由合同种类和文种构成。甲乙双方信息下方标明“经自由协商，……达成一致协议如下”。这份合同包含十二条协议，详细说明了双方的权利和义务，尤其是对保密信息的界定和保密责任划分的论述非常严谨。最后一条规定了通过仲裁解决合同履行过程中产生的争议和纠纷。

写作提示

写作经济合同的注意事项

1. 了解经济合同的拟订过程。

拟订过程要经过要约和承诺两个阶段。要约，即当事人一方向对方提出订立合同的建议。承诺，即接受建议，双方当事人达成协议。

2. 理清经济合同的写作思路。

要明确签订经济合同的目的，理清协议内容，确定当事人的权利、义务和应承担的责任及其他必备条款。

3. 使用统一的经济合同文本。

凡是国家和省已有统一经济合同文本的，当事人必须使用统一的经济合同文本，否则应承担法律责任。

4. 把握经济合同的写作要求。

补充知识

合同签订审批流程

一、总则

流程目的：规范合同的签订、履行和付款程序，并最大限度地避免风险。

适用范围：适用于公司签署的所有经济类合同的管理，不适用于劳动合同等其他类合同的管理。

定义：合同是企业经济活动的准则，既可以维护企业的利益，也明确规定了企业的责任和义务，是企业经济活动必须遵守的法律规范。

意义：合同审批可以保证合同内容满足国家法律、法规和政策的要求，贯彻平等互利、协商一致和等价有偿的原则，同时，最大限度降低企业的各种风险。

二、合同审批环节

合同审批共包括 7 个环节：缮制合同文本、审核业务风险、审核法律风险、审核财务风险、审批、签署合同和登记存档。

三、合同审批流程详细说明

(一) 缮制合同文本

缮制合同文本是指根据双方协商的结果及相关资料起草合同文本的过程。只有采用非标准样本的合同时需要缮制合同文本。

工作内容：

(1) 收集相关信息：在缮制非标准合同文本之前，公司相关人员必须收集相关信息，包括业务协商的结果、公司以前的合同样本、类似合同的标准样本等，作为起草合同文本的基础，同时将相关资料作为合同附件。

(2) 制定合同框架：根据合同的价格条款、交易方式条款等不同，同一类型的合同也具有不同的框架体系，因此，在起草非标准合同文本之前，必须先确定合同的框架体系。

(3) 起草合同文本：对于非标准合同文本的起草，必须遵循《中华人民共和国民法通则》及《中华人民共和国合同法》等相关法律、法规的规定，保证条款的合法性、严密性和可行性。对于关键条款，如数量条款、质量条款、价格条款、付款方式、付款时间、违约条款等，必须向公司的法律顾问咨询，保证用词准确、没有歧义，同时还必须对合同的盈亏状况进行预测。

(4) 上报合同：在起草完合同文本之后，相关业务人员必须仔细检查合同的各项条款，保证内容完整、用词准确、没有文字错误，并将检查过的合同文本及盈亏预测等相关附件上报上级主管。

(二) 审核业务风险

审核业务风险主要是评价合同的业务前景、业务利润和风险控制措施。

工作内容：

(1) 评价业务前景：公司的部门主管在拿到业务人员缮制的合同文本后，首先需要对业务的发展前景进行评估。对于有发展潜力的业务，可以考虑适当增加优惠条款，以维护双方的长期合作关系；对于临时性和没有发展潜力的业务，必须对其业务风险进行严格审核，并提出修改建议。

(2) 评价业务利润：在确定了业务的发展前景之后，部门主管需要根据业务发展前景来确定合同的利润水平，同时将合同的盈亏预测与相应的利润水平作对比。如满足利润要求，则签字同意，否则提出修改建议。

(3) 评价风险控制措施：在合同满足了业务发展需求和利润要求之后，还必须对合同中的风险控制措施进行评估，检查合同条款是否对可能出现的风险采取了恰当的规避措施。如果规避措施得当，则签字同意，否则提出修改建议。

（三）审核法律风险

审核法律风险是对合同的合法性、严密性、可行性进行审核。这项工作由公司的法律顾问全面负责。只有非标准样本合同需要进行法律风险审核。

工作内容：

（1）审核合法性。包括：

- 当事人有无签订、履行该合同的权利能力和行为能力；
- 合同内容是否符合国家相关法律、法规和政策的规定；
- 当事人的意思表达是否真实、一致，权利、义务是否平等；
- 订约程序是否符合法律规定。

（2）审核严密性。包括：

- 合同应具备的条款是否齐全；
- 当事人双方的权利、义务是否具体、明确；
- 文字表述是否确切无误。

（3）审核可行性。包括：

- 当事人双方特别是对方是否具备履行合同的能力、条件；
- 预计取得的经济效益和可能承担的风险；
- 合同非正常履行时可能受到的经济损失。

（4）修改合同文本。

在公司的法律顾问对合同文本提出修改建议后，相关业务人员必须严格依据修改意见对合同文本进行修改，保证合同的合法性、严密性和可行性。

（四）审核财务风险

审核财务风险是评价合同的付款条件、资金调拨和赢利性。

工作内容：

（1）评价付款条件：对于销售合同，根据对方的信用等级评价合同的付款条件，可以有效地降低企业的财务风险；对于采购合同，采用有利的付款条件，可以降低企业的资金成本，并提高公司的资金周转率。因此，财务部门必须审核合同的付款条件，并提出审核意见。

（2）评价合同的资金调拨：公司的财务部门需要根据公司的资金状况对合同的资金调拨提出建议，使合同执行中资金的流入、流出满足公司整体的资金计划安排。

（3）评价合同的赢利性：以贷款方式支付合同货款或其他费用时，必须考虑资金成本，从财务角度对合同的赢利性进行预测。因此，财务部门必须在考虑了财务费用的基础上，对合同的盈亏进行预测，从财务角度提出合同赢利性的意见。

（五）审批

审批是指公司总经理对合同做出最后的决策。

公司总经理在业务风险评价表和财务风险评价表的基础上，根据对业务特点及公司资金状况的了解，对合同的业务风险和财务风险做出综合评价。若同意部门主管对业务风险和财务风险的评价，则签字认可，否则提出审批意见。

（六）签署合同

签署合同也就是使合同具备法律效力的过程。

（1）确认合同：在合同完成公司内部的审批过程之后，应尽快组织、协调合同相关单位（主要包括用户、供应商、运输单位、保险公司以及合同中所涉及的必须签章的单位和部门）完成合同在相关单位的确认过程。

（2）签署合同：在合同完成内部审批和外部审批过程之后，必须至少准备四份合同正本（其中三份供公司内部相关部门使用），由公司总经理和合同相关方的法定代表共同签字、盖章，使合同生效。

公司总经理可亲自签署合同，也可签署授权书，由授权人签字，完成合同的签署过程。

（七）登记存档

合同的登记存档是公司档案管理的重要内容。

工作内容：

（1）填写合同要素一览表。

合同签署之后，相关部门的业务人员必须填写合同信息一览表，将合同正本中的关键条款摘录出来，满足日常工作需要。

（2）存档使用。

合同签署完毕，三份合同正本应交公司档案管理部门登记、编号。公司档案管理部门在合同登记存档之后，必须将合同正本交业务相关部门一份，如果是长期合同还应交财务部门保存一份，为日常工作提供方便。

实战练习

1. 结合文本后面对于文本问题的分析修改文本。

订货合同

本合同订立于1999年6月15日，以××进出口公司为甲方，以××贸易有限公司为乙方：

本合同规定：

甲方为考虑乙方对其所作承诺，特与乙方达成协议，由甲方负责于今年6月至12月，在××市交付国产钢材4 000吨，保证质量并可在工业市场行销，并按下列特定期限，分批交货：8月6日以前，交2 000吨；10月20日以前，再交1 000吨；至12月31日前，全数4 000吨全部交清。

乙方为考虑甲方迅速履行本合同，与甲方达成协议，对上述钢材支付每吨人民币×

××元价格，货到立付。

如订立合同的任何一方未履行协议，根据本合同规定并经双方同意：违约一方应向对方赔款人民币×××元，作为议定之损失补偿。

以昭信守起见，订约双方签名于下：

订约人：××进出口总公司（经理）×××　　××贸易公司（经理）×××

公证人：×××　　×××

主要问题有：

（1）标的不明确，如：质量、规格。

（2）合同款项不全，缺交货地点和交货方式，缺运输费用的条款。

（3）“保证质量并可在工业市场行销”语义模糊，不能说明质量。

（4）“甲方为考虑乙方对其所作承诺”语义模糊，不能断定这承诺是否合法。

2. 请根据下述材料，适当增补内容，拟两份购销合同。

（1）××工厂赵××（甲方），于2000年3月4日与××木器加工厂李××（乙方）在××饭店大厅签订了一份购销合同。合同内容是甲方要向乙方订购200个文件柜，每个文件柜价格为人民币150元，共计货款30 000元。合同签订之后一个月内交货，交货地点在乙方厂内仓库，乙方应以纸皮箱泡沫包装，不计价。货物由甲方自运。质量和规格以乙方提供的M样品为准。交货后，买方以样品为准验收。如有异议，乙方应于七日内提出，双方明确责任。由此产生的费用由责任方负担。货款在货物起运后三日内通过银行办理托收。乙方逾期交货或甲方逾期结算货款，每逾期一天，按总金额0.5%付对方违约金。甲、乙两方履行合同，发生纠纷时，及时协商解决。协商不成时，任何一方均可向仲裁机构申请仲裁或向人民法院起诉。合同一式两份，双方各执一份。传真件与原件均具有法律效力。合同自签订之日起生效，自2000年4月4日止。

（2）华盛茶叶公司法人代表王志勇和红叶茶场法人代表蔡德熙于1998年3月10日签订了一份茶叶购销合同，具体货物是红叶特级绿茶，数量为500千克，每千克价格为64元，1998年6月20日之前由茶场直接运往公司，运费由茶场负责。检验合格后，公司于收货10天以内通过银行托付货款。茶叶必须用大塑料外包，纸袋内装，外用纸箱或麻包袋装。包装费仍由茶场负责，不计价。茶场地址为：××省常清县城北区，开户银行是常清县农业银行，银行账号：0354，电话：2749883。茶叶公司地址为海口市××路××号，开户银行为海口市工商银行，账号667806，电话××××，合同签订后，如双方不履行，在正常情况下拒不交货或拒付款都须处以货款20%的罚金，迟交货或迟付款，则每天罚万分之三的滞纳金，数量不足，按不足部分的货款计赔，仍按20%的比例赔偿。质量不合格，则重新酌价。如遇特殊情况，不能履约，则提前20天通知对方，并赔偿总金额10%的赔偿费。

3. 根据下述内容写一份加工承揽合同，要求按照规范格式写作。

辉达制造厂为洪飞外贸公司制造薄荷锅500套，所需材料由洪飞公司提供2毫米黑铁皮200张，1毫米黑铁皮410张，0.5毫米白铁皮220张，0.8毫米白铁皮300张（标的），所提供的铁皮均需符合国家标准（质量标准），否则，由于铁皮质量不合格而造成的薄荷锅的质量问题，洪飞公司将承担全部责任，并处以全部加工费5%的赔偿（违约责任），材料由洪飞公司负责运往辉达制造厂所在地，运费由洪飞公司承担（履行方式）。洪飞公司于2002年5月20日前将材料全部一次性交给辉达制造厂，由辉达制造厂负责保管并提供加工场地，如保管不当造成损失由辉达制造厂负责重新购买并赔偿由此造成的损失，洪飞公司概不补发（履行方式）。辉达制造厂必须在2003年2月20日前完成加工（履行期限），500套薄荷锅全部要求内空直径为110厘米，水封口直径为120厘米，高度132厘米，锅身用1毫米黑铁皮，锅底用2毫米铁皮，锅盖用0.8毫米白铁皮，油肠用0.5毫米白铁皮，油水分离器直径为24厘米，高度26厘米。成品锅牢固兼美观，不漏水，不漏气。（质量和数量）由洪飞公司派质量检验员检验，如不符合要求，由辉达制造厂负责返工，并处以全部加工费的5%的赔偿，返工所需材料及加工费由辉达制造厂自行负责，返工时间不得超过20天，否则处以加工费1%的赔偿。由辉达制造厂负责将全部成品锅运至洪飞公司外贸仓库，运费由辉达制造厂承担。每口锅加工费为80元（价金），验收合格一口付全部加工费的80%，待全部成品合格后一次性付清，延迟一天，处以银行同期利率的赔偿。

4. 通过分析以下合同条款，提取签订简单的购销合同所需要的信息。

购销合同

甲方： 合同编号：

乙方： 签订地点：

为了保护买买双方的合法权益，根据《中华人民共和国合同法》的规定，经协商一致同意签订本合同。

一、产品名称、型号、数量、金额、供货时间及数量。

产品名称	型号、规、质量	数量（个）	单价（元）	总金额（元）
文件柜	以M样品为准	200	150	30 000

二、履行期限（交货时间）和地点：合同签订之后一个月内（30天），在乙方厂内仓库交货。

三、验货方式：质量和规格以乙方提供的M样品为准，加以验收。如有异议，乙方应于七日内提出，双方明确责任。由此产生的费用由责任方负担。

四、运输方式和费用：由甲方自运，由此产生的一切费用乙方概不负责。

五、货款结算：货款在货物起运后三日内通过银行办理托收。

六、违约责任：乙方逾期交货或甲方逾期结算货款，每逾期一天，按总金额0.5%付对方违约金。

七、甲、乙两方履行合同，发生纠纷时，及时协商解决。协商不成时，任何一方均可向仲裁机构申请仲裁或向人民法院起诉。

八、本合同一式两份，双方各执一份。传真件与原件均具有法律效力。

九、合同有效期：本合同自签订之日起生效，至××××年4月4日止。

甲方：	乙方：
甲方公章：	乙方公章：
开户银行：	开户银行：
账号：	账号：
地址：	地址：
传真：	传真：
电话：	电话：
合同签订日期：	合同签订日期：

项目八

商务活动文书

学习目标

◎ **知识目标**

1. 掌握总结的撰写格式及要求；
2. 掌握述职报告的撰写格式及要求；
3. 掌握计划、方案的撰写格式及要求。

◎ **能力目标**

1. 根据实际工作完成总结的撰写任务；
2. 根据实际需要撰写述职报告；
3. 能够针对实际需要制定出切实可行的工作或学习计划、方案。

项目概要

模块一	召开公司年度总结大会	总结
模块二	召开年终个人述职会议	述职报告
模块三	制定展会计划及招展方案	计划、方案

项目情境

张萌萌任上海聚美会展公司项目部经理，2013 年年终总结会会议在即，她需要对本部门全年的工作做具体总结，并对自己一年来的工作成绩和不足向公司领导做汇报。

2014 年，公司的一项重要任务是举办上海首届化妆品展览会，展会计划及招展方案都等着张萌萌去完成。

模块一　总结

任务描述

各项目小组以上海聚美会展公司项目部为背景，根据本部门全年的实际工作情况代张萌萌代写一份部门总结。

任务解析

首先，要回顾这一年来本部门所完成的工作，收集比较全面的佐证材料和数据，这就要求每个小组在写作时要特别注意材料的运用，如涉及的时间、地点、人物、事件、原因、结果等，这些材料可以真实地、有代表性地反映实际工作，这样才能把要总结的内容写得全面而有深度。要做到如上所述，最好的准备工作就是坚持记工作日志。

理论知识

一、总结的概念与作用

（一）总结的概念

总结是对过去某一时期或某项工作的情况（包括成绩、经验和存在的问题）的总回顾、评价和结论。

（二）总结的作用

有的人认为工作总结是“例行公事”，老一套。其实，这是一种误解。从实际情况看来，工作总结至少有以下作用：

1. 信息作用

一份全面的工作总结，可以向上级机关、下属单位和有关部门提供某一时期的工作情况，使他们知道你这个单位做了哪些工作，是怎么做的，从而有助于社会了解你这个单位。特别是那些成绩突出的单位，通过工作总结，除交流信息外，还有利于提高知名度。

2. 借鉴作用

工作总结不仅仅是总结成绩，更重要的是为了研究经验，发现做好工作的规律，也可以找出工作失误的教训。这些经验教训是非常宝贵的，对本单位和外单位、本地区和外地区的工作都有很好的借鉴与指导作用，可供在今后工作中改进提高、趋利避害、避免失误。

3. 监督作用

一般的机关、单位都会通过定期总结向群众报告工作。企业则向职工报告工作，听取群众意见，接受民主评议。这样，不仅使工作总结更加符合实际情况，而且也接受了群众的监督。从某种意义上讲，工作总结也是一种民主监督的形式。

4. 提高作用

为进行工作总结，领导要深入基层，开展调查研究，培养与锻炼自己的思维方法、分析能力、辩证观点，实际上这也是自我提高的一种好方法。一般地说，每总结一次，认识就会提高一次，领导的能力和水平也会有相应地长进。如果说领导者可以在实践中增长才干，那么经常地总结工作也是增长才干的一种好方法。所以，工作总结的过程也是领导自我提高的过程。

5. 考核作用

上级机关检查下级机关和基层单位的工作，除了听汇报、看现场、进行实地调查以外，看工作总结也是一种方法。从工作总结中可以看到成绩，发现存在的问题，再看实际情况是否与工作总结相符。就这方面说，工作总结起到考核的作用。

6. 历史作用

工作总结是工作情况的全面综合，包括很多原始资料。这些资料存入档案，长期或永久保存，可以为编写年鉴和史志提供依据。

二、总结的特点与分类

(一) 总结的特点

1. 自指性

总结是对自身社会实践进行回顾的产物，它以自身工作实践为材料，采用的是第一人称写法，其中的成绩、做法、经验、教训等都有自指性的特征。

2. 回顾性

这一点总结与计划正好相反。计划是预想未来，对将要开展的工作进行安排。总结是回顾过去，对前一段的工作进行检验，但目的还是为了做好下一段的工作。所以总结和计划这两种文体的关系是十分密切的，一方面，计划是总结的标准和依据，另一方面，总结又是制定下一步工作计划的重要参考。

3. 客观性

总结是对前段社会实践活动进行全面回顾、检查的文种，这决定了总结有很强的客观性特征。它是以自身的实践活动为依据的，所列举的事例和数据都必须完全可靠，确凿无误，任何夸大、缩小、随意杜撰、歪曲事实的做法都会使总结失去应有的价值。

4. 经验性

总结还必须从理论的高度概括经验教训。凡是正确的实践活动，总会产生物质和精神两个方面的成果。作为精神成果的经验教训，从某种意义上说，比物质成果更宝贵，因为它对今后的社会实践有着重要的指导作用。这一特性要求总结必须按照“实践是检验真理的唯一标准”的原则，去正确地反映客观事物的本来面目，找出正反两方面的经验，得出规律性认识，这样才能达到总结的目的。

（二）总结的分类

按总结的时间分，有年度总结、半年总结、季度总结、学期总结。进行某项重大任务时，还要分期总结或叫阶段总结。

按总结的范围分，有单位总结、个人总结、综合性总结、专题总结等。

按总结的内容分，有工作总结、生产总结、教学总结、科研总结、实习总结等。

三、总结的撰写格式

总结一般分为标题、正文、结尾和落款四部分。

（一）标题

一般是根据中心内容、目的要求、总结方向来定。同一事物的总结因侧重点不同，其标题也就不同。总结标题有单标题，也有双标题。字迹要醒目。

单标题就是只有一个题目，如“我省干部选任制度改革的一次成功尝试”。一般来说，总结的标题由总结的单位名称、总结的时间、总结的内容或种类三部分组成，如“××市化工厂 2013 年度生产总结”、“××市××研究所 2013 年度工作总结”；也可以省略其中一部分，如“三季度工作总结”，省略了单位名称。

双标题就是分正副标题。正标题往往是揭示主题，即所需总结提炼的东西，副标题往往指明总结的内容、单位、时间等。例如：

辛勤拼搏结硕果

——××县氮肥厂 2013 年工作总结

（二）正文

正文是总结的主体，一篇总结是否抓住了事情的本质、实事求是地反映出了成绩与问题、科学地总结出了经验与教训，文章是否中心突出、重点明确、阐述透彻、逻辑性强、使人信服，全赖于主体部分的写作水平与质量。因此，一定要花大力气把主体部分的材料安排好、写好。一般包括以下几部分内容：

1. 情况概述

即总结的开头部分，一般是用简练的文字概括交代总结的主要成绩与效果等，或者将工作的过程、基本情况、突出的成绩作简洁的介绍。其目的在于让读者对总结的全貌有一个概括的了解，为阅读、理解全篇打下基础。

2. 成绩和经验

这是总结的目的，是正文的关键部分，这部分材料如何安排很重要，一般有两种写作方法：

一是先写出做法、成绩，然后写经验。即表述成绩、做法之后从分析成功的原因、主客观条件中得出经验教益。

二是写做法、成绩的同时写出经验，也可以在做法和成绩之后用“心得体会”的方式来介绍经验。

3. 存在的问题和教训

一般放在成绩与经验之后写。存在的问题虽不在每一篇总结中都写，但思想上一定要有个正确的认识。每篇总结都要坚持辩论法，坚持一分为二的两点论，既看到成绩又看到存在的问题，分清主流和枝节。这样才能发扬成绩，纠正错误，虚心谨慎，继续前进。这部分的写作方法要中肯、恰当、实事求是。

（三）结尾

一般写今后的努力和打算。这部分要精练、简洁。

（四）落款

署名写在结尾的右下方，在署名下边写上总结的年、月、日。如为突出单位，也可把单位名称写在标题下边，则结尾只落上日期。

[总结例文一]

2013年个人总结

本人于2012年9月通过竞争上岗，担任××市工商局财务科副科长职务。一年来，在市局党组的正确领导下，在同志们的关怀和帮助下，认真履行岗位职责，努力提高自身政治和业务素质，在思想和工作方面取得了一定成绩，现述职如下：

一、加强学习，提高政治和业务素质

坚持认真学习马列主义、毛泽东思想和邓小平建设有中国特色社会主义理论，努力在思想上和政治上与党中央保持高度一致，用正确的理论指导自己的行为，加强自己世界观、价值观的改造，增强自身防腐拒变的能力。同时我还根据自身工作实际，认真学习各项业务知识，积极参加省局组织的财务培训，达到学以致用的良好效果，提高了自身的业务处理能力。

二、脚踏实地，摆正位置，积极做好各项工作

一年来，作为副科长，我始终坚持到位不越位，摆正位置，不争功，不推过，当好科长的参谋和助手，做好自己的本职工作。

（一）科学编制预决算

根据省财政厅的统一部署和鲁工商财字〔××〕196号文件精神，结合我市工商系统的实际情况，编制了××市工商系统2014年工商行政管理单位预算。在编制过程中，进一步夯实项目信息，强化制度建设，努力实现“预算信息动态化、预算管理精细化、预算编制规范化、预算效益最大化”，严格按照预算编制要求，体现了零基预算、综合预算的特点，反映了单位的所有收入和支出。在编制决算过程中，决算报表收支数额真实，内容完整，做到了账表相符、表表相符，核对年度预算收支数字和各项缴拨款项，各项收支按照规定要求进行了年终结账。

（二）认真总结去年审计检查中存在的问题，针对问题认真整改

2012年10月份，省审计部门组织的对全省工商行政管理财政财务收支情况的审计已经结束。这次审计，设计范围广、内容多，是系统垂直管理以来又一次全面审计。通

过审计部门的检查，发现主要存在以下几个方面的问题：(1) 行政性收费及罚没款方面的问题；(2) 财务收支方面的问题；(3) 财务管理和会计基础工作相对薄弱。

我科以此次审计为契机，同各县、市（区）局认真分析存在问题的原因，属于违反财经纪律方面的，严格按照国家财政政策和上级有关规定进行整改；属于会计基础方面的，严格按照会计准则和执行的会计制度予以纠正；属于管理方面的，结合单位实际，研究制定切实可行的内部财务管理措施并认真落实。

（三）统计系统内欠缴“三金”情况

今年1月中旬，根据省局财务装备处的安排，市局及各县、市（区）局对全市系统内欠缴“三金”情况进行统计。在客观公正、实事求是的基础上，遵照属地管理的原则，据实填报，特别是对交纳养老保险金的比例、金额、实际缴纳情况进行了详细的调查，并由市局集中汇总后上报省局财务装备处，已初步争取到省局政策倾斜。

（四）针对取消“两费”进行调研

今年4月初，由财政厅行政法规处和预算处组成的专门调查组对省垂管单位财务情况进行摸底抽查，××市工商局为被查单位之一。接到通知后，我们与市财政局及省财政厅驻济办事处积极衔接，摸清调查目的，在兄弟科室的帮助下，有针对性地、如实地向财政厅领导反映了我市工商系统财务现状，基本达到预期效果。

4月底，根据省局人事处和财务处的安排，结合人员编制情况，在人事科的配合下，对××年全系统机关、事业、离退休人员的欠发工资情况，“两费”占总收费的比重，“两费”安排占总收入的比重，欠缴“三金”等情况进行摸底，积极应对“两费”取消问题。

三、存在的问题和今后努力的方向

回顾一年以来的工作，自己虽然取得了一定的成绩，但这都是在科长的正确指导下全科同志共同努力的结果。同时，我也清醒地认识到，自己还存在许多问题和不足：

一是自觉刻苦学习的精神不够。

二是思想比较保守，开拓创新的意识不够强。

在今后的工作中，自己要努力做到以下几点：

第一，进一步加强自身的政治理论学习，不断提高政治素质和思想觉悟。坚持学习理论知识，向领导和同志们学习实践经验，提高自己分析问题和解决问题的能力。

第二，更加热爱本职工作，积极探索工作中存在的问题，尽职尽力，开拓创新，团结同志，扎实工作，为工商事业尽自己的一份微薄之力。

××市工商局财务科副科长：×××

2013年12月26日

资料来源：http：//www.diyifanwen.com。

简析

这是一份财务科长的年度个人总结。前言简洁凝炼地引出正文，正文部分分项总结了自己全年的思想情况和业务工作，最后还总结了自己全年来工作上的不足及今后努力的方向。全文条理性强，分析总结较深入。

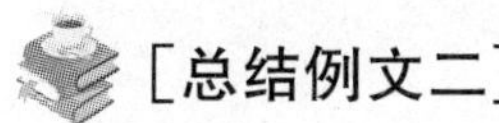

[总结例文二]

××学校后勤处2013年工作总结

过去的一年，我校后勤工作遵循学校总体工作思路和后勤工作计划，以提供良好的物质条件和优质的教育教学环境为重点，在工作中坚持以“服务”为宗旨，强化后勤工作人员素质，提高办事的实效性。现总结如下：

一、立足本职，服务一线

1. 改善教学环境和学习环境。今年所有办公室、教室全部安装了空调设备。目前学校空调数量已达××台，共××千瓦。

2. 维修及时、服务到位。凡是影响到教学工作的事都及时处理，今年维修、更换灯管80余次，更换阀门水嘴共18只。零星维修服务115次。

3. 配合政教、教务开展工作，基本做到一线问题需要后勤协作的都随叫随到，力争做到解决问题快、不留尾巴。

4. 加强文印工作的管理，解决了文印工作中的薄弱环节，服务及时到位。

5. 新建后勤仓库150平方米，使后勤管理工作更加集中、规范。

二、整章建制，规范管理

后勤工作是学校的基础工作，后勤工作的管理直接影响到学校的全面管理。今年，后勤管理继续执行了《物品采购申请审批制度》、《物品领用保管的有关规定》、《维修申报制度》，有效地规范了学校的后勤管理工作。

为了加强校园管理，我们还制定了《校园安全管理规定》、《校园安全紧急预案》、《校园安全防火制度》，从而保障校园安全，杜绝了安全隐患。对学校资产进行了一次摸底清查，所有资产全部登记、建账，管理日趋完善。

三、加强管理，开源节流

资金是学校的命脉。按照校长要求，学校后勤工作要有主动性、前瞻性、服务性、科学性、全局性。学校财会部门严格履行规章制度，积极开源节流、勤俭持家。做到收支有计划、有审批、有手续。

1. 做到“物资采购要批”的审批制度，学校各部门所需的教学物资均由部门提出申请、主管领导审批、后勤统一采购，避免了过去谁需就买的无序状况。

2. 实行“物品发放按需”的管理制度，改变过去按人头配备办公用品的不合理现象，有效地节约了办公用品的开支。

3. 加强纸张和办公耗材的管理，实行由主管审批复印和油印的业务，并负责纸张的管理，使纸张消耗大幅降低。

4. 颁布执行《公物损坏赔偿制度》，使人为损坏公物现象得到有效扼制。

上述工作成绩的取得，得益于领导指挥有方、各部门协同配合，新的一年我们会再接再励，更好地完成学院后勤工作。

××学校后勤处
2013年12月20日

简析

这是一篇部门总结，标题是完全式标题“发文机关＋时限＋事由＋文种”，全文的亮点是正文部分，总结工作有理有据，数据完整，论证充分。若结尾处能写出工作的不足就更好了。

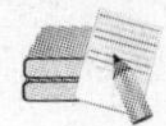

写作提示

撰写总结的注意事项

1. 要坚持实事求是原则。

实事求是、一切从实际出发，这是总结写作的基本原则，但在总结写作实践中，违反这一原则的情况却屡见不鲜。有人认为“三分工作七分吹”，在总结中夸大成绩，隐瞒缺点，报喜不报忧。这种弄虚作假、浮夸邀功的坏作风，对单位、对国家、对事业、对个人都没有任何益处，必须坚决杜绝。

2. 要注意共性、把握个性。

总结很容易写得千篇一律、缺乏个性。当然，总结不是文学作品，无需刻意追求个性特色，但千部一腔的文章是不会有独到价值的，因而也是不受人欢迎的。要写出个性，总结就要有独到的发现、独到的体会、新鲜的角度和新颖的材料。

3. 要详略得当，突出重点。

有人写总结总想把一切都写进去，不肯舍弃所有的正面材料，结果文章写得臃肿拖沓，没有重点，不能给人留下深刻印象。总结的选材不能求全贪多、主次不分，要根据实际情况和总结的目的，把那些既能显示本单位、本地区特点，又有一定普遍性的材料作为重点选用，写得详细、具体，而一般性的材料则要略写或舍弃，内容要真实。

补充知识

个人总结与自我鉴定的主要区别

自我鉴定虽然也属个人总结的范畴，但它们之间还是存在明显区别的。

（1）写作的目的不尽相同。总结的目的重在回顾和反思过去的实践，从中找出成功或失败的经验与教训，从而发扬成绩，克服不足，以指导今后的工作；自我鉴定则更多的是为领导、组织、评委等了解自己入学、入团、入党、就业、评定职称、晋升提供材料。

（2）涉及内容不同。总结常常有不同目的，因此内容往往有所侧重；自我鉴定则需要全面。

（3）表现手法不同。总结虽要求将感性上升为理论，但更强调用事实说话，所以，写作总结必须有具体事实做印证；自我鉴定则要求在真实的基础上高度概括、中肯评价，因此，它不必过细、过具体，而是一种评语式的写作。

实战练习

1. 请针对自己进入大学后的学习情况写一篇学习总结。

2. 请指出下面这篇总结存在的问题，并加以修改。

××厂 2013 年青工文化补课工作总结

我厂应该参加文化补课的青壮年职工有 130 人，去年底普测合格有 39 人，还有 91 人需要继续补课。为了切实抓好青工文化补课这项工作，我厂于今年一月办起文化补习班。下面谈谈我们的初步做法和今后打算：

中央五单位《关于切实搞好青壮年职工文化技术补课工作的联合通知》下达以后，厂党支部十分重视。支部书记及时召开支部会，研究这项工作。大家认为，我厂接近婚龄的女青年较多，如果不在近期内抓紧完成补课任务，将来困难会更大。因此，党支部决定在厂里开办初中文化补习班，并把这项工作交给工会和团支部具体抓。

会后，厂里成立了由工会主席、团支部书记和一名工人代表组成的“补课领导小组”，着手筹备办理。我们遇到的最大困难是一无教室，二无教师。面对重重困难，我们决定向临近的一所中学求援。在该所中学领导的帮助下，我们从他们那里聘请了三位教师，并租借了教室。这样，我们根据学员文化程度的具体情况，编成了两个快班、一个慢班。利用星期一、三的晚上和星期六下午来上课。开学以后，语文课本还缺一、二册买不到，我们又自己动手刻印教材，保证了教学工作的顺利进行。

为了保证教学质量，必须加强教学管理。我们制定了“学员守则”、“考勤制度”等必要的规章制度，并且各班配备了正副班长，负责考勤和收发作业。制定了制度就要严格执行。有一段时间各班出勤率、作业完成率普遍不高。我们根据群众意见，规定无故旷工一次，扣发月奖金 10 分（我厂月奖金采用百分制评分法）；两次不完成作业扣 5 分。这个规定对学员触动很大，出勤率、作业完成率都有所提高。

但是，光有这些还不够，还应该积极采取措施，帮助职工解决学习和生活中的具体困难，为他们解除后顾之忧。例如，我厂有不少孩子妈妈，因小孩拖累不能按时上课，工会就腾出一间房子，领导亲自动手，粉刷墙壁，购置了炊具、小床，办起了临时托儿所，解除了她们的后顾之忧。又有制度，又有措施，职工学习积极性大大提高，学员出勤率、作业完成率一直保持在 90%以上。

在青工文化补课方面，我们取得了一些成绩，但也存在不少问题。目前，两个快班已经结业，对于考试及格的，我们将举办高中补习班，让他们继续学习提高。对于考试不及格的，我们打算把他们插入慢班继续补课，待明年六月份再参加统考，争取明年全部完成补课任务。

二〇一三年十二月

模块二　述职报告

任务描述

2013 年全年总结大会上，上海聚美会展公司各部门的部门经理均要向公司领导及全体员工做个人述职。作为项目部经理的张萌萌自然也不例外，她要将自己全年的工作和成绩撰写成一份述职报告。

任务解析

撰写述职报告首先要回顾本年度的主要工作，然后将主要成绩分条列项列举，最后撰写成文，以向单位领导及其他成员证明自己一年来是否完成了岗位任务、履行了岗位职责。

理论知识

一、述职报告的含义及作用

（一）述职报告的含义

述职报告是在改革大潮中产生的一种崭新的文体。它是随着人事管理改革和干部科学管理的实际需要而产生的。所谓述职，顾名思义，就是述说履行职责的情况，即述职人（代表单位、部门领导集体或领导者个人）把一个阶段履行职责的情况和称职与否表述出来。所以说，述职报告就是向上级机关和本单位群众汇报单位、部门领导集体或领导者个人一个阶段履行职责的情况并回答称职与否的报告。

（二）述职报告的作用

述职报告是各级机关、企事业领导和人事管理部门考察干部的重要方式之一。它的主要作用是：

（1）有利于领导本人总结经验吸取教训，明确职责，改进工作。

（2）有利于上级考核干部，可为上级领导和人事管理部门考核干部提供科学依据。

（3）有利于本单位群众了解领导集体或领导者个人履行职责的情况，增强透明度，便于群众监督。

二、述职报告的特点

要撰写好述职报告，首先要掌握好述职报告自身的特点。

（一）限定性

首先是选材限定。选材被限定在述职人的职责范围内。述职报告不像文学作品的题材那样“上下几千年，纵横数万里”，由作者自由选择。述职报告无论是汇报政绩、说明不足，还是简述阶段工作目标、概述今后工作打算，所用的材料都被限定在述职人的职责范围内，不管述职人有无兴趣，都不能随意游离职责，自由选取。其次是作者限定。即述职报告的作者，一般仅限定于代表单位、部门领导集体或领导者个人。最后是报告时间被限定。述职报告一般要在一定范围的会议上述说汇报，时间要求比较严格，一般限定不超过20分钟。

（二）严肃性

述职报告场合的庄重性、上级领导的重视性、单位干部职工的监督性决定了述职报告具有极强的严肃性，述职人必须严肃对待。

首先，述职态度要严肃，坚持实事求是的原则。是好处则说好，是坏处则说坏。成绩讲准，缺点指明，不虚美，不隐恶，不夸大，不缩小，求是核实。

其次，分析问题要辩证，注意把握分寸。对成绩，准确把握述职人应占的份量，正确估计述职人所起的作用。不能把别人、别部门和别的系统的成绩都说成自己的成绩；对不足，也要分清哪些是个人的责任，哪些是集体的职责，哪些是主观努力不够造成的，哪些是客观条件影响造成的，不能统统划在自己身上。总之，对成绩和问题分析要辩证。要讲清自己在其中“扮演”的角色和所起的作用。既不能争功诿过，掠人之美；又不能让功揽过，让美于人，一切都要恰如其分、准确无误。

最后，述职报告中所涉及的时间、地点、数字、事例等，也都必须真实可靠。

（三）鉴定性

述职报告要当着上级委派的考核人的面向本单位干群一字不增不减地宣读，经本单位干群分组讨论，辨别是否正确、客观后，进行民主评议，再上交主管部门，让上级了解述职人的情况，作为升迁、留任、降职或调整等的重要依据之一，所以，带有鉴定性。

（四）简朴性

简是简约、精当、扼要。述职报告用最简约的语言、最精当的材料、最扼要的概括，充分地说明阶段工作情况，达到“浓绿万枝一点红，动人春色不须多”的境界，朴实自然。述职报告要使领导、群众和自己三满意，必须用明确的观点、恰如其分的语言不加修饰地表述事实，形成朴实自然的特点。

三、述职报告的写法

（一）标题

述职报告一般以一年为期限，有时也以半年为期限。其标题一般由述职的期限和文种两部分组成，如“2013年度述职报告”、“2013年下半年述职报告”；也有的省略期限，只写“述职报告”或“我的述职报告”。标题应空一行或两行居中写。

（二）署名

在标题下空一行居中署名。署名要求写单位全称；若属个人述职报告，应写全单位名称、职务和姓名。

（三）正文

署名后空两行或三行开始写正文，正文一般分五部分：

1. 写清岗位职责和年度工作目标

这部分是述职的基础。否则，述职就失去了根基，就会“下笔千言，离题万里”，使人感到突兀。这部分在述职报告中处于重要地位，写作这一部分要提纲挈领，高度概括。

2. 汇报述职人的政绩

这一部分内容要根据职责范围和年度工作目标，阐述如何履行职责和完成年度工作目标的情况，选取在述职时限内的主要工作，较细致地将其工作过程和所取得的成果表述出来。撰写这部分内容，总的要求是准确清楚，具体实在，有理有序，轻重分明，详略得当；特别是对一些棘手事情的处理思路，对一些群众关注问题的认识和处理结果，更要表述清楚。这部分常见的写法有：

（1）分类式。即把阶段工作成绩按性质分类叙述。如把阶段工作成绩分为决策类、指导类、参谋类、组织类、协调类或获奖类，然后逐类叙述成绩。

（2）条款式。即对职责范围内容和年度工作目标，逐条对照汇报工作实绩。

（3）重点式。即根据述职人的职责范围和年度工作目标，选取最主要、最突出的几件事为重点，详细汇报，其他的可以简笔带过。

（4）顺时式。即按阶段工作的时间顺序来表述工作情况。它适合中心工作随季节变化而变化的单位。

3. 不足之处和今后打算

扼要指出不足之处，简明汇报今后工作打算。

不足之处要对照职责范围和年度工作目标找准，行文要扼要，做到有观点、有实例，详略得当，说明问题。今后打算要紧扣不足之处提出改进意见，做到有预见性，切合实际，并运用已有经验和规律，发扬成绩，纠正缺陷，尽量做到打算的合理，高度体现领导的预见。

4. 体会

这是述职报告的结尾部分，俗话说“编筐编篓，重在收口”，这部分即剖析在履行职责过程中成功的经验和失败的教训。这是正文内容又一个重点。这一部分内容是对在履行职责情况、完成年度工作目标的实绩或失误进行深层次思考和分析的基础上得出的理性认识，最能体现述职者的认识水平和综合思辨能力，写作时要注意体会上头的政策，体察下面的实际，认真运用马列主义、毛泽东思想的观点、立场、方法，精心构思，深刻独到，不落俗套。

5. 回答称职与否的问题

这既是述职的出发点，又是述职的归宿点，也是前几部分的总归结。它是前几部分顺理成章的结论，而不能成为游离于前几部分之外的自我表白。这部分内容，应从思想道德素养、政治理论素质、开拓进取精神、政策法律水平、处事决断能力、综合分析能力、文字口头表达能力、廉洁模范作用、上下左右协调能力、思想方法和工作方法等方面，为自己（或单位、部门领导集体）勾勒出一幅“肖像”，最终回答称职与否的问题。有许多述职报告，特别是代表单位、部门领导集体的述职报告，可省略这部分。但按述职报告的规范写作要求，这一部分不应省略，特别是述职干部个人的述职报告，更应具备这一部分。

（四）写作日期

写作日期署在述职报告最后一页右下角。应注意写作日期要写全年月日，不能简化。

因为述职报告是考察干部的重要依据之一，是要归档保存的。

[述职报告例文一]

2013年度述职报告

述职人：×××

过去的一年是不平常的一年，我们经历了一个大的转折，伴随着年初产业结构的调整，干部竞聘上岗后，又整体划归至装备制造集团，由生产经营单位变成一个成本车间，我的岗位又进行变动，由支部书记接任厂长，下面就我的工作情况分阶段做述职报告。

一、抓好分厂的组织建设，围绕着生产经营做好党建工作

在工作中，我坚持以邓小平理论和“三个代表”的重要思想指导党建工作，认真贯彻执行上级的指示精神，以加强支部能力建设为重点，全面落实各项基础工作，以提高全员的综合素质，促进企业与员工共同发展为目标，做好现阶段的职工群众思想政治工作。发挥党支部的核心作用和全体党员的先锋作用，促进生产经营工作。为了强化基层的组织建设，我严格遵守“三会一课制度”认真组织好全体党员的理论学习，经常性地组织入党积极分子进行培训，定期召开支委会研究支部的各项工作，分析掌握职工队伍思想动态。对工作中存在的好的风气及突出个人及时给与肯定和表扬，同时对不好的倾向和违反制度的及时予以批评和制止，经常利用职工大会讲分厂的任务、生产经营情况、存在的困难和问题，让员工有充分地知政、参政、议政权，培养员工的主人翁精神，坚持树正气，刹歪风，严肃组织纪律，保障了分厂各项工作顺利开展。

宣传贯彻公司的发展目标和发展战略，培育和发展企业文化，让员工对企业的前途有一个明确和良好的预期，在公司资金周转困难，拖欠职工6个月工资造成职工有情绪的时候，我积极深入到职工中去，细心向职工讲解目前存在的困难和货款回收的周期。鼓励职工抓好生产，干好工作，克服暂时困难。

在配合行政领导抓分厂内部管理中，坚持教育和管理相结合，不断建立和完善内部管理制度，做到贡献决定分配，严格按定额考核，效率优先，兼顾公平，以激励先进，鞭策“后进”。工作中我认真做好支部的各项工作，做好党员队伍和积极分子的学习教育和培养考察工作。今年吸收了2名积极分子入党，2名列入明年发展计划，支部的基础工作扎实，各项基础资料齐全，在历次的检查中都得到上级机关高度评价。

我在认真做好支部书记工作的同时，积极配合抓好各项管理工作，把思想政治工作同日常的管理相结合。在厂长外出跑市场时，就担起厂中的管理工作。每天坚持到车间、机台、到职工中了解职工思想情况，发现问题和矛盾及时处理和化解，遇事从不推诿、不回避，经常利用周一职工大会向职工进行形势教育，对职工中存在的思想疑虑，用正确的方式方法耐心地解答，在职工利益上，严格按章办事，维护职工的正当合法权益，对持有不同意见的人，摆事实、讲道理，做到以理说服教育，通过思想工作同管理相结合，理顺职工情绪，做到队伍稳定，促进了生产的顺利进行。

二、坚定理想信念，树立正确的世界观、人生观、价值观

作为一名领导干部，我认为，最关键的是树立一个勤政廉政的形象，做到严于律己、廉洁自律，才能做好别人的工作，才能有说服力和感召力，才能使班子有凝聚力、战斗力，在群众中树立威信，要通过不断的学习，树立一个正确的思想和坚定的理想信念，增强抵制不良思想的侵蚀的能力。所以作为一名党支部书记，我在工作中注重廉政建设的学习和教育，不但自己坚持用马克思列宁主义、毛泽东思想和邓小平理论、“三个代表”重要思想作为指导自己的行动指南，坚持按原则办事，而且同班子成员相互沟通学习交流，经常在一起学习廉政、勤政的先进人物和反面教材，做到警钟长鸣。虽然我们是一个生产车间，从事的是生产经营工作，但我坚持从每一件小事做起，从不讲排场，不做违反原则的事，不搞奢侈浪费，牢记“三个务必”，自觉端正工作作风。正确对待权力和名利、个人与集体利益的关系。从不搞特殊化，同党员干部的准则保持一致，在群众中树立了一个良好的形象。

三、坚持认真学习，不断在学习中提高自己的业务能力和理论水平

一年来，我坚持学习理论，不断用“三个代表”重要思想武装头脑。认真学习局《二次创业指导纲要》，以大庆精神、铁人精神为精神动力。不断地在学习中丰富自己的知识。

今年初，参加了创业集团组织的干部理论培训班，归属后又参加了装备集团组织的学习《二次创业指导纲要》推进集团振兴与发展研讨班，收益很大，平时在工作之余也坚持学习党的理论和市场经济方法知识，尽可能汲取多方面的“营养”来充实自己，不断地探索日常管理方面的新方法，围绕生产经营为目标研究和做好思想、管理、稳定方面的工作。通过学习积累经验，提高解决问题的能力。

今年9月份起担任厂长，我更感到有许多生产经营方面的知识需要去学习，岗位的转换，是观念的转变，角度的转变，只有加强学习的思想和做法不能变。因此，我把学习作为工作中的首要任务。坚持做到学以致用，用科学的管理方法来指导工作，确保了一个稳定和谐的生产局面。

四、抓好分厂的安全管理工作，树立敢于负责的精神和责任感

在工作中，我把日常管理的难点作为工作的重点。行业中对安全操作规程的执行要求相当严格，每一个工种都需要遵守相应的规程，但在操作中总是有人故意违规操作，特别是车工操作过程中带手套现象屡禁不止，我们经常要求并进行检查，但有的操作者总是找借口违反规程操作。为了严肃制度，清除隐患，我们采取行政惩罚手段，一经发现违规操作人员，严格按规定处罚。被惩罚的人不高兴，被批评的有抵触情绪，经常发生操作者同安全管理人员吵架的情况，安全工作责任大，得罪人，是管理中的难点，为了抓好安全工作，消除人为存在的隐患，一年来，我经常到工人中去开展安全思想教育，在教育的同时我坚持每周安全例会制度，做到逢会讲安全，经常同安全管理人员到车间巡回检查，发现违规情况坚决制止，按章办事，采取会议、板报、图例等方式宣传安全知识，用血的案例教育职工增强防范意识，树立安全思想，并采取安全员的建议在车间建立曝光板，对屡教不改、一味违反操作规程的个别人员严惩严罚，决不留情。对

不服从安全管理的无理取闹者，严格按照制度处理，不怕得罪人，从而有力地配合了分厂的生产经营各方面的工作。

但我深知，自己还存在着许多的缺点和不足，距上级的要求还有很大的距离，有许多的实践经验还需要向其他同志学习。今后的发展中，将会出现更多的困难和矛盾，还需要根据形势的发展，不断探索新的思路。我要通过不断学习和求索，继续在生产经营上转变观念，开阔思路，争取做一名称职的领导干部。

××××年×月×日

资料来源：http：//www.diyifanwen.com。

简析

这是一份写得较好的述职报告，格式规范，内容详细、具体，结构严谨，处处注意用事实说话，说服力强。

[述职报告例文二]

2013 年县国土资源局政风行风建设情况述职报告

尊敬的各位领导、各位代表：

按照会议安排，我就 2013 年重点工作及政风行风建设情况向大会做一汇报，敬请评议，并请提出宝贵意见。

今年以来，在县委、县政府的正确领导下，积极转变管理理念和管理方式，强化措施，狠抓落实，在耕地保护、土地资源勘查开发、维护群众权益和队伍建设等方面取得了一定成绩。

一、明确任务，强化责任，切实加强耕地保护工作

全面落实耕地保护责任制。全县县、乡、村、组、户五级共签订耕地保护责任书 31 147 份，耕地保有量达到 39.04 万亩，基本农田保护面积持续稳定在 32.59 万亩，保护率达到 83%以上。

建立健全耕地保护网络体系。严格执行《基本农田保护条例》，全面落实最严格的耕地保护制度，建立层级耕地保护责任网络体系，做到组有信息员、村有联络员、乡有监督员、县有检查员，确保耕地保护工作各项目标任务落到实处。

二、开拓创新，超前谋划，确保项目工作强势推进

加大土地复垦整理力度。争取土地开发整理项目 3 个，到位资金 2 209 万元，可实现新增耕地 1 477 亩，实现了耕地总量动态平衡。

实施了地质灾害治理工程。保塬固沟 a 片区一期工程已经结束，b 片区现已开工实施，预计 a、b、c、d、e 五个区块治理后可新增城镇建设用地 2 200 亩，总投资 9.9 亿元，为县城经济建设创造了条件，彻底治理了地质灾害隐患点，确保了县城周边人民群众的生命财产安全。

三、抢抓机遇，高效服务，扎实推进资源勘查开发

加大开发资源勘查工作力度。严格按照用地保障“一站式”供地的要求，简化工作程序，提高审批效率，扎实有效地搞好协调服务。全县累计钻探探井33口，吉岘、何家畔2个区块详查工作全面完成；板桥勘查区普查工作开始启动，已新打探井4口。

加快油田开发进程。新打油井22口，占用土地53亩，石油产能已达到90万吨。这为我县推进资源整装勘查，做大做强经济总量，注入了强大的动力，提供了难得的机遇。

四、积极服务，保障民生，保证重大项目建设用地

保障了雷西高速公路建设用地。为雷西高速公路建设征用土地6 400亩，兑付征地补偿款1.65亿元，保证了高速公路工程建设。

确保了重大项目如期落地。共征用土地16宗309.37亩，兑现征地补偿费1 346.96万元，坚持公开透明、依法征地、和谐征地，确保了征地拆迁补偿安置工作的顺利开展。

五、公开出让，公平竞争，规范国土资源市场建设

强化土地市场建设。积极探索控地价、竞配建的房地产用地出让新模式，对保塬固沟b片区进行了现状出让，二期开发可引进上亿元民间资金投资建设。

加强了土地公开出让力度，出让土地5宗132亩。

加大土地收购储备力度。储备国有土地667亩，盘活存量土地，土地市场逐步纳入了统一有序、公开公平的轨道。

六、严格执法，强化监管，维护国土资源管理秩序

加大执法监察力度。共进行动态巡查206次，发现违法用地14宗、面积6.7亩，拆除构筑物面积2 600平方米。“12336”电话接听举报违法用地4宗，立案查处1宗，责令整改1宗。

认真做好信访接待工作。受理土地征用、矿产资源开发等来信来访17件，调处办结17件，办结率达到100%。没有发生一起集体上访事件。

七、求真务实，夯实基础，着力加强土地业务工作

坚持以土地利用总体规划为指导。实行严格的土地用途管制，从严控制土地供应总量。今年，全县报批征收土地3个批次359亩，较好地满足了城区建设用地需求。

农村集体土地确权登记发证工作全面启动。年内完成西华池镇、老城镇、何家畔乡、段家集乡四个乡（镇）的农村集体土地确权登记发证工作。

强化硬件建设。新建了标准化的局机关办公大楼和四个国土所，购置了GPS、绘图仪等测量设备，为四个国土所装备了执法车辆；落实了坐标标志的日常管护工作。建立了新的城区坐标系统，保证测量标志系统的正常运转。

建成电子政务系统。电子政务已投入运行，国土资源管理现代化水平得到了整体提升。

八、转变作风，提高效能，严明纪律强化管理

加强党风廉政建设。落实“一岗双责”，不仅要管好自己，还要管好下属，实现廉

政建设与业务工作的深度结合和有机交融，建立起警钟长鸣、风险常提、防控长在的腐败预警体系。健全完善和落实岗位责任制、服务承诺制、限时办结制、首问责任制、一次性告知制、离岗告示制、失职渎职追究制，推进管理和制度创新。

严格规范管理。严格执行“收支两条线”，从严把住资金使用关、票据管理关、支出审批关。严格落实车辆管理制度、上下班指纹签到制度，经常性地坚持“白十黑、5+2”的工作模式。

开展了效能风暴行动。力求全系统干部职工在转变工作作风、履行岗位职责、改善服务质量、提高办事效率上有新的改进，人民群众对国土资源工作的满意度有新的提高。通过此项行动推动全局干部思想大解放、作风大转变、服务大改进、效能大提高、环境大改善，为全县经济社会又好又快发展提供有力的思想和作风保障。

各位领导、同志们，我们将以这次评议为契机，加强作风建设，提升工作能力，畅通群众评议渠道，请群众参与，受群众监督，让群众评判，使群众满意，充分发挥国土资源的保障服务作用。虽然，我们面临着诸多困难，征地难、拆迁难，执法难、难执法的问题依然存在，征地补偿标准与群众愿望之间存在矛盾，有限的用地指标还不能满足强劲的用地需求。我们处在天上看、网上查、地上管的两难夹缝中，但是，我们有信心，有决心，攻坚克难，顽强拼搏，真抓实干，为全县经济跨越式发展做出新的更大贡献。

谢谢大家！

县国土资源局：×××

2013年12月20日

资料来源：http：//www.diyifanwen.com。

这是一篇汇报性的专项性述职报告。正文主要列举了在专项工作中所做的主要工作和取得的成绩。事项具体，用语得体。

写作提示

撰写述职报告的注意事项

1. 突出能力。让干部述职的目的，不是给干部评功摆好，而主要是促使干部对职责清不清、责任明不明、方法灵不灵、能力强不强进行一番反思与剖析，得出称不称职的结论，从而激发开拓进取、积极向上的精神。所以，述职的重点在于证明履行职责能力的强弱。阐明领导思想，展示履行职责过程，表述任职实绩，解释处理棘手问题和总结经验、剖析工作失误等，都应服从证明能力的强弱。如何把履行职责的实绩和能力准确地表述出来，给予领导和群众以鲜明的印象和强烈的逻辑感染力，这是述职者应该重点把握的问题。

2. 实事求是。述职要讲真话、讲实话、讲心里话，切忌假大空。无论称职与否都要与事实相符。要正确处理个人与集体、主观与客观的关系，无论功过是非，都应分清哪些是个人的责任，哪些是集体的责任，哪些是主观努力的结果，哪些是客观条件影响的结果，对集体领导相互协作取得的成绩和出现的失误，要讲清自己在其中“扮演”的角色和起的作用。

3. 情理相融。述职要抱有诚意，要将自己的真实情感融于叙事说理的全过程。说理是为了叙事，叙事是为了说理，但无论叙事说理都不能离开履行职责的实际情况。只有推心置腹、毫不隐瞒地将自己的真实思想公之于众，才能沟通述职者与群众之间的感情，加深彼此间的理解和信任。为此，述职者在述职之前，必须认真地听取群众意见，弄清群众对自己有哪些批评、不满和要求，这既能帮助述职者全面反思，又能有的放矢地解答群众问题。对群众意见比较大的事情尤其不能遮遮掩掩，含糊其词，搪塞应付，要如实“曝光”。否则，不仅不能息事宁人，反而使群众产生被愚弄的感觉，会失去群众的信任。

4. 要注意把握分寸。首先，要防止干不够、话来凑；其次，要掂一掂述职人在某项成绩中的份量，正确估计自己的作用。最后，措词要有分寸。否则，群众听了反感，领导看了不满。

补充知识

述职报告与个人工作总结的区别

实际工作中有不少人在拟写述职报告时把它写成个人工作总结，将两者混为一谈。述职报告和个人工作总结是使用比较频繁的两种事务文书，要准确掌握它们的写法，关键在弄清两者的区别。

一、理论上的区别

（一）概念不同

述职报告是各类公职人员向所在单位的组织人事部门、上级机关和职工群众，如实陈述本人在一定时期内履行岗位职责情况的一种事务文书。而个人工作总结则是个人对做过的某一阶段的工作进行系统的回顾、分析，从中找出收获、经验教训及带有规律性的认识的一种事务文书。

（二）目的、作用不同

述职报告是群众评议、组织人事部门考核述职干部的重要文字依据，不仅有利于述职者进一步明确职责，总结经验、吸取教训、提高素质、改进工作，还有利于树立民主监督的良好风气。而个人工作总结则是为了总结出带有规律性的理性认识，借以指导今后的工作，同时，也有助于针对性地克服工作中存在的问题，不断提高自身的工作能力。

（三）回答的问题不同

述职报告要回答的是有什么职责，履行职责如何，是如何履行职责的，称职与否等问题。既要表述履行职责的结果，展示履行职责的过程，又要介绍履行职责的出发点和思路，还要申述处理问题的依据和理由。而个人工作总结是对一项工作或一段时间内的工作给予的归纳，它要回答的是做了哪些工作，有哪些成绩，取得了哪些经验，存在哪些不足，要吸取什么教训，今后有何打算等问题。

二、写作上的区别

(一) 写作的侧重点不同

个人工作总结一般以归纳工作事实、汇总工作成果为主，重点在于阐述主要工作，取得的成绩都可以归纳在总结之中。而述职报告必须以报告履行职责情况、报告德才能绩为主，重点在于展示履行职责的思路、过程和能力，重点和范围有确定性，仅限于职责的范围之内，围绕职责这个基点精选材料，职责范围外的概不涉及。

(二) 结束语不同

述职报告结束时一般在指出存在的问题后，阐述自己的态度，欢迎大家对自己的述职报告进行评议，常用“以上报告请批评指正”、“述职至此，谢谢大家”、“专此报告，请审阅”等字样。而个人总结结束时即在指出存在的问题后，还要写上下一步的工作打算、努力方向及解决问题的措施。

(三) 表达方式不同

总结一般采用叙述的方式，运用叙述语言，用词概括，不要求展示工作过程，只需归纳工作结果。述职报告则采用夹叙夹议的方式，运用叙述和议论，还辅以适当的说明。回顾工作情况，主要用叙述；分析问题、评价成绩时，用议论；需要交代某些情况时，用说明。

实战练习

1. 假设你是班里的班长或团支部书记，根据全年的实际工作撰写一份述职报告。

2. 下面是两份述职报告的开头部分，你觉得其语言表达有什么区别？

(1) 我是心怀着对教育的梦想到××学校任职的，我心中经常在追问：什么是真正的教育？办一所怎样的学校才可以实现真正的教育？因为有了这些追问，才使得我的工作和我的生命更有意义。在××学校工作的两年多我非常幸福，我觉得这不小的十几亩土地上有做不完的工作，在这里，我可以用我的知识、智慧、情感和我一生中最旺盛的精力和体力，为这所学校留下一些或许对未来有用的东西，我的心中充满快乐。

(2) 2013 年即将结束，一年来在领导和同志们的帮助指导下，通过自己的努力，我在思想上、业务工作水平上都有了很大的提高，圆满地完成了全年的工作和学习任务，并取得了一定的成绩。现在将我一年来的思想和工作情况汇报如下：……

模块三　计划　方案

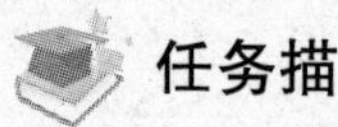

任务描述

各项目小组以上海聚美会展公司项目部为背景，公司 2014 年工作计划的一项重要任务就是筹备上海首届化妆品展览会，请代其制定出展会计划及招展方案。

任务解析

无论是展会计划还是招展方案都属于计划类应用文。写作之前首先要掌握有关的方针政策及上级的部署要求，让计划有据可依、有章可循。其次，要想制定出一个科学的、合理的计划就要分析全局，深入调查研究计划涉及的主体及客观条件，然后对掌握的资料进行综合分析，空想是不切实际的。每组学员可按上述步骤对课程任务进行讨论与写作。

理论知识

一、计划

（一）计划的概念与分类

计划是机关、团体、企事业单位对一定时期的工作预先做出安排时使用的一种公文，计划主要用于对未来的工作任务预先拟定目标，设想步骤、方法等，做到事先心中有数，减少盲目性。

计划根据内容分，有生产计划、工作计划、教学计划、财务计划、学习计划、科研计划等；按时间分，有年度计划、季度计划、月份计划等；按性质分，有单位计划和个人计划等。

（二）计划的特点

1. 预见性

这是计划最明显的特点之一。计划不是对已经形成的事实和状况的描述，而是在行动之前对行动的任务、目标、方法、措施所作出的预见性确认。但这种预想不是盲目的、空想的，而是以上级部门的规定和指示为指导，以本单位的实际条件为基础，以过去的成绩和问题为依据，对今后的发展趋势进行科学预测之后作出的。可以说，预见是否准确，决定了计划写作的成败。

2. 针对性

计划一是根据党和国家的方针政策、上级部门的工作安排和指示精神而定，二是针对本单位的工作任务、主客观条件和相应能力而定。总之，从实际出发制定出来的计划，才是有意义、有价值的计划。

3. 可行性

可行性是和预见性、针对性紧密联系在一起的，预见准确、针对性强的计划，在现实中才真正可行。如果目标定得过高、措施无力实施，这个计划就是空中楼阁；反过来说，目标定得过低，措施、方法都没有创见性，实现虽然很容易，并不能因而取得有价值的成就，那也算不上有可行性。

4. 约束性

计划一经通过、批准或认定，在其所指向的范围内就具有了约束作用，在这一范围内无论是集体还是个人都必须按计划的内容开展工作和活动，不得违背和拖延。

（三）计划的写法

计划一般由标题、正文、结尾三部分组成。

1. 标题

即计划的名称，包括制定计划的机关或单位名称、计划的种类名称、适用期限。例如："定州市周村乡2013年工作计划"，其中"定州市周村乡"是单位名称，"2013年"是计划适用期限，"工作计划"是计划种类，这三部分构成计划的标题。

2. 正文

计划的正文一般由前言、主体和结语构成。

前言可简明扼要地写明制定计划的依据；概述本单位的基本情况，分析完成计划的主、客观条件；提出总的任务和要求，或完成计划指标的意义；指出制定计划的目的。这四方面的内容可根据实际作出适当选择。前言结束后以"为此，特制定计划如下"类语为过渡语，引出主体部分。

主体一般必须写清目标任务和措施步骤两方面的内容，即某一时段内要完成的工作任务和采取何种办法、利用什么条件、由何单位何人具体负责、如何协调配合完成任务。

计划的主体可采用条文式、表格式或图文结合式三种。条文式计划是把计划的内容分成若干部分，按照内在的逻辑关系排好顺序，写上序数和小标题。这种形式条理分明，层次清楚，便于贯彻执行。以进度、质量、措施为重点的计划常采用这种形式。表格式计划是把计划要完成的任务用表格的形式加以罗列，有时加以简要说明。这种形式简洁明快，一目了然，可以省去许多相同的词语，便于对照检查。以数据为指标的计划常采用这种形式。

结语可以说明计划的执行要求，也可以提出希望或号召。也有的计划不专门写结语。

3. 结尾

包括署名和日期。要标明制定计划的个人姓名或单位名称，写清制定计划的年月日，写在正文的右下方，署名在前，日期在后。如果标题中已有制定计划单位名称，这里也可以省略。如计划是呈报上级机关，或下发所属单位的，要加盖公章，否则无效。

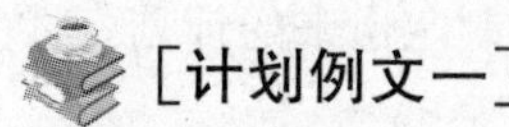

[计划例文一]

××公司2014年财务工作计划

2014年是我公司发展非常重要的一年，也是充满挑战、机遇与压力的一年。为了增强责任意识、服务意识，并充分认识和有条不紊地做好财务工作，特制定本计划。

一、严格遵守财经等法律、法规和国家统一会计制度，遵守职业道德，树立良好的职业品质，严谨工作作风，严守工作纪律，坚持原则，秉公办事，当好家理好财，努力提高工作效率和工作质量。全面、细致、及时地为公司及相关部门提供翔实信息，为领导决策提供可靠依据，当好领导的参谋。

二、积极参与企业管理。随着财务管理职能的日益显现，财务管理应参与到企业管理的逐个环节，为制定总体规划提供依据，为落实各项工作进行监督，为准确考核工作提供结果。

三、随着单位精细化管理水平的不断强化，对财务管理也提出了更高的要求，根据财务管理的特点以及财务管理的需要，我们要进一步做好日常工作。

1. 加强规范现金管理，做好日常核算，按照财务制度，办理现金收付和银行结算业务，强化资金使用的计划性、预算性、效率性和安全性，尽可能地规避资金风险。

2. 努力开源节流，使有限的经费发挥最大的作用，为公司提供财力上的保证。在费用控制方面，加强艰苦奋斗、勤俭节约的理财作风，将各项费用压到最低限度，倡导人人提高节约的意识。

3. 加大财务基础工作建设，从粘贴票据、装订凭证、签字齐全、印章保管等工作抓起，认真审核原始票据，细化财务报账流程。内控与内审结合，每月进行自查、自检工作。做到账目清楚，账证、账实、账表、账账相符，使财务基础工作规范化。

四、实行会计电算化。有条件时，首先实现电算化与手工记账同时进行，逐步实现计算机替代手工计账的财务管理模式，解决会计手工核算中的计账不规范和大量重复劳动极易产生的错记、漏计、错算等错误。大量的信息可以准确、及时地记录、汇总、分析、传送，从而使得这些信息快速地转变为能够预测前景的数据，提高会计核算的质量，通过一系列严格的科学和程序控制，可以避免各种人为的虚假行为，避免在实际工作中违法违规，使其更加正规化、科学化、现代化。

五、参加财务人员每年一度的培训教育，了解新准则体系框架，掌握和领会新准则内容、要点和精髓。全面按新准则的规范要求，进行账务处理。全面深入地学习财务知识，开拓视野，丰富知识，学好聚财、生财、用财之道，积极实施财务人才工程，进一步完善财会人员知识结构，及早成为一专多能、德才兼备、富有创新精神和进取意识的复合型财会人才，强化财务管理的整体素质。

六、积极争取资金，阐明充分理由，反映真实的情况，并注意及时联系，主动沟通，密切彼此的关系，力争得到更大的支持。

七、积极参与招商引资工作，及时、全面、完整地提供客户需要的各种数据与资料，采取各种措施花样繁多地包装好、宣传好×××，夯实招商基础。对已接触过的客商，要进一步了解情况，及时传递信息，把握进度，环环相扣，抓准机会，有所突破。

八、继续保持不怕苦、不怕累的工作干劲，一切以工作为重，严格遵守公司的上下班、请销假等各项制度。爱岗敬业、提高效率、热情服务，对无法按期完成的工作，要主动加班加点，任务难不扯皮，任务累不推诿，甘于奉献，尽职尽责。

九、圆满完成公司交给的其他任务。

××公司财务部

2013 年 12 月 24 日

资料来源：http：//www. wtabcd. cn/article/sort07/sort053/info－1701. html。

简析

这篇财务计划由标题、正文、落款三部分组成。标题由“单位名称＋时限＋事由＋文种”构成。前言即交代了制定计划的目的和意义，可看做是计划的目标部分；正文逐一列举了完成计划目标的种种办法，可看做是计划的措施部分。

[计划例文二]

××公司新职工培训指导计划

一、培训的目的与内容

（一）培训的目的

对本企业新录用的职工介绍企业的经营方针，传授本企业职工所必备的基本知识和业务技能，提高其基本素质，使之在较短时间内成为符合要求的职工。

（二）培训的内容

1. 明确本企业的生产目的和社会使命。
2. 明确本企业的历史沿革、现状、在产业中的地位和经营状况。
3. 了解本企业的机构设置和企业组织。
4. 掌握本企业的规章制度和厂规厂法。
5. 掌握本企业各部门的业务范围和经营生产项目。
6. 了解本企业的经营风格和职工精神风貌。
7. 了解本企业对职工道德、情操和礼仪的要求。
8. 通过教育培训考察学员的个人能力和专业特长。

二、教育实施要领

（一）教育指导者

1. 企业主要领导全面负责教育指导工作，其他领导应参与。
2. 计划的编制和组织实施由总务部或人事部负责。
3. 企业全体职工都应协助教育培训工作。

（二）培训时间

一般为 3 个月，根据实际情况可适当延长或缩短。

（三）编班

为便于组织培训，根据学员学历，可分成不同的班组，并指定一名班组长。外出参观或实习时，可根据实际需要，重新编班。

（四）时间安排

集中培训的时间安排为“上午：×时×分到×时×分；下午：×时×分到×时×分”。实习时间同企业工作时间一致。参观时间视情况而定。

（五）教育方法

1. 专业知识传授采取集中授课的方式。

2. 实习则采取到实习工厂或企业车间部门实际操作的方式。

3. 参观。根据教员的布置，实地考察，并由学员提交参观报告。

4. 培训日记。培训期间，要求学员对培训感想和认识做出记录，以提高学员的观察和记录能力。

5. 在培训过程中，尽量让学员接触生产实践，尽量提供更多的参考资料和视听教材。

三、模拟安置

（一）目的

在新职工教育培训期间，根据企业的组织设置，将学员模拟安排到不同部门，以考察其能力和适应的部门，为正式安排提供依据；同时也使新职工尽快地了解企业情况。

（二）时间

模拟安置时间从培训正式开始起，到正式安排止。以15天为一个周期，全体学员轮流更换工作。

四、教育培训实施要领

（一）基础理论教育（略）

（二）实习教育（略）

（三）注意事项

1. 对企业的机构设置、规章制度、生产经营管理系统要作重点介绍。

2. 对各部门的职权范围、工作内容等要作详尽介绍。

3. 要让学员清楚地掌握工作性质和责任。

4. 要使学员真正掌握业务知识。

5. 要重点培养学员的责任心和效率意识。

6. 培养学员的礼仪修养，养成礼貌待人的习惯。

7. 使学员意识到校园生活与企业生产的差别，感知到自己新的责任与地位。

8. 培养学员尊重知识、严肃认真的工作态度。

9. 注意培养学员的集体精神和企业意识。

10. 不应把新职工的教育培训任务仅局限于企业领导，要使全体企业职工参与教育培训工作。

××××年×月×日

简析

这是一篇写得较好的职工上岗培训计划，通过层层分点，表述培训的目的、内容、指导者、时间安排、教法、模拟安置、注意事项等内容。计划的“三要素”，即目标任务、措施、步骤程序，已体现其中。本计划具有考虑较周密，上岗针对性强，操作性较强的特色。

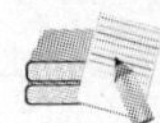

写作提示

撰写计划的注意事项

1. 认真学习有关方针政策、上级有关文件，领会其精神实质，明确所要制定计划的目标、任务、要求，制定出真正符合政策要求的工作计划。

2. 确定工作方针、任务措施和实施步骤。根据党的政策和上级要求并结合实际确定工作方针，明确具体方法和步骤，确保任务顺利完成。

3. 听取群众意见，不断完善计划。在计划草案制订后，应在全体群众中宣读并展开讨论，倾听合理的意见和建议，使计划得以完善。

4. 抓住关键，突出重点。计划中必须突出某阶段或环节，抓住中心，使人能够知道某段时期的重点。

补充知识

计划类文种的使用区别

“规则”是涉及范围广、时间长、内容全面概括的发展计划。它通常只展现“蓝图”，是一种定规模、定远景、定方向，富有理想性和鼓动性的计划。如国家的“十二五”规划。

“设想”是一种初步的、不成熟的、富有创新性的、长远的非正式计划。它往往是对某一任务美好前景的构想，现实基础并不是很有把握，因而可变性较大，仅具参考作用。

“安排”是对本单位短期内具体要做的工作做的简略计划。如本周工作安排。

“打算”是对本人或本单位提出近期内的任务，但指标、措施还不够明确具体的计划。如新学期的打算。

“安排”与“打算”适用的时间都较短、范围较小、内容较具体，但二者相比较，“安排”时间更短、内容更具体、指标措施更明确、表达形式更简洁，一般用表格式表达。

“规划”、“设想”涉及时间一般较长、范围较广、内容较概括抽象。

“计划”作为一个文种时，涉及的时间较长（一个月、一个季度、一年）、任务指标明确、措施步骤具体、可操作性强。

“要点”、“意见”、“方案”常是上级机关用来向下级布置工作、交代政策、提出任务及步骤、方法等。但“要点”比“意见”较简要，“方案”则较具体。

“方案”也用于本单位计划某项具体工作或活动。这种方案的操作性更强。

二、方案

（一）方案的概念

方案是计划中内容最为复杂的一种。由于一些具有某种职能的具体工作比较复杂，不作全面部署不足以说明问题，因而方案一般有指导思想、主要目标、工作重点、实施步骤、政策措施、具体要求等项目。

（二）方案的写法

由于方案是上级对下级所发或涉及面比较大的工作，一般都用带“文件头”形式下发，所以不用落款，只有标题、成文时间和正文三部分内容。不带“文件头”的方案一般由标题、正文和落款组成。

1. 标题

一种是“三要素”写法，即由发文机关、计划内容和文种三部分组成，如“东北师范大学五年发展规划总体方案”。

另一种是“两要素”写法，即省略发文机关，但这个发文机关必须在领头的“批示性通知”（文件头）的标题中体现出来，如“治理采掘工业危机、实现良性循环方案”。

2. 正文

通常包括“指导方针”、“主要目标”、“实施步骤”、“政策措施”及“要求”几个部分，这个较固定的程式适合于一般常规性单项工作的方案。

3. 落款

即发文机关与成文日期。

[方案例文一]

乡镇流动人口清理摸底调查工作方案

为贯彻落实县人口计生委开展流动人口调查通知要求，掌握我镇流动人口计划生育基本情况，促进我镇流动人口工作水平的提高，决定于3月开展流动人口清理摸底工作，为此特制定本方案。

一、指导思想

通过对全镇流出人口和流入人口的清理摸底，掌握全镇流动人口底数和区域分布情况，为进一步完善流动人口计划生育全员信息管理系统、全面规范我镇流动人口服务与管理、开展流动人口区域协作提供可靠依据。

二、调查对象和调查期限

（一）调查期限

本次调查时间为3月1日零时。即统计3月1日零时的流出人口和流入人口。

时间安排：

调查准备：1月15日前

入户核查摸底：1月16日—2月28日

入户核查登记：3月1日—3月15日

数据比对录入阶段：3月16日—3月31日

（二）调查对象

1. 流出人口调查对象

(1) 户籍在本行政区域，但离开户籍地30日以上，现居住地为外省（区、市）的0岁以上人口。

(2) 户籍在本行政区域，但离开户籍地30日以上，现居住地为本省其他县（区、市）的0岁以上人口。

(3) 户籍在本行政区域，但离开户籍地30日以上，现居住地为本县（区、市）内其他乡（镇、街道）的已婚育龄妇女。

其中，同城区间人户分离人口除外；婚嫁人员除外；因出差、就医、旅游、探亲、访友、服军役、在中等以上专业学校就学等人口除外。

2. 流入人口调查对象

(1) 统计期未在本行政区域内居住30日以上，非本省（区、市）户籍的0岁以上人口。

(2) 在本行政区域内居住30日以上，户籍为本省（区、市）其他县（市、区）的0岁以上人口。

(3) 在本行政区域内居住30日以上，户籍为本县（市、区）内其他乡镇的已婚妇女。

其中，同城区间人户分离人口除外；婚嫁人员除外；因出差、就医、旅游、探亲、访友、服军役、在中等以上专业学校就学等人口除外。

三、调查内容和调查方式

流出人口调查主要涉及流出人口、流入人口在“安徽省全员流动人口服务管理信息系统”内的流向、婚育信息等基本情况和流动信息。

对春节期间返乡的流出人口在核查摸底时应重点询问返乡前流入地详细地址和春节后流出意向目的地，待标准时点（3月1日零时）后再确认其正式流动信息。流出人口在核查期间未返乡的，核查应采取询问亲属、知情者和查看有关资料的方式。流入人口调查采取直接询问调查对象并查看有关证照资料的方式，在核查摸底时应重点询问其返回意向，待标准时点后再确认其正式流动信息。

核查摸底和正式入户核查前，从“安徽省全员流动人口服务管理信息系统”中将本乡镇、街道的流动人口信息从数据库中分村居导出，然后入户调查时进行信息核对，对其中的新变动信息进行登记、错漏信息进行修改和补充，对新增流动人口按照“安徽省全员流动人口服务管理信息系统”建档所需信息进行登记。

本次信息核查采取以房屋为基础，要做到乡（镇、街道）不漏村（居）、村（居）不漏组（责任小区）、组（责任小区）不漏户（房）、户（房）不漏人、人不漏项。

对挂户在人才交流中心或学校人员、有户无房人员、空挂户人员等特殊情况的流出人口，也应纳入清理核查。

四、调查数据处理

（一）调查数据录入

由镇计生办负责录入、变更“安徽省全员流动人口服务管理信息系统”中的流出人口和流入人口信息。

（二）调查数据比对

对“安徽省全员流动人口服务管理信息系统”中的数据与“安徽省全员人口信息系统”进行比对，流出人口信息不一致的，依据正确的一方进行相应调整，流入信息与流出信息不一致的，双方相互沟通后，依据正确的一方进行相应调整。

（三）对挂户在人才交流中心或学校人员、有户无房人员、空挂户人员、口袋户人员等特殊情况的流出人口，要在“安徽省全员流动人口服务管理信息系统”中其户籍所在村、居建档，并在备注中说明具体情况。

五、组织实施

成立流动人口专项清理领导组，组长：王××，副组长：李××，成员：计生办所全体人员。领导组办公室负责流动人口专项清理行动的联络协调、信息沟通等日常工作，并协助领导组进行流动人口专项清理行动的督促和检查，各村、居委会要明确专人负责，确保专项清查工作的顺利开展，镇计划生育领导组将对本次清理摸底调查质量进行抽查，并将此次清理工作纳入人口计划生育目标责任考核。

××××××

××××年×月×日

资料来源：http：//www. diyifanwen. com。

这是一份工作方案，前言交待了制定此方案的依据和目的，主体部分交待了具体工作的执行办法。

[方案例文二]

乡镇安全生产督查专项行动工作方案

一、督查目标

通过开展百日督查专项行动，进一步促进安全生产方针政策、法律法规和各级安全生产部署的落实，促进各生产经营单位安全生产主体责任和各级各部门监管主体的落实，立足于治大隐患，防大事故，建立健全隐患排查，隐患分级治理，重大隐患政府挂牌督办，加强事故预警、预防和应急救援工作，促进我镇安全生产形势的持续稳定好转。

二、督查内容

（一）综合督查的主要内容。

1. 贯彻落实安全生产政策、法规，建立健全和落实安全生产责任制，健全安全生产监管机制，制定和实施安全生产规划，加大安全投入，加强应急预案等情况。

2. 各单位、企业要开展隐患排查、登记、整改、监控治理的活动。

3. 打击非法建设、生产、经营行为和瞒报事故的情况。

4. 汛期除险加固、防范由自然灾害因素引发安全生产事故，灾难的各项安全措施落实情况。

5. 各类事故调查处理及责任追究落实情况。

（二）专项督查的主要内容。

危险化学品、烟花爆竹、道路交通、消防、建筑施工、水利、电力、农业机械、人员密集场所、成品油市场、食品卫生等各行业安全生产规章、规程、制度、标准等贯彻执行情况。

三、组织领导及部署

成立××镇百日督查专项行动领导小组，镇委委员、武装部长××同志任组长，镇经济办、派出所、城建办、中心学校、国土所、卫生院、农业、水利、供电等部门负责同志任成员。办公室设在镇经济发展办公室，负责督查行动的日常工作。

各单位要成立相应的工作专班，主要负责同志任组长负总责亲自抓，分管同志要具体抓、深入抓，生产经营单位的主要负责人要切实担负起自查工作第一责任人的责任，亲自动手抓落实。

（一）镇安委会负责全镇安全生产百日督查专项行动的综合指导、协调、组织综合督查。牵头负责危险化学品、烟花爆竹及板材企业、加工企业、养殖企业的安全生产专项督查。

（二）镇派出所牵头负责道路交通安全、水上交通安全、人员密集场所、民爆器材使用管理、商贸企业及成品油市场安全生产专项督查。

（三）镇中心学校牵头负责学校及校办企业安全生产专项督查。

（四）镇城建办牵头负责建筑施工、房屋拆除，城建燃气安全生产专项督查。

（五）镇卫生院牵头负责医疗机构安全生产、食品卫生安全专项督查。

（六）镇农机服务中心牵头负责农机安全生产专项督查。

（七）镇水利水产服务中心牵头负责水利行业，渔业船舶安全生产专项督查。

（八）镇文化服务中心牵头负责网吧安全生产专项督查。

（九）镇供电所牵头负责电力企业安全生产专项督查。

四、督查形式

此次督查由镇政府统一部署，各单位组织实施，镇安委会组织协调，督查形式突出“三个结合”，企业自查与部门抽查相结合，综合督查与专项督查相结合，督查行动与效能监察相结合。从5月下旬开始，镇政府组织成员进行督查，每月一次。

五、督查步骤

此次行动从××年5月初开始，到7月底结束，分五个阶段进行：

第一阶段：动员部署阶段（5月1日—5月15日）

镇政府召开全镇安全生产百日督查专项行动动员大会，镇直各单位要按照文件及会议要求，结合我镇实际，制定方案并组织实施。

第二阶段：自查自纠阶段（5月16日—5月31日）

各生产经营单位按照有关要求，成立领导小组，负责实施专项行动，排查安全隐患。镇安委会在月底进行一次检查。

第三阶段：整改落实阶段（6月1日—6月30日）

督查各单位开展专项行动的实施情况，查阅相关工作记录，重点检查生产经营单位自查自纠、隐患清理、整改措施落实等情况。

第四阶段：复查验收阶段（7月1日—7月15日）

对第一、二、三阶段工作进行认真分析，查漏补缺，对所排查的隐患整改进行逐一验收。

第五阶段：回头看再检查阶段（7月16日—7月31日）

巩固百日督查专项行动成果，总结取得的成绩和问题，建立隐患排重治理长效机制。

六、工作要求

（一）提高认识，加强领导

各有关单位要高度重视，切实加强对百日督查专项行动的组织领导。主要负责同志要亲自研究部署，分管领导要切实履行职责，亲自深入一线开展调查。

（二）周密部署，广泛宣传。各有关单位要根据上级会议精神制定切实的工作方案，明确内容，要求和责任，充分利用各种会议、媒体，广泛宣传此次行动的意义、做法、成效和经验，并结合“安全生产月”活动，加大宣传力度。

（三）突出重点，务求实效。百日专项督查行动要突出重点，立足于治大隐患，防大事故，采取有针对性的措施加以解决，不能走过场、搞形式主义，务求实效。

××镇镇政府

××××年×月×日

资料来源：http：//www.diyifanwen.com。

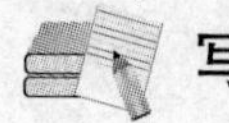

这是一份工作布署方案，上级向下级交待了制定此方案的重要依据及工作的具体内容，交待了各项任务的分配情况及分段开展时间。下级需按上级此方案开展各项工作。

写作提示

撰写方案的注意事项

1. 简洁明了。要根据内容的不同，运用图表式、文字式等形式来表达，能用图表说明清楚的就不必用文字，能用一句话说清楚的就不用两句话。

2. 层次分明。要有条不紊，先要把方案的结构安排好，要点分明，重点突出，每个部分都要紧紧围绕主旨展开。

3. 善于归纳。要用客观、真实的资料归纳出有关事项，并对此进行解释和说明，使执行者明白如此策划或建议的理由。

实战练习

1. 下列是一则个人计划，指出其中的不足之处。

个人计划

忙碌而充实、疲惫却喜悦、点滴遗憾点缀着更多的收获……当公司的工作总结、工作计划的任务扑面而来时，我觉得有点措手不及乃至觉得恐慌、觉得压抑、觉得太沉重了。我想计划就是一个理顺思绪、有条不紊地安排工作、确立工作目标、树立理想的一次纸上谈兵，是为了更好完成工作的一个保障、一个保证。那么，对下季度，我的工作计划安排如下：

（一）加强理论学习，提高个人的理论素养。不断充实自己的知识面，取他山之石以攻玉。多借鉴同事的好的做法、多交流、多合作。

（二）提高工作效益。加强业务学习，把加强学习同提高工作能力结合起来，把积极进取和求真务实结合起来，把工作热情和工作态度结合起来，运用到实践当中去，扎扎实实地做好本职工作，不断提高自身的工作效益。

（三）树立自身形象，增强自信心，提高协调能力，用最简洁、最具有吸引力、可信度高、煽动性强的营销话术去征服每一个客户。

（四）维护好网点关系，保持良好沟通。维护好网点关系是做好客户经理工作的一个基本条件。要与银行人员成为朋友，这个网点才有可能销售我们的产品。

（五）有效激励网点主任和柜员，及时掌握网点的更多信息，提高网点的出单率。

（六）通过观察、与同事之间的谈心，听取同事们的各方意见，建立起丰富的信息网络，时时为自己进行充电，努力使自己变得更好。

（七）认真完成接下来的工作任务、工作指标。

以上几个方面就是我的工作计划，或者可以说是我对接下来的工作的打算吧，为了不让它们成为纸上谈兵，我将时时刻刻牢记着自己的保证，让它们成为我的工作准则、我工作的动力。只要我对自己说，我决不放弃，我就有成功的信念；只要我对自己说，我始终有梦想，我就有成功的远景；只要我对自己说，我决不放弃，我要行动、行动、再行动，成功就在我的身边。

2. 下面是一则工作计划，指出其中不足之处。

××县经委今后八个月工作计划

为了完成县委、县政府下达3.1亿工业总产值（力争3.5亿）的任务以及各项经济指标，我们计划在今后八个月主要抓好几方面工作：

（一）进一步深化企业改革。我们在全面推行厂长（经理）任期目标责任制的基础上，从实际出发，有针对性地分别实行租赁、承包、百元工资税利制和工资总额与企业经济效益包干等经营方式，把权、责、利全面落实到企业及其经营者身上，使企业真正成为相对独立的经济实体，成为自主经营、自负盈亏的社会主义商品生产者和经营者，较好地调动企业厂长职工的积极性，增强企业活力，促进生产发展，并使这一改革能够健康发展、深入持久地坚持下去，采取有效措施加以保证。

（二）加快新项目和技术改造项目的建设速度，确保这些项目预期投产，发挥效益。主要抓好苎麻纺织、印染工程等项目，并实行目标责任制管理，使这些项目预期投产，早日发挥效益。

（三）进一步加强企业管理，提高企业经济效益。我们坚持以改革为动力，促进企业的发展，加强管理，提高企业经济效益，把增产节约、增收节支的工作作为提高企业经济效益的重要工作来抓，要求企业产品总成本、企管费及车间经费都要下降。具体措施：(1) 调整企业产品结构，大力增产适销对路产品，实现多产快销。(2) 加强企业管理，挖掘企业潜力，调整定额，向管理要效益。

（四）加强企业职工思想教育、技术培训，努力提高企业职工队伍思想、技术素质。为企业上等级和企业现代化管理打基础。(1) 全面进行思想、纪律、法律教育和坚持四项基本原则的教育，全面提高工人的思想觉悟。(2) 搞好技术培训和职工文化、技术学习，努力提高职工队伍技术素质。

项目九

会议文案

学习目标

◎ 知识目标

1. 掌握会议文案的种类；
2. 掌握会议文案的撰写格式及要求；
3. 学会写作会议文案的相关技巧；
4. 学会会议文案的拟定和发放方式。

◎ 能力目标

1. 能够根据会议安排的需要，制定相关的会议文件；
2. 能够独立撰写会议文案，能够拟写会议的开幕词和闭幕词；
3. 能够分清行政公文中的会议文件格式和企业会议文件格式。

项目概要

模块一	筹备召开会议	会议通知
模块二	会议开幕	开幕词　会议报告
模块三	会议闭幕	会议记录　闭幕词

项目情境

国内著名的鸿雁家电公司近期正在筹备召开全国客户咨询洽谈会的有关事宜。近两年，公司推出了一系列新产品，占领国内30%以上的家电市场，在国内影响很大。最近，公司又在电脑、手机、电视等多个项目上研制生产出新型、新款产品，准备在本次客户咨询洽谈会上展出，引起客户和消费者的关注。营销部主任提供了一份本公司客户名单，主要邀请公司总部的经理级别的领导、其他地区的销售负责人以及相关的合作单位和个人参加此次会议，共有两三百人。公司派主抓公关销售的王力副经理迅速成立会务筹备处，决定在单位内部发会议通知，向客户发会议邀请函，准备大会所用会议材料。会议定于2014年10月10日在北京国际会议中心召开，会期暂定为4天，其中第一天为开幕式，第二天专家讲座，第三天专家咨询，第四天专项合作项目洽谈。会务筹备处有成员10人。确定参加会议的正式人员280人，其中特邀有关领导和专家10人，工作人员10人。他们首先召集会务工作会议，明确将要召开的咨询洽谈会的主题，即宣传新产品、洽谈新业务；围绕主题，拟定大会筹备方案；并且联系了综合办公室的秘书专门拟定相关的会议文件。

模块一　会议通知

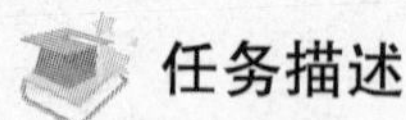

任务描述

各项目小组认真研究鸿雁家电公司此次会议的内容，撰写一份向单位内部发出的会议通知和向外界嘉宾发出的邀请函。

任务解析

鸿雁家电公司此次召开的咨询洽谈会，主要面向两个方面的来宾：一是公司内部人员，我们可以根据公司内部的有关文件要求，向内部人员发出会议通知；二是外部的客户、专家和嘉宾，应以邀请函的形式对外邀请。在此次会议通知的撰写上，主要需要大家撰写两种文案：会议通知和会议邀请函。

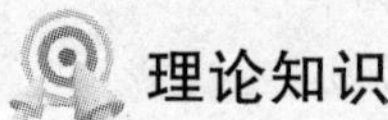

理论知识

一、会议通知的概念

会议通知是在会议文案中一定会使用的文种，在筹办会议的过程中，如果没有会议的书面通知，就不算是一场正规的会议。拟写会议通知并不难，但是，如果没有对标准格式的写法有所掌握，就可能写出不符合规定的通知。向外公开的文案要谨慎处理，并且统一格式。如果会议通知的内容不清楚，就会让与会人员对于如何参加会议产生疑问，会务组可能会因此接到大量的咨询电话。会议的组织本身就是很繁杂的事情，如果在开始的会议通知上就出现问题，会使整个会议筹备进行的非常缓慢。会议通知还体现了主办单位的形象，如何礼貌地向外发出邀请，是在撰写会议邀请时要考虑的重要问题。

二、会议通知的种类

按照会议通知的用途，一般可以分为三种：指示性会议通知、告知性会议通知及传达性会议通知。

（一）指示性会议通知

通常是上级对下级提出会议要求，要求下级筹备组织会议或组织人员出席会议的通知，具有强制性的特点，如××市房地局发出的《关于2013年全市房地产工作会议的通知》。

（二）告知性会议通知

是指某会议组织筹备单位或个人，向涉及会议内容的单位或个人所发出的带有告知性的邀请，不具有强制性，范围较为广泛，如××省发出的《关于组织召开全省文化发展专家研讨会的会议通知》。

（三）传达性会议通知

对召开过的某项会议精神主旨与主要内容，会后在一定范围内以公文的形式进行传达式通知，要求予以贯彻落实，如××集团公司发出的《关于贯彻落实集团2014年工作会议精神的通知》。

三、会议通知的形式

如果按照发出会议通知的形式来分，可以分为三种：一是传统纸质的会议通知，即以纸张作为载体发出的通知。二是电话会议通知，口头表达会议的主要内容、会议要求及注意事项等。三是电子形式的会议通知，这是因互联网的日益发达，人们更多地应用电脑、手机、平面电脑作为依托，通过电子邮件、QQ、微信，甚至是企事业单位的OA办公系统为媒介，向对方发出的一种虚拟通知形式。这种形式的特点是低碳环保、传递快捷，克服了较远距离传递信息的时间、空间困难，越来越得到人们的认可，在国际上也是通行的会议通知方式。

四、会议通知的特点

（一）具体性

会议通知的时间、地点、内容及注意事项等准确清楚，是会议的具体性阐述。

（二）广泛性

会议通知的应用范围十分广泛，可以是政府机关、企事业单位的会议，也可以用于民间社会团体或个人组织筹备会议的对外告知。

（三）严谨性

会议通知是公文，因此具有严肃性性，一经发出就要贯彻执行。

五、会议通知的写法

会议通知由标题、发送对象、正文和落款四部分组成。

（一）标题

会议通知应写明发文单位、事由等，有的标题下面还会带有文件编号。

（二）发送对象

会议通知所发送的对象，可以是单位，也可以是个人，用以邀请相关人员与会。如果发送对象较多，可以使用泛称的方式。

（三）正文

会议通知的正文包括会议时间、地点、背景、主题内容及注意事项。一是会议时间，应写清楚开会的具体时间和期限；二是会议地点，应准确注明开会的地理位置，如哪栋楼几层几号会议室；三是会议的主题内容，简要概述会议将研究讨论或决议的重点内容；四是注意事项，可以视具体情况，列明参会人员需准备的会议材料，交通、住宿、餐饮、联系人等方便性事项，如需回执可以制作回执表附后。

（四）落款

最后署名发文机关，并标注发文日期。

［会议通知例文］

关于召开黑吉销售部 5 月省区销售会议的会议通知

黑吉省区各部办：

黑吉销售部定于5月5日召开黑吉销售部 2013 年 5 月省区销售会议，具体内容通知如下：

（一）会议报到时间：5月 4 日

（二）开会时间：5 月 5 日

（三）会议报到及召开地点：长春经营部（建设大厦 2005 室）

（四）主要内容

1. 各部办 1—4 月份各项重点逐步指标达成分析及 5 月份重点工作计划（书面 PPT）；
2. 省区财务、行政、人事、计划重点事项沟通事宜；
3. 销售部 2013 年 1—4 月份销售分析及销售部 5 月份工作重点部署；
4. 费用核销管理要求及不良品处理沟通和指标分解；
5. 部办可控与达标门店指标达成汇报及标准化一图三表贯彻部署；
6. 5—7 月客营终端（A/B/C1/C2/C3）促销活动开展讨论及部署；

7. 4月份市场检核总结及二季度集团和分公司市场检核要求贯彻；

8. LR1112和LR1010无芯卷纸上市分销部署及销售提升策略讨论；

9. 部办湿巾铺市任务指标完成进度跟踪及小结；

10. 部办2—3月份月销售竞赛表彰颁布；

11. 各部门日常问题反馈及沟通、解决。

（五）与会人员

林贤山、陈开武、欧阳山秀、赵璐、傅颖、郭冬梅、王芳菲、肖旭民、张浩、董济玮、楚伟英、冯丹、潘红梅、乔建、李国强、吴文豪、王辉强、梁启宝、朱伟东、陈济洪、夏望云、周鹤、李佳、潘永光、王春颖、李绍爽、张海燕、施立君、闫慧、吴美秋、马晓林、赵刚、王栋、陈星、苏鑫、王少鹏共34人。

（六）准备资料

部办1—4月份各项重点逐步指标达成分析及5月份重点工作计划（书面PPT）以及省区财务、行政、人事计划及品类人员工作总结及规划（与会人员需提前准备研讨材料，在会上积极发言并提出建设性意见，确保整个会议高效的开展）。

（七）其他事宜

请大家把会议准备资料于5月4日前发至省区行政赵璐邮箱。

附件：5月省区例会会议议程

特此通知！

厦门商贸抚顺分公司黑吉销售部

总经理：林贤山

2013年5月2日

简 析

上述例文较好表现了通知的特点，即具体性、广泛性、严谨性。具体性是将会议的日期、地点、内容及注意事项等信息详尽列出；会议通知的应用十分广泛，这也是一篇企业跨区域销售会议的通知；严谨性表现在企业发正式书面通知，可见对于组织筹备该次会议的重视程度。该例文内容详尽、条理清楚，能够实现举办者举办本次会议的目的。

[会议邀请函例文]

南开大学“大学语文”青年骨干教师

高级研修班（第十期）

邀请函

一、举办依据

受教育部高等教育司二〇一二年五月三十日《关于公布2012年高等学校青年骨干

教师高级研修班项目名单的通知》（教高司函〔2012〕81号，见中国高等学校教师网http：//www.ccf.edu.cn/news）委托举办。

举办单位：南开大学，并联合高等教育出版社、长春师范学院等单位共同举办。

研修班主持人：陈洪教授（教育部中国语言文学学科教学指导委员会主任委员、全国大学语文研究会特聘顾问、大学语文国家级精品课程负责人、大学语文国家级教学团队带头人、国家级教学名师，南开大学跨文化研究院院长）。

二、研修内容

1. 邀请重点高校和研究机构的知名学者、专家和优秀教师开办讲座、示范授课。

2. 组织参会专业教师和教学负责人就母语教育理念、大学生语文素养、大学语文课程建设、教学改革、讲授方法等问题，交流经验，展示成果，示范观摩，共享信息；参观考察有关文化项目，汲取有益教学的文化资源。

3. 围绕高研班赠送的高等教育出版社《大学语文》"新形态"系列教材第二版（陈洪主编，2009年，"普通高等教育'十一五'国家级规划教材"、"高等教育百门精品课程教材建设计划"首批示范达标项目）等精品教材和研究文集，了解近年大学语文精品课程和教学团队建设、数字化教学资源建设、教学协作、教学资源共享等新情况，为下一步教学活动提供建议。

三、地点时间

报到：住宿地点：长春市华苑宾馆（长春市卫星路7186号　长春理工大学南侧），电话：0431-85583333。

举办时间：2012年8月21日—25日。21日（周二）下午3点起报到；22日—24日授课研讨、当地文化考察。

25日上午研修班结束，学员即可自愿参加由当地相关机构组织的邻近地区文化考察；有多种活动方案，可酌情自选。

四、费用食宿

研修班费用：每人研修费（会务费）900元；往来长春交通费、住宿费自理。

五、邀请对象

全国各类高等院校"大学语文"类课程教师，担负此类课程教学的文学院（中文系）或其他教学机构负责人；也欢迎学校教务处及其他教务教材管理机构人员。

六、报名方式

1. 填写《"高等学校青年骨干教师高级研修班"学员推荐表》（见附件），打印并加盖学校公章（或学院、系、教学部、主管处室印章均可）或请单位领导签批；不必提前发送，报到时交给会务组即可。

2. 下载、填写"回执"（见附件），在7月10日前以电子邮件形式发送至下列电邮地址：wujuan@nankai.edu.cn（或传真至022-23507755），邮件主题统一为"大语高研班回执：某某学校某某"。

《"高等学校青年骨干教师高级研修班"学员推荐表》、"回执"电子版获取方式（不用电子版，打印空白表格手填亦可）：

登录“大学语文在线”（http：//www.dyonline.org/）→“师资培训”栏→“文件下载”栏→《“高等学校青年骨干教师高级研修班”学员推荐表》和“回执”。

登录“中国高等学校教师网”（http：//www.ccf.edu.cn）→“教育部高校青年骨干教师培训秘书处”→“表格下载”→《“高等学校青年骨干教师高级研修班”学员推荐表》和“回执”。

七、培训证书

对经过培训的研修班教师，统一发放教育部人事司和高教教育司共同签章的“高等青年骨干教师高级研修班”证书。所在学校将按照教育部的有关规定，承认此经历，记入相关档案，并作为教师职务评聘的参考依据之一。

八、联系咨询

研修班报名：南开大学文学院办公室，吴娟主任。电子信箱：wujuan@nankai.edu.cn；办公电话：022－23503515；传真：022－23507755；邮政编码：300071，通讯地址：天津市卫津路94号南开大学范孙楼316室文学院办公室。

教材与教学资源相关事务：高等教育出版社高等文科分社云慧霞女士，电子信箱：yunh×@hep.com.cn；办公电话：010－58581419；传真：010－58581414。邮政编码：100029，通讯地址：北京市朝阳区惠新东街4号高教社文科分社。

“教育部高校青年骨干教师高级研修班项目”在全国组织实施的咨询、服务机构为“高等学校青年骨干教师培训秘书处”。邮政编码：100875，通讯地址：北京市海淀区新街口外大街19号（北京师范大学内）；联系电话：010－58802176，传真号码：010－58808894；电子信箱：mscmoe@scett.bnu.edu.cn；网址：www.ccf.edu.cn。

九、注意事项

举办单位需提前向教育部人事司、高教司领取高研班证书，向宾馆预订住宿床位，且限于接待能力，本班有人数限制。故请参加者务必在7月15日前报名（发回“回执”为准），否则恕不能保证接待。

欢迎发表论文、介绍经验、座谈发言，请在“回执”中说明。

会务组联系社会服务部门代办回程交通票。

如会后参加长春市外游览，须注意气候差异，携带必备服装。

附件：1.《“高等学校青年骨干教师高级研修班”学员推荐表》。

2.《南开大学“大学语文”青年骨干教师高级研修班（第十期）”报名回执》。

简　析

上述例文具有典型会议邀请函的特点。会议邀请函主要使用在一些大型学术会议或者学术论坛中，具体如国际性专业领域的学术会议、涉及两国间不同单位的学术会议、国家级专业领域学会及下属专业委员会的学术会议、跨省份举办的学术会议等。通常情况下会议邀请函与会议通知在实际应用中是可以相互替代的，可按实际情况选用。

写作提示

撰写会议通知的注意事项

要注意区别会议通知与会议预备通知的区别。会议预备通知是一种告知性会议公文，和会议通知的性质相似，但用途不同。党政机关在召开某些重大会议时，需要在正式会议召开之前让参加会议的所属部门和人员作一些准备工作，而这些准备工作，工作量较大、需要较长时间才能完成时，常使用会议预备通知这一文体。因此会议预备通知是通知中较为特殊的类型，是一种“预备通知”，而会议通知是会议召开前才发布的通知。会议预备通知也与预备会议的通知不同，后者属于一般性的会议通知。

实战练习

根据下面材料，完成邀请函的撰写。

吉林省科技文化中心公司是集艺术品赏析、创作、展示、交易及拍卖为一体的文化创意性企业。为了活跃吉林省山水画交易市场，扩大企业影响力，吉林省科技文化中心有限公司拟举办首届吉林省山水画作品评比大会，邀请全省一百多名画界的名家出席，每人选送两幅作品参与评比，由中央美术学院、吉林艺术学院的三位教授组成专家组，对选送的作品集中评定。参选作品最终将评出一、二、三等奖，奖金从 2 万元到 5 万元不等。该活动时间定于 2014 年 6 月 30 日，地点在净月高新技术开发区永顺路 1666 号博物馆三楼临展厅。公司成立会务筹备组，由陈明总经理亲自挂帅任组长，办公室主任李刚为副组长，组员抽调公司精干力量，其中办公室职员吴胜利也是组员，陈明总经理让他给全省的山水画家写一封邀请函，以达到活动覆盖面广的目的。请代吴胜利写一封邀请函。

模块二　开幕词　会议报告

任务描述

请为鸿雁家电公司的董事长拟写一份全国客户咨询洽谈会的开幕式的开幕词，并完成会议报告的撰写。

任务解析

如何写好开幕词？首先要知道开幕词的含义及作用，写开幕词一般要表达出会议的核心思想与现实意义，阐明举办重要会议或活动的指导原则，明确会议的主要内容，并对会议的召开提出任务和要求，最后祝愿会议圆满成功。会议报告通常是主要领导人或相关代表人物所作的正式的、郑重的讲话的文字形式材料，具有总结性、研究性、任务性的特征，所以在撰写会议报告时要叙述全面且重点突出。

理论知识

一、开幕词

（一）开幕词的概念及作用

开幕词是在重要会议或活动时，由会议组织者或主要领导人在会议召开时所作的讲话。开幕词一般表现出会议的核心思想与现实意义，阐明举办重要会议或活动的指导原则，明确基本框架或方针路线，并对会议的召开提出任务和要求，表达会议圆满成功的良好祝愿等。开幕词是重要会议或活动必不可少的程序事项，体现了会议承办方的成功谋划与精心组织，它的形式通常为讲话文稿，并对会议或活动的圆满成功有着突出重要的意义。主要领导人郑重宣布会议开幕，造成隆重、热烈的气氛，往往是重要会议或活动的标志性事件。

（二）开幕词的特点

第一，具有指导性、提示性和宣传性的特点，可以很好地起到导向和定调作用；

第二，言简意赅，简明扼要地进行会议介绍，避免文字繁缛且长篇大论，应直切关键重点事项；

第三，通俗易懂，做到口语化，考虑到各方面的受众群体。

第四，寄予希望，鼓动与会人员满腔热情地参加会议或活动，努力实现预期目标。

（三）开幕词的种类

按不同的形式或内容划分，开幕词的种类可以有很多，但基本的仍分为两种，即阐述性开幕词和概括性开幕词。阐述性开幕词对会议的目的、日程安排、主要内容、注意事项及来宾等作简要介绍，重点在于会议或活动内容方面的简要阐述；概括性开幕词通常是在一定高度或历史背景下，对会议或活动的指导思想或重要意义予以高度概括，其他问题不作重点提及。

（四）开幕词的写法

开幕词一般包括标题、正文和结束语。

1. 标题

开幕词的标题多种多样，一是强调会议名称，如“吉林省第十二届人民代表大会第二次会议的开幕词”；二是重点强调致词人士，如“×××总经理在××省投资集团2014年工作会议上的开幕词”；三是采用突出主题式，主标题揭示会议的核心思想或主旨，副标题与前两种标题的构成形式相同，如“科技创新是时代进步的标志——吉林省科技协会第四次会员代表大会开幕词”；四是其他类型的标题写作方式。另外，标题的下面，可以用括号标注上会议开幕的年、月、日。

2. 正文

学术界针对开幕词的正文部分有不同的分类方法，通常分为称谓、开头、主体、结尾四部分。

（1）称谓。

通常按照会议的性质及与参加者的性别或身份来确定称谓，如“女士们，先生们”、“尊敬的朋友们”、“同志们”、“尊敬的各位来宾”等。

（2）开头。

通常是对大会的规模和参加人员的身份进行介绍，对会议的召开或活动的举行表示祝贺，对与会的各位代表和来宾表示热烈的欢迎，可以起到快速烘托现场热烈气氛的作用，如“金秋九月，东北亚文化创意产业研究会在美丽的长春隆重开幕，这在我省、全国乃至东北亚地区都具有极大重要的意义”、“参加这次大会的贵宾有……，让我们对他们的到来表达热烈的欢迎”。篇幅要求简短，快速切入正题。开头达到预期目的，可以起到事半功倍的效果。

（3）主体。

这是开幕词的重要组成部分，也是核心叙事部分，通常包括四方面的内容：一是介绍会议的筹备和出席会议人员情况；二是阐明会议的意义，通过对以往工作情况的概括总结或分析背景环境，充分说明此次会议或活动的目的及重要性、会议的奋斗目标及深远影响等等；二是概括会议的指导思想，提出大会任务，说明会议主要议程和安排；三是为圆满完成会议任务，提出会议期间的纪律要求。主体部分内容切忌重复、啰嗦，语言要求口语化、富有感情色彩，又要求生动活泼，语气要热情、友好，又要慷慨激昂。

（4）结尾。

提出会议或活动的期望，在文字写作时可以在结尾部分对开幕词的核心思想与精神内涵进行拔高式处理，起到振奋精神的作用。

3. 结束语

开幕词的结束语与上文要对应，要陈情激昂、斗志饱满、充满热情，行文明快、流畅。写法上常以鼓舞语独自撑起一段，例如用“预祝大会圆满成功，祝各位在长春期间有所收获，谢谢”。

（五）写作开幕词的要求

1. 要有明确的针对目标

开幕词的提示性、方向性和指导性决定了它的内容必须根据会议宗旨，针对会议所要解决的问题，进行分析，表明态度。

2. 要全面了解会议的基本精神

要写好开幕词，必须全面、细致地了解会议各方面的情况，熟悉会议的有关文件和材料，清楚会议的目的和整体安排，掌握会议的基本精神。否则，是写不好开幕词的。

3. 篇幅要简短，语言应概括

开幕词重在提示性、指导性和原则性地向与会者交代一些重要的相关问题，其作用在于画龙点睛。所以，涉及具体问题不宜展开，更不能引经据典作长篇大论，语言要力求精练概括，篇幅应尽量简短。

[开幕词例文一]

×××学校教职工代表大会开幕词

各位领导、各位代表、老师们：

今天我们在这里召开第一届教职工代表大会第一次会议。这是我校发展启程的一次重要会议，也是我校政治生活中的一件大事！我代表大会主席团向大会的召开表示热烈的祝贺！

这次代表大会是我校认真学习贯彻党的十八届三中全会精神，动员全校教职工深入贯彻落实科学发展，群策群力，文化立校，积极创建民主、诚信友爱、充满活力、安定有序的和谐校园的一次盛会，对于加强学校科学管理、民主决策和民主监督，提升办学品位，具有重要意义。教育局党委对我们这次代表大会非常重视，会前专门听取了筹备工作汇报，对如何开好这次大会作了重要指示，这充分体现了上级党组织对我校工作的高度重视和关心支持。在此，我代表大会主席团和全体代表，向出席大会的领导和老师们表示衷心的感谢！

学校创办半年来，在全校教职员工的共同努力下，取得了一定的成绩，创造了良好的开端。在面临当前发展优质教育、规范义务教育行为、全面提高教育质量的大趋势下，我们该抢抓机遇，迎接挑战，进一步唱响教育教学主旋律，打好和谐发展主动仗，扎扎实实练好内功，促进学校内涵发展，促成学校办学成功、教师教学成功和学生求学成功，努力实现办学品位提升。

因此，这次教代会的根本任务，就是要紧紧围绕学校内涵发展这一主题，在加强民主管理、科学管理、精细管理、严格管理几方面提升和完善。大会的主题是：强化管理、提升品质、促进学校内涵发展。在本次大会上，我们将听取审议×××校长所作的《学校工作报告》；听取并审议×××副校长所作的《后勤财务工作报告》；听取和审议×××的《教育教学工作报告》、×××学校工作量化方案、×××副校长所作的提案解答报告；会上还将民主评议学校中层干部。

同志们，这次大会是×××学校第一次教代会，老师们对这次大会寄予了很高的期望，全体代表肩负着他们的重托，希望代表们抱着高度负责的态度，以更加强烈的主人翁意识、忧患意识、使命意识、责任意识、机遇意识认真履行代表的神圣职责，进行热烈、深入的讨论，做到知无不言、言无不尽。我们相信，在局党委的正确领导下，经过全体教工代表的共同努力，一定能够胜利地完成大会预定的各项任务，把第一次教代会开成一个发扬民主、团结群众、凝聚力量、务实高效、开拓进取、振奋人心的大会，形成良好的开端！

预祝大会圆满成功！谢谢大家。

简析

这是一篇标准的开幕词文稿，属于阐述性与概况性相互融合，文字洒脱干练，内容详尽充实，概括性地描述本次会议的主题，并对本次会议的意义及重要性加以阐述，同时提出会议的主要内容与工作安排，对大会能够成功召开表达祝愿，达到了振奋士气、鼓舞精神的效果，很好地体现了开幕词的作用。

[开幕词例文二]

2012东北亚煤炭交易会开幕词

尊敬的各位领导、各位来宾，大家上午好！

非常高兴今天参加2012东北亚煤炭交易会和煤炭市场与电子商务高峰论坛，在此我谨代表中国电子商务协会理事长对会议的召开表示衷心的祝贺！电子商务这种新型的经营模式从零发展到今天，虽然只有十年的历史，但是速度惊人。据商务部不久前发布的中国电子商务报告显示，到2011年底，中国网络购物的用户达到1.94亿人。2011年我国电子商务交易总额达到了5.88万亿，从同比增长29.2%，相当于国内生产总值的12.5%。其中大宗电子交易额达到了10.69亿。这一系列数字表明了中国电子商务的发展在世界范围内已经名列前位。我国政府高度重视电子商务的发展，为此出台了一系列的政策和指导性文件。2004年十届全国人大常委会十一次会议通过了《中华人民共和国电子签名法》，2007年国家发改委等部委联合发布了电子商务“十一五”规划。一系列的政策和方针，阐明了电子商务对我国经济发展的重要作用，指引电子商务真正走上产业化发展的道路。

去年，由工信部、商务部制定的规划发布，文件指出，到2015年我国电子商务的交易额将翻两番，突破18万亿，其中企业间电子商务交易额超过15万亿。这一规划对今后企业电子商务的发展将产生积极的作用。电子商务作为一种崭新的商业模式，自出现以来就呈现出了强大的生命力，一改传统商业模式的时空限制，使买卖双方的操作更为方便，信息更为透明，同时大大降低了企业的交易成本，买方的采购可以在全球范围内选择，卖方也可以通过互联网大大降低促销成本。电子商务形成的商业体系大大促进了金融业、物流业的发展，尤其是B2B电子商务模式有效地减少了企业的库存，这对当前煤炭市场的转型与创新具有重要意义。煤炭行业是国家能源支柱产业，市场化的探索是当前煤炭行业创新发展的必然趋势。伴随着煤炭市场的发展，我国各地也都在积极进行网络煤炭电子交易的探索。东北亚煤炭交易中心秉持打造国际化煤炭电子商务平台的理念，全力建设煤炭电子商务社区，以电子交易为核心，对随之产生的信息流的需求提供服务，有效地推动了煤炭市场的发展，在份额巨大的交易过程中，有效地解决了目前市场环境中存在的信息流、物流、商流、资金流不对称的问题，是网上营销的成功典范。

随着互联网技术的发展，电子商务将不断发展，电子商务也必将为经济和社会发展发挥更大的作用。中国电子商务协会作为电子商务领域唯一的全国行业性组织将不断促进全行业产学研的相结合，积极推动中国电子商务的信息安全体系、诚信体系建设，提升行业的专业化、规范化水平，促进中国电子商务的健康成长，同时也希望国内广大企业和用户不断地关注电子商务的创新，积极应用电子商务，促进电子商务市场的繁荣，让电子商务为国民经济和社会主义建设发挥更大的作用。最后，祝大会圆满成功！

资料来源：http：//finance. sina. com. cn/hy/20120801/102512727641. shtml。

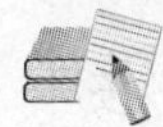简析

这篇开幕词特点鲜明，重点在于将煤炭交易放到电子商务蓬勃发展的大背景、大环境之下，对未来煤炭交易市场的发展趋势做了研究分析，数据翔实可信，让与会者对于煤炭交易与电子商务创新式结合有了更深层次的认识，是一篇具有激发思路作用的短文，对此次会议的重要意义予以高度概括，同时提出希望与寄予，集开幕词的各种特点于一体。

写作提示

撰写开幕词的注意事项

1. 全盘掌握会议的主旨及总体情况。

写开幕词时，撰稿人要全面掌握会议或活动的各方面情况，如与会者的数量、身份、具体安排、重要意义等。只有详细深入全面地了解实际情况，才能写好开幕词，使开幕词更切合实际，更能发挥实际作用。

2. 忌长篇大论，应该简明扼要。

开幕词的篇幅不宜太长，要对大会的情况作总体介绍，而不是着力述说每一个细节与章节，不可离题太远。通常只需向与会者传达会议的指导思想与基本信息，或是内容议程与会议要求，文字要求绝对精练，不拖泥带水。

3. 开幕词与欢迎词的区别。

开幕词是介绍关于本次活动的一些信息，重点在于内容和流程，是对会议或活动本身而言的；欢迎词的演讲对象则是现场的参加会议或活动的各类人员。

实战练习

请根据下面的信息写一篇开幕词。

上海建桥仪器厂经过五年的快速发展，已成为当地首屈一指的光学仪器生产厂家，生产出的高倍显微镜、手术无影灯、投影仪等精密机械设备，广泛应用于当地的学校、医院、工厂。2013 年 10 月，上海建桥仪器厂为扩大销售渠道，开拓东北区市场，决定在辽宁沈阳成立上海建桥仪器厂东北分公司。2013 年 12 月，上海建桥仪器厂抽调精干人员成立东北分公司筹备组，筹备组一路北上，在沈阳皇姑区租借了一栋写字楼的 23～25 层。为尽快开展业务，扩大企业影响力，东北分公司拟组织召开公司成立大会，会议定于 2014 年 1 月 5 日召开，届时将邀请若干贵宾出席，总公司副总经理蔡某代表总公司做开幕讲话。蔡某吩咐办公室的小张代自己写一篇在东北分公司成立大会上的开幕词，写完后交由自己审核。

二、会议报告

（一）会议报告的概念

会议报告是一种会议文件，通常是主要领导人或相关代表人物所作的正式的、郑重

的讲话，它的形式是书面文字材料，具有总结性、研究性、任务性的特征，是会议文件的重要组成部分，是回顾总结及落实会议精神的依据。有的会议报告需要提请审议批准，这类报告是法定要求必须由相关部门的负责人或代表所作的报告，如各级人大审议的政府工作报告、检察院（法院）工作报告，公司董事会审议的总经理工作报告等。

（二）会议报告的作用

会议报告具有会议方针政策宣传、群众舆论引导、公共信息发布、专业教育培训等作用。这些作用是通过报告人有意识地向外界进行报告传达，并由信息接收者进行接收来实现的。会议报告是一条较好的信息传输途径。

（三）会议报告的种类

1. 政治报告

即国家或地方决策机构对于阶段性或一定时期内的路线、方针、政策方面的报告，多由国家或地方领导人做，是重要的纲领性文件，一般需提交代表大会审议通过，对全国或地方工作具有全局性的指导意义。

2. 工作报告

工作报告主要分为两类：一是各级政府部门在一定阶段或历史时期，对辖区范围内的经济、科技、文化、教育、民生等工作完成情况或实施计划进行报告，如各级人民政府的政府工作报告，一般由各级人民代表大会或上级单位审议；二是企业、事业单位对本系统或单位阶段性工作完成情况或计划实施情况进行报告。

3. 宣传报告

这类报告着重在于组织动员相关人员做好某专项重点工作或突击任务。报告通过贯彻落实宣传精神，使全体人员迅速统一思想，振奋精神，达到全体动员的目的，进而提高工作效率，优质高量地完成重点工作。

4. 总结报告

总结报告的重点是回顾前段工作，从中得出带有指导意义的经验与教训。要注意总结报告与工作报告的区别，后者是简要提及前段工作的情况，重点放到今后的工作计划上。总结报告是在一段时期过去或会议结束后，对阶段性的工作情况或会议精神进行总结的报告。

5. 典型报告

一般在表彰大会或经验交流会上，由先进单位、部门的代表或先进个人报告本单位、部门或个人的先进事迹、工作经验。有时由单位、部门领导发言，有时由单位代表或个人发言。

6. 开闭幕词

开幕词，是大会主持人或主要领导人作的带有方向性、指导性的重要讲话。它是大会的序曲，一般要阐明大会的意义和要达到的目的，并预祝会议成功。闭幕词，是大会的结束语，通常是对大会议程和会议中所解决的问题进行评估和总结。

(四) 会议报告的特点

1. 指导性

会议报告的指导性与作报告人的身份地位有关，甚至是领导人在大型会议上或重要场合提出的具有主导全国政治、经济、军事、文化等方面决策的报告，是领导人或决策者站在相当高度所发表的讲话。在这一类的报告中，通常需要在撰写报告前期做好深入调研，分析统计数据，研究方向趋势，站位要高并找准切入点，解决实际工作中的普遍性问题，实现重点工作目标的顺利推进。这类报告往往具有掌控全局的指导性，通常是纲领性文件，需由下级部门或具体执行者予以贯彻落实，如各级政府的工作报告等。

2. 宣传性

会议报告就是一种传播介质，涉及传播者与接受者，双方共同发生作用才会使会议报告的作用得到很好体现，这就是会议报告的宣传性。传播者通过宣讲的方式，建立与接受者的普遍联系，并使双方在时间、空间上结合到一起，接受者对于报告的接受程度，往往影响了会议或活动产生的效果。因此会议报告的好坏起决定性作用，一篇较好的会议报告，不但能够拉近双方的距离，产生强烈的群体趋从，还能够推动工作深入开展。反之则可能起到负面的作用。

3. 实际性

会议报告不能高高在上、脱离实际，描绘的宏伟蓝图若不具备可操作性，让人有一种可望而不可及的感觉，甚至觉得那是乌托邦式的美丽幻想，这样就偏离了事物的本质。会议报告应该脚踏实地，要注重掌握实际情况和事物发展规律。要在分析的基础上提出解决问题的意见或对策，具有很强的针对性，且在实际工作中行得通，能够贯彻落实。这就说明会议报告本身要具有实际性，这是最为基本的特点。目前我国经济处于转型期，高新技术日新月异，社会不断进步改变，这就要求报告起草者要实事求是，对基础工作进行深入调研，不能凭空想象，要充分掌握实际情况，制定具体操作方案，保证报告切实可行。

4. 灵活性

会议报告不拘泥于固定的模式或格式，也没有统一的篇幅长短或段落划分，既可以全面论述，也可以侧重部分重点，就其中的某一问题发表自己的看法，只要是能够反映工作情况，并且紧密围绕会议主题，都不失为一篇中规中矩的报告，因此会议报告的灵活性给了撰写者很大的发挥空间。

5. 清晰性

清晰性是会议报告的一个基本特点，在文字语言处理上要平铺直叙，避免行文难懂，容易为接受者理解和接受。因为会议报告主要靠口头语言来传达，因此报告文件的清晰性显得尤为重要。

(五) 会议报告的写法

会议报告的基本格式一般分为四部分，分别由标题、称谓、正文、落款组成。

1. 标题

写法有四种：一是直接叙事性报告，如“关于吉林省科技文化中心对外开放事宜的报告”。二是强调作报告人的重要性，如“× × ×同志在× × ×工作会议上的报告”。三是总结性报告，如“× ×公司 2013 年度工作总结及 2014 年度重点工作安排的报告”。四是不出现报告人的姓名、会议名称和“报告”字样，直接将会议的主旨及精神提炼作为标题，如“我国经济专业所面临的机遇与挑战”。一般来讲，标题往下一行是报告时间及报告人的姓名。

2. 称谓

称谓即报告对象，可以是机构、群体或个人，要依报告对象的身份而定，称谓要准确。如“省政府”、“ × × 集团公司”、“同志们”、“ × ×总经理”等。

3. 正文

正文包括三部分，分别是开头、主体和结尾。

(1) 开头。

开头的写法形式各异，一般是直奔主题，在开头对全文的内容及主旨进行概括提炼，说明报告的意图，提出全文的核心思想，或是简单点题，为下文做好铺垫。

(2) 主体。

这是整个报告的骨干部分，要在全文的主体地方说清楚报告的核心论调，对所有内容进行集中陈述，既分析研究实际问题，又提出解决措施和办法，从全局出发，全面客观掌握发展脉络，多方面、多角度、多维度分析，做到逻辑性与清晰性相结合。在处理手法上可以考虑三种形式：一是递进式，形成逐步深入、层层递进的逻辑关系；二是陈列式，从多个方面来进行阐释；三是比较式，把多种不同意见或趋势进行比较，理论结合实际，从中择优。总之，无论哪种方式，都必须集中于单一主题、单一核心思想，不能杂乱无章、词不达意，说不清楚想要报告的具体内容。

(3) 结尾。

一般可以视为结束部分，这一部分要概括全文，作个总结归纳，得出一个最终结论，给人以思考和启发，留下深刻的认识和印象。在文字处理上可以采用点睛式手法，进一步点出主题，增加宣示性语言，为接受者树立信念，增强攻坚克难的决心，整体让人感觉文章一气呵成，达到了预先期望的效果。

4. 落款

落款一般写上作报告的单位或个人，还有具体日期，正规的公文日期应是如“二〇一四年二月二十日”这样的书写格式。

[会议报告例文]

政府工作报告

——2013 年 3 月 5 日在第十二届全国人民代表大会第一次会议上

国务院总理　温家宝

各位代表：

现在，我代表国务院，向大会报告过去五年的政府工作，并对今年工作提出建议，请各位代表审议，并请全国政协委员提出意见。

一、过去五年工作回顾

第十一届全国人民代表大会第一次会议以来的五年，是我国发展进程中极不平凡的五年。我们有效应对国际金融危机的严重冲击，保持经济平稳较快发展，国内生产总值从26.6万亿元增加到51.9万亿元，跃升到世界第二位；公共财政收入从5.1万亿元增加到11.7万亿元；累计新增城镇就业5 870万人，城镇居民人均可支配收入和农村居民人均纯收入年均分别增长8.8%、9.9%；粮食产量实现“九连增”；重要领域改革取得新进展，开放型经济达到新水平；创新型国家建设取得新成就，载人航天、探月工程、载人深潜、北斗卫星导航系统、超级计算机、高速铁路等实现重大突破，第一艘航母“辽宁舰”入列；成功举办北京奥运会、残奥会和上海世博会；夺取抗击汶川特大地震、玉树强烈地震、舟曲特大山洪泥石流等严重自然灾害和灾后恢复重建重大胜利。我国社会生产力和综合国力显著提高，人民生活水平和社会保障水平显著提高，国际地位和国际影响力显著提高。我们圆满完成“十一五”规划，顺利实施“十二五”规划。社会主义经济建设、政治建设、文化建设、社会建设、生态文明建设取得重大进展，谱写了中国特色社会主义事业新篇章。

五年来的主要工作及特点：

一是有效应对国际金融危机，促进经济平稳较快发展。(略)

二是加快经济结构调整，提高经济发展的质量和效益。(略)

三是毫不放松地抓好“三农”工作，巩固和加强农业基础地位。(略)

四是坚持实施科教兴国战略，增强经济社会发展的核心支撑能力。(略)

五是坚持把人民利益放在第一位，着力保障和改善民生。(略)

六是深化重要领域改革，增强经济社会发展的内在活力。(略)

七是坚定不移扩大对外开放，全面提升开放型经济水平。(略)

八是切实加强政府自身建设，进一步深化行政体制改革。(略)

各位代表！

五年来，我们贯彻民族区域自治法，支持少数民族和民族地区发展的政策体系更加完善，民族团结进步事业焕发出新的蓬勃生机。

(略)

各位代表！

过去五年取得的成就来之不易。这是党中央总揽全局、正确领导的结果，是全党全国各族人民齐心协力、艰苦奋斗的结果。我代表国务院，向全国工人、农民、知识分子、干部、解放军指战员、武警部队官兵和公安民警，表示诚挚的感谢！向全国各族人民，向各民主党派、各人民团体和其他各界人士，表示诚挚的感谢！向香港特别行政区同胞、澳门特别行政区同胞和台湾同胞以及广大侨胞，表示诚挚的感谢！向关心和支持中国现代化建设的各国政府、国际组织和各国朋友，表示诚挚的感谢！

(略)

二、今年经济社会发展的总体要求、主要预期目标和宏观经济政策

(略)

今年工作的总体要求是：深入学习和全面贯彻落实党的十八大精神，高举中国特色

社会主义伟大旗帜，以邓小平理论、“三个代表”重要思想、科学发展观为指导，紧紧围绕主题主线，以提高经济增长质量和效益为中心，深化改革开放，实施创新驱动战略，稳中求进，开拓创新，扎实开局，全面推进社会主义经济建设、政治建设、文化建设、社会建设、生态文明建设，实现经济持续健康发展和社会和谐稳定。

今年经济社会发展的主要预期目标是：国内生产总值增长7.5%左右，发展的协调性进一步增强；居民消费价格涨幅3.5%左右；城镇新增就业900万人以上，城镇登记失业率低于4.6%；城乡居民人均收入实际增长与经济增长同步，劳动报酬增长和劳动生产率提高同步；国际收支状况进一步改善。这里，着重对经济增长和物价总水平两个指标作些说明。

(略)

实现上述目标，必须继续实施积极的财政政策和稳健的货币政策，保持政策连续性和稳定性，增强前瞻性、针对性和灵活性。

(略)

三、对今年政府工作的建议

结合过去十年特别是近五年工作的体会，对今年政府主要工作提出以下建议。

(一) 加快转变经济发展方式，促进经济持续健康发展。(略)

(二) 强化农业农村发展基础，推动城乡发展一体化。(略)

(三) 以保障和改善民生为重点，全面提高人民物质文化生活水平。(略)

(四) 以更大的政治勇气和智慧，深入推进改革开放。(略)

(略)

各位代表！

回顾过去，我们在中国特色社会主义道路上创造出不平凡的业绩。展望未来，伟大祖国展现出前所未有的光明前景。让我们在以习近平同志为总书记的党中央领导下，万众一心，奋发图强，为全面建成小康社会、实现中华民族的伟大复兴而奋斗！

资料来源：节选自 http：//www.gov.cn/test/2013－03/19/content _ 2357136.htm。

上述政府工作报告分为过去五年工作回顾，今年经济社会发展的总体要求、主要预期目标和宏观经济政策，政府工作的建议三部分，从全局出发，全面客观掌握发展脉络，多方面、多角度、多维度阐述，环环相扣，做到了逻辑性与清晰性相结合。

写作提示

撰写会议报告的注意事项

不同种类的报告对文体有不同的要求：

1. 政治报告：切合实际，能够全面分析研究问题，站在一定高度，对政治、经济、科技、教育等某一领域的发展提出原则性的指导意见，具有现实可操作性，并提出未来合理的预期水平。

2. 工作报告：万变不离其宗，无论怎么变化，必须要涉及三部分——过去的工作完成情况、存在的问题和不足、下一步工作安排与计划。

3. 宣传报告：需要把握正确的时机与形势，与之相适应的措施的具体性特点，总的来说就是分析形势、提高认识、鼓劲做好，三者是循序渐进式，不可颠倒顺序，否则就会出现逻辑混乱。

4. 总结报告：会议总结报告应从会中领导人讲话、工作报告、典型发言、讨论意见中，概括总结出几个重要问题和主要精神，从而统一各方思想，明确共同目标。

5. 典型报告：虽然内容、角度各不相同，但必不可少的是介绍基本情况、好的经验和体会，在事迹性的报告中要表明决心和态度。

6. 开闭幕词：要有明确的针对目标，要全面了解会议的基本精神，言简意赅。

实战练习

根据下面材料，请为总经理写一份会议报告。

某投资集团拟组织召开2014年度工作会议，会上总经理向集团全体人员做年度工作报告。总经理计划将报告分为三部分：一是2013年的主要工作，重点是围绕改革、发展、创新这一主线，全年业绩突出，资产总额达到200多亿元，集团新能源、农业、金融、汽车、地产等几大战略板块增长迅猛；二是面临的机遇与挑战，包括国家宏观经济政策及国内的经济发展趋势，对投融资业务的影响，存在哪些有利与不利条件；三是明年的重点工作，继续防范风险，扩大投资规模，预计资产总额将达240亿元。

模块三　会议记录　闭幕词

任务描述

各小组分别模拟本次会议开幕式、专家讲座和专家咨询的三场会议，拟写会议记录。

任务解析

三场会议的召开方式、会议进程、参会人员都不同，会议记录的内容也不同，每组根据会议的模拟场景，进行认真的记录。在形成会议记录后，以正式文件的形式，拟写本次会议的会议纪要。

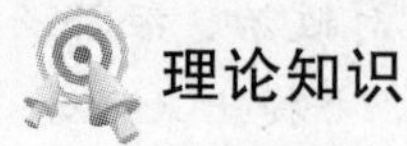

理论知识

一、会议记录

通过多种方式，将会议的基本信息和具体内容记录下来，以文字的形式表述，这就是会议记录。会议记录有笔记、录音和录像等几种方式，但这几种方式只是实现文字表述的过程与基础，最终是以文字为载体。会议记录可以分为一般性会议记录和会议纪要，一般性会议记录仅是会议的记述，而会议纪要则是正式发出的公文。

（一）一般性会议记录

1. 一般性会议记录的概念

一般性会议记录与会议纪要有着明显的区别，会议记录是详记，要求记录的重要讲话必须详细完整，是会议基本信息、主要内容、会议进程及决议结果的记述。

2. 一般性会议记录的特点

（1）综合性。

对会议资料等进行综合分析和概括提炼，具有整理和提要的基本特点。

（2）参考性。

会议记录集中对会议的情景、主要事项及决定事项进行详细反映，是留存的重要历史资料，对于政府部门、企事业单位具有重要的参考意义，必要时可用于查阅。

（3）真实性。

会议记录要客观真实，不能凭空捏造、无故删减。

（4）完整性。

会议记录对会议的时间、地点、出席人员、主持人、议程等基本情况，对领导讲话、与会者的发言、讨论和争议、形成的决议和决定等内容，都要记录下来。

3. 一般性会议记录的作用

一般性会议记录客观真实，可以作为重要决策的依据。会议简报与会议纪要等文件，都是在会议记录的基础上整理的，会议记录是基础工作。会议记录可以成为政府部门、企事业单位的关键资料，多年以后，会议记录还可以成为单位、部门或重要事项的历史见证。

4. 一般性会议记录的分类

一般性会议记录分为工作会议记录、专题会议记录、联席会议记录、座谈会议记录等。

工作会议记录是记述政府部门、企业单位等对重要的、综合性工作进行讨论、研究、决议等事项的一种会议记录。工作会议记录一般分为例行和非例行两种。

专题会议记录是专门针对某一专题性事务的记录。

联席会议记录是不相隶属的两个或两个以上的政府部门或企事业单位通过协调会的形式，将重要的事项记述下来备忘的一种记录。

座谈会议记录是记述座谈会讨论、研究的情况与成果的一种会议记录，其中要兼容并蓄，既要把观点的集中性和分散性体现出来，又要把倾向性意见体现出来。

5. 一般性会议记录的主要内容

一般性会议记录的主要内容包括：会议中心议题以及围绕中心议题展开的有关会议记录活动，会议研究讨论的问题及其各方的主要见解，与会人员的重要讲话，会议已议决的或议而未决的事项；对会议产生较大影响的其他言论或活动。

6. 一般性会议记录的要求

(1) 会议记录要有会议名称、时间、地点、性质、人员出席情况、会议内容、主持人及记录人员等。

(2) 重要的会议可以设置签名簿，准确标出出席人员姓名、单位、职务等。

(3) 准确详细记录会议情况，某些特别重要的会议或特别重要人物的发言，需要记下全部内容。如果会议进程太快，现场记录跟不上，可以会中录音、会后整理。现在有专门的速记人员，可以快速对会议情况进行记录，必要时可以请用。

(4) 准确记录会议的决议性事项，如会议的决定、决议或表决等情况。会议记录必须忠于事实，其删减修改要征求会议记录发布者或讲话者的同意。

[一般性会议记录格式]

××公司座谈会议记录（会议名称）

时间：××年××月××日××时

地点：×××

主持人：×××

出席人：×××　×××　×××　×××　×××

记录人：×××

会议内容：

（略）

（本会议记录共×页）

(二) 会议纪要

1. 会议纪要的概念

会议纪要是用于记载、传达会议情况和议定事项的公文，会议纪要的撰写和制作属于应用写作和公文处理的范畴，必须严格按照公文制发处理程序，遵循应用文写作的基本要求。

2. 会议纪要的特点

(1) 指导性。

会议纪要是会议重要事项的决议的明确记载，要求必须予以贯彻落实执行。

(2) 逻辑性。

会议纪要要求条例清楚，对会议中心思想和决议事项分类别、分层次予以总结概括，做到条例清晰，有逻辑性。

（3）时效性。

会议纪要是在一定的时间节点上经会议充分研究讨论后确定的相关重要事项，该阶段若干重要工作应围绕纪要的主旨精神或中心思想来做。

3. 会议纪要的作用

（1）依据作用。

会议纪要可以作为研究和总结会议的重要依据。凡属大型会议，后期都是总结记录，在贯彻落实会议的指示精神或重点任务时，都需要以纪要确定事项为准。

（2）通报作用。

会议纪要既可以作为对下级的任务传达，也可以向上级汇报信息，使上级了解下级推进工作深入开展的具体情况。

（3）参考作用。

会议纪要记录了各项决策事宜，对于政府部门、企事业单位来讲，是重要的参考资料，也是历史资料。

4. 会议纪要的结构

（1）会议纪要的标题。

一种是在纪要前直接加上会议名称；另一种是将会议的主旨或重点内容在标题中体现，类似文件式的标题。另外，会议纪要需要有文号，写在标题的正下方，由年份、序号组成，用数字全称标出，并用“〔〕”标注，如：〔2014〕23号。

（2）会议纪要的开头。

简述会议召开的形势和背景，开头即提到会议的名称、时间、地点、主要与会人员、主持人、主要议题及研究解决事项等。

（3）会议纪要的正文。

作为会议纪要的主体，需要对会议的指导精神、主要内容及今后任务等进行具体的总括性概述。要从客观实际出发，抓好三个核心，即核心思想、核心问题、核心工作。会议纪要的名称表述以会议为主体，可以应用如“会议指出”、“会议认为”等概括性词语。未达成一致意见的，则写明不同的观点与论调。会议视具体情况而定，可以有三种写法，一是总体概括；二是条理陈述；三是言语记录。

（4）会议纪要的结尾。

按照会议纪要的内容与要求，可以是总体概括会议精神，也可以是研究解决实际工作中的突出问题所得出的结论，还可以是安排部署重点工作。

5. 会议纪要的写法

（1）总体概括。

把会议的基本情况、主要问题、与会人员的发言观点、议定的有关事项等，用简单概括的方法，进行整体的阐述和说明。小型会议可以借鉴总体概括式的方法，其特点是意见形成比较统一，容易贯彻操作，文字量不大。

（2）条理陈述。

会议议题及事务较多时，一般按照条理陈述，把会议的主要内容归纳成几个方面或几点意见，这种写法内容相对全面，会议情况也可以较为详尽地展示，这种纪要用途较为广泛。

（3）言语记录。

把会上具有相当代表性的发言进行整理，提炼出关键要点和内涵实质，分别阐述。这种写法可以较为客观地体现与会人员的思想和意见，在征询意见性的会议上适用此方法。

［会议纪要例文］

关于××饮料公司被兼并财务处理会议纪要

时间：2010年11月20日上午8：00—11：00

地点：H市××饮料公司第一会议室

主持人：H市中小企业管理局副局长沈××

参加单位：H市中小企业管理局、市经委、财政局、税务局、H市第一食品集团公司、H市××饮料公司等有关部门负责人

会议对H市第一食品集团公司兼并××饮料公司的财务处理及有关政策问题进行了充分讨论，提出以下处理意见，特此纪要。

1. 关于兼并后的并账依据、时间及财务处理问题

鉴于原××饮料公司因被兼并，其法人资格自行消失，在财务上需要并账。并账依据，是交接之日（即2010年12月20日）的“资产负债表”中经市财政局和市第一食品集团公司核定的余额。

（1）资不抵债部分。由市财政局和市第一食品集团公司在核定利润指标时，减少部分数额。××饮料公司弥补该部分亏损减少的利润，市财政局视同承包基数的完成。

（2）2010年12月20日正式兼并后，为使被兼并企业能够进行正常生产，所投入的生产经营设施维修费用，2010年12月底钱转入市第一食品集团公司产品生产成本中。

2. 原××饮料公司所欠产品增值税问题

截止2010年12月末，原企业所欠产品增值税，写出申请免缴报告，呈请有关领导批准后，由市水务局给予免税处理。

3. 其他方面的问题

（1）为核定交接时的原企业资产与负债，责成财政局、兼并涉及的两家企业在近期内共同完成2010年12月末的原企业负债表的编制审定工作。

（2）其他未尽事宜，如有必要，可及时研究解决，保障兼并工作的顺利开展。

H市××饮料公司（公章）

二〇一〇年十一月二十一日

简　析

这是一篇较为简单的会议纪要，格式规范、事实叙述完整、简明，行文逻辑清晰，对

存在问题的分析有理有据。

写作提示

撰写会议纪要的注意事项

会议纪要要突出主旨和中心思想，客观记录不同的观点和意见，注意写法上的逻辑性与条理性，忠于会议的实际内容，全面地搜集各种会议资料，认真把握会议精神实质，做到会议纪要与会议的中心思想相统一。另外，会议纪要是与会者共同意愿的表示，没有落款，不加盖公章，与会者自愿遵照内容条款执行。

二、闭幕词

（一）闭幕词的概念

闭幕词是在重要会议或活动行将结束时，由会议组织者或主要领导人在会议闭幕时所作的讲话，闭幕词一般是对会议成果进行总结概括，评价会议成果，对贯彻会议精神提出具体要求。闭幕词是重要会议或活动必不可少的程序事项，一篇好的闭幕词可以体现会议的成功组织，它的形式通常为讲话文稿，对会议或活动的圆满成功有着突出重要的意义。主要领导人郑重宣布会议闭幕，也是会议结束的重要标志。

（二）闭幕词的特点

闭幕词与开幕词具有相似的特点，凡是重要会议或重要活动，只要有开幕词，一般都会有闭幕词与其相互对应。闭幕词一是具有指导性、概括性、宣传性的特点，通常在会议即将结束时对会议做出正确的评价和总结，突出会议主题和落实会议精神的具体要求，并且激励有关人员宣传会议的精神实质和贯彻落实具体工作；二是言简意赅，不需要长篇大论，应考虑到各方面的接受群体，语言精练，要做到通俗易懂，使其口语化；三是寄予希望，鼓动与会人员努力实现预期目标。

（三）闭幕词的写法

闭幕词一般包括标题、正文和结束语。

1. 标题

闭幕词的标题写法同开幕词相似，一是强调会议名称，如“山东省第十一次职工运动会闭幕词”；二是重点强调致词人，如“×××在全省 2014 年科技创新工作会议上的闭幕词”；三是突出主题，主标题揭示会议的核心思想或主旨，副标题与前两种标题的构成形式相同，如“全力推进企业发展驶入快车道——2014 年集团公司工作会议上的闭幕词”；四是其他类型的标题写作方式。标题的下面，可以用括号标注会议开幕的年月日。

2. 正文

一般分为称谓、开头、主体、结尾四部分。

（1）称谓。

通常按照会议的性质及与参加者的性别或身份来确定称谓，可以是“同志们”、“尊敬的各位来宾”、“尊敬的各位领导、朋友们”，形式各异，视具体情况而定。

（2）开头。

在标题和称谓之后另起一段，首先说明会议已经完成预定任务，现在就要闭幕了；然后概述会议的进行情况，恰当地评价会议的收获、意义及影响。篇幅要求简短，快速切入正题。开头时可以根据情况，介绍出席闭幕式的重要领导或嘉宾，但这一部分不是必须程序。

（3）主体。

这是闭幕词的重要组成部分，要写明会议的主要事项和基本精神，对本次会议进行回顾总结，概述会议的重要性和深远意义，向与会人员提出贯彻会议精神的基本要求等。一般是循序渐进地对这几方面内容依次进行概述。写作时要根据会议情况，对会议的精心组织和筹备以及会议的效果予以积极评价，也可以对会议进程过程中发现的问题和提出的新观点与想法适当补充。通常话语要具有感染性，文字高度概括、简洁，起到鼓励干劲，激发奋斗精神的作用。切忌重复、啰嗦，过于文字化，缺乏感情色彩。语言应既平实，又不乏生动，能够鼓舞精神。

（4）结尾。

闭幕词的结束语与开幕词相对应，要陈情激昂、斗志饱满、充满热情，行文明快、流畅。写法上常以鼓舞语独自撑起一段。

[闭幕词例文一]

×××有限公司党支部换届大会闭幕词

同志们：

我公司支部委员会换届选举党员大会，经过全体与会党员的共同努力，现在已经圆满地完成了会议的各项议程，就要闭幕了。

这次大会是在公司继续深化内部改革、大力推行集团化运作，不断谋求企业可持续发展的新形势下召开的。这是一次进一步落实“三个代表”重要思想、深入贯彻党的十七大精神、全面学习贯彻科学发展观的大会；也是我们公司支部班子在市县公司党委的领导下，求真务实、开拓进取、不断开创三个文明建设新局面的动员大会。这次会议的召开，必将极大地推动我们公司各项工作再创新成绩，再上新水平。

在这次大会上，全体党员通过充分的民主讨论，对××同志代表公司党委所做的工作报告进行了认真审议，《报告》实事求是地回顾和总结了过去三年里所取得的成绩，指出了工作中存在的不足，同时确定了今后工作的奋斗目标和努力方向。我们深信，只要我们脚踏实地，不懈努力，我们的目标就一定能够实现。另外，在这次大会上，全体党员经过充分酝酿和民主选举，产生了中共×××有限公司新一届支部委员会。我想，这是大家对我们的信任和重托，我们一定不会辜负大家的期望，将以更加饱满的精神状态和旺盛的斗志，投入到新一届支部班子的各项工作中来，从而不断为公司的持续发展做出新的更大的贡献。我们相信，有公司支部和公司的正确领导，有全公司广大干部职工的大力支持，我们一定能够全面完成好本届支部委员会所赋予我们的使命和职责，一定能够创造出新的辉煌业绩。

当前，市场的竞争也日益激烈，要想在这种新的竞争形势下求得生存与发展，确实给我们每个人都提出了新的要求，特别是对于我们新一届支部班子来说，更是一次新的考验。为此要求我们全体干部职工一定要紧密团结在公司支部和公司的周围，解放思想，更新观念，立足长远，扎扎实实做好各项工作。一是进一步贯彻落实党的十七届三中全会精神，全面学习贯彻落实科学发展观。作为一名共产党员和党的干部，要时刻做到立党为公、执政为民、艰苦奋斗、清正廉洁；要努力克服官僚主义作风，在工作中依靠群众、服务群众、造福群众，要真心实意为群众办实事，解决实际问题。同时要不断地加强自身学习，努力提高思想政治素质，全面抓好党风廉政建设，时刻做到党中央所要求的“自重、自省、自警、自励”八字方针。只有这样，我们的党组织才能形成强大的凝聚力，才能完成好各项工作任务。二是以学习贯彻科学发展观活动为契机，不断发挥基层党组织的政治核心作用和党支部的战斗堡垒作用。要通过开展形式多样、丰富多彩的创建活动，充分调动广大党员干部和职工群众的积极性、创造性，从而以更饱满的热情、积极的态度和进取的精神，为公司的持续发展作出新的贡献。三是坚持以经济效益为中心，全面提高企业管理水平，不断适应市场竞争需要。多年来，公司始终坚持抓基础管理、抓成本效益工作不放松，逐渐发展成为一支作风过硬、技术全面、管理规范、效益良好、能攻坚啃硬的“多功能”队伍。但面对当前激烈的市场竞争实际，我们要求得生存发展，就必须强素质、练内功，不断追求“为市场提供最好的服务，为企业创造最佳效益”的经营理念，以一流的技术、一流的服务和一流的信誉，站稳内部市场，从而为企业创造更高的经济效益。只有企业有了好的效益，我们的职工才能有好的收益。我想，这也是我们新一届班子对全体公司广大干部职工的一种庄严承诺。

同志们，让我们更加紧密地团结在公司和公司支部的周围，进一步贯彻落实“三个代表”的重要思想，进一步贯彻落实科学发展观，发扬抗震救灾精神，为全面实现公司新的发展战略目标而努力奋斗。

资料来源：http：//wenku. baidu. com/view/77bfa7fc0242a8956bece49d. html。

简析

这篇闭幕词结构严谨，用词精练，很好地体现了召开公司党支部大会的重要意义。该篇讲话稿对会议的精心组织和筹备以及会议的效果予以积极评价，也对会议进程过程中发现的问题和提出的新观点与想法适当补充，明确了公司党务工作阶段性的方向和任务，具有重要指导性作用。

[闭幕词例文二]

××中学 2012 年秋开学典礼闭幕词

老师们，同学们：

首先，我代表学校对今天开学典礼的成功召开表示热烈地祝贺！

对一年来兢兢业业、一丝不苟，把全部心血都献给了我校教育事业的全体教师表示衷心的感谢！

"一年一度秋风劲"。当盛夏的躁热褪去，当金桂的馨香飘逸，当我校的成绩取得全县瞩目的骄人业绩的时候，我们又相聚在美丽的校园，迎来了一个新的学年，开始了新的学习生活。今天我们隆重集会，召开新学期开学典礼，这既是一次总结会、迎新会，又是一次加油会、动员会和誓师会！

九月是收获的季节，秋天从来都属于辛勤耕耘的人们。在刚刚过去的学期里，全校师生齐心协力、负重奋进、辛勤工作、努力拼搏，在教育教学质量和师生队伍建设方面都取得了可喜的成绩，教育教学秩序井然，管理机构运转正常，文明的校风、勤奋的学风进一步形成……这些成绩使我们赢得了教育主管部门的肯定、家长的信赖和社会的赞誉。

老师们，同学们，过去的成绩是鞭策我们前进的动力，新的学期，新的开始，带来了新的挑战，也孕育新的希望与憧憬，面对这一更为紧张和富有挑战性的学习与工作，我们每一位教师、学生都应站在新的起跑线上认真审视自己，以满腔的热情投入到新学期的工作与学习中去，为实现自身的目标而奋斗、拼搏！

在此，我祝愿并相信我们每一位师生都能以自己的勤奋与智慧书写新学期学习与工作的满意答卷。我们要再接再厉，创造性地抓好学校方方面面的工作，使我校的管理水平和教育教学质量有新的提高。

我们有理由相信，只要努力与我们同行，希望就会与我们同在！辉煌就会与我们同在！

谢谢！

资料来源：http：//wenku. baidu. com/view/f513fd1e227916888486d7d7. html。

简析

该篇闭幕词突出会议主题，对全校师生在刚过去的学期中的辛苦工作给予充分肯定，做出正确的评价和总结，同时站在新的起点上，提出新学期的总体工作要求，激励有关人员宣传会议的精神实质和贯彻落实具体工作，继续为做好教学任务打下坚实基础，并表达祝愿，起到了宣传鼓动性作用，是一篇较好的闭幕讲话。

写作提示

撰写闭幕词的注意事项

1. 要有高度的总结概括性。

闭幕词是会议的结束，它的指向性作用决定了必须根据会议的中心思想、中心问题和中心工作进行分析回顾。写作闭幕词要有总结概括的能力。

2. 要全面了解会议的基本精神。

要写好闭幕词，必须全面、细致地了解会议各方面的情况，熟悉会议的有关文件和材料，清楚会议的目的和整体安排，掌握会议的基本精神。否则，是写不好闭幕词的。

3. 语言精练，行文流畅。

闭幕词重在提示性、指导性和原则性地向与会者交代一些重要的相关问题，其作用在于总结回顾会议情况及落实会议精神。所以，涉及具体问题不要谈得过多，更不能长篇大论，文字能简短的应尽量简短。

实战练习

请依据下面材料为某省科学技术协会张副主席写一篇闭幕词。

某省科学技术协会成功于2013年12月举办了全省中小学机器人大赛，本次大赛面向全省范围的中小学生，由学校推荐一个或两个技术合作团队参赛。省科学技术协会邀请相关专家做评委，选拔其中表现较好的十支队伍作为最后的总决赛队伍，评比机器人的智能化程度、机械动力、技术能力等，最终来自吉林市毓文中学的动力马达团队获得了总冠军。

项目十 行政公文

学习目标

◎ 知识目标

1. 掌握通知、通报的撰写格式及要求；
2. 掌握请示、批复的撰写格式及要求；
3. 掌握函的撰写格式及要求；
4. 了解各公文之间的行文方向。

◎ 能力目标

1. 能够根据实际工作需要撰写相应文种；
2. 能够准确判断具体事项应用哪种公文行文。

项目概要

模块一	发布通知和通报	通知　通报
模块二	员工赴国外考察	请示　批复
模块三	企业员工培训	函

项目情境

苏苏以优异的成绩毕业于某大学中文系，凭着自己大学时期的写作功底，在激烈的人才竞争中成功打败所有对手，顺利加入北京丽海纸业集团，任文员一职。入职一年多以来，苏苏出色地完成了公司的各项行政公文的撰写，给自己、母校和社会交上了一份完美的答卷。

模块一　通知　通报

任务描述

2013年5月，苏苏所在的北京丽海纸业集团决定在黑龙江省的各业务部门举行月销售计划准确率考核评比活动。此次活动中，苏苏负责撰写活动通知和情况通报。

任务解析

本模块包括两个任务，一个是撰写活动通知，另一个是撰写情况通报。首先，苏苏要先跟领导沟通，确定举行活动的时间和评比标准及奖惩办法，然后才能撰写成文，下发至黑龙江省各业务部门。评比活动结束后，苏苏要根据最终的评比结果，向领导请示，根据领导要求如实通报评比活动情况及奖惩办法。

理论知识

一、通知

（一）通知的适用范围

通知是公文中使用频率最高的一个文种，通常属于下行文。它适用于批转下级机关的公文，转发上级机关和不相隶属机关的公文；发布规章；传达要求下级机关办理和有关单位需要周知或共同执行的事项；任免和聘用干部。

（二）通知的分类

根据功用，通知可分为以下类别。

1. 发文通知

（1）批转性通知。对下级机关来文如呈转性报告、意见等上级机关用通知批转下级各有关部门执行。例：《××市人民政府批转市住房工作领导小组关于解决特困户住房问题意见的通知》；《国务院批转国家土地管理局关于部分地方政府越权批地情况报告的通知》。

（2）转发性通知。对上级机关、不相隶属机关的来文，本机关用通知转发下级各有关单位执行。例：《××省人民政府办公厅转发国务院办公厅关于在接待中不摆烟酒等问题的通知》；《建设部转发国家物价局财政部关于发布中央管理的建设系统行政事业性收费项目及标准的通知》。

（3）发布性通知。发布本机关制定的各类规章及其他材料，使之产生直接的行政效力。例：《国务院办公厅关于发布〈国家行政机关公文处理办法〉的通知》。

2. 知照性通知

用于向有关单位、部门传达、晓谕、告知有关事项或情况。如任免或聘用干部、设立或调整机构、启用或更换印章、迁移办公地点等。例：《关于×××等四同志职务任免的通知》；《国务院办公厅关于设立国务院纠正行业不正之风办公室的通知》；《国务院办公厅关于暂停实行夏时制的通知》。

3. 事项性通知

(1) 布置性通知：就某些具体事项上级机关对下级机关下达任务、布置工作、提出要求。例：《国务院关于在全国范围内开展清理三角债工作的通知》。

(2) 规定性通知：上级机关对要求下级机关执行的具体事项作出明确规定，以便遵照执行。例：《教育部财政部关于改变研究生学习期间生活待遇问题的通知》。

4. 会议通知

告知某机关或部门将召开某一会议，同时提出与会的相关要求，故这类通知兼有告知和布置作用。例：《关于召开××座谈会的通知》。

(三) 通知的特点

通知是机关常用的公文，具有多种功能，其主要特点有：

(1) 应用广泛，使用频率高，不受内容制约，既可用于布置工作、传达重要指标，也可用于知照一般事项。

(2) 作者广泛，不受机关性质、级别的限制。

(3) 内容单纯、行文简便。

(4) 具有执行性，多用于下行文。

(四) 通知的写法

1. 标题

通常情况下，三大类通知的标题都由发文机关、事由及文种三部分组成。视具体场合和内容，发文机关可以省略，文种亦可变“通知”为“预备通知”、“正式通知”、“紧急通知”等。在发文通知里要准确使用“批转”、“转发”和“印发”，发布本机关自制规约文书，对重要的规章应由“颁发”、“发布”等动词提起。除发布的规章应用书名号，其余均不使用书名号和标点符号。要具体处理好“关于”引起的介词结构和文种表述，杜绝重复出现“关于”和“的通知”字样。

2. 主送机关

在标题的正文应具体写明受文单位名称。有些属普发性的则应写上规范化的统称。对于非普发性通知，主送机关较多的，也可用相应的规范化统称。

3. 正文

一般起草时要先交代发文的原因、意图或目的，然后写清通知的具体事情、办理要求、注意事项及时限等。

除篇幅简短者外，多数通知的正文表述用条款格式，即分条分款将内容按一定逻辑标准排序，做到条理清晰，一目了然。

由于通知种类较多，各体正文写法、篇幅长短等差异较大，恕不一一表述。

4. **落款**

正文结束后在右下方署名署时并盖公章。

[通知例文一]

国务院办公厅
关于继续做好房地产市场调控工作的通知

国办发〔2013〕17号

各省、自治区、直辖市人民政府，国务院各部委、各直属机构：

2011年以来，各地区、各部门认真贯彻落实中央关于加强房地产市场调控的决策和部署，取得了积极成效。当前房地产市场调控仍处在关键时期，房价上涨预期增强，不同地区房地产市场出现分化。为继续做好今年房地产市场调控工作，促进房地产市场平稳健康发展，经国务院同意，现就有关问题通知如下。

一、完善稳定房价工作责任制

认真落实省级人民政府负总责、城市人民政府抓落实的稳定房价工作责任制。各直辖市、计划单列市和省会城市（除拉萨外），要按照保持房价基本稳定的原则，制定本地区年度新建商品住房（不含保障性住房，下同）价格控制目标，并于一季度向社会公布。各省级人民政府要更加注重区域差异，加强分类指导。对行政区域内住房供不应求、房价上涨过快的热点城市，应指导其增加住房及住房用地的有效供应，制定并公布年度新建商品住房价格控制目标；对存在住房供过于求等情况的城市，也应指导其采取有效措施保持市场稳定。要建立健全稳定房价工作的考核问责制度，加强对所辖城市的督查、考核和问责工作。国务院有关部门要加强对省级人民政府稳定房价工作的监督和检查。对执行住房限购和差别化住房信贷、税收等政策措施不到位、房价上涨过快的，要进行约谈和问责。

二、坚决抑制投机投资性购房

继续严格执行商品住房限购措施。已实施限购措施的直辖市、计划单列市和省会城市，要在严格执行《国务院办公厅关于进一步做好房地产市场调控工作有关问题的通知》（国办发〔2011〕1号）基础上，进一步完善现行住房限购措施。限购区域应覆盖城市全部行政区域；限购住房类型应包括所有新建商品住房和二手住房；购房资格审查环节应前移至签订购房合同（认购）前；对拥有1套及以上住房的非当地户籍居民家庭、无法连续提供一定年限当地纳税证明或社会保险缴纳证明的非当地户籍居民家庭，要暂停在本行政区域内向其售房。住房供需矛盾突出、房价上涨压力较大的城市，要在上述要求的基础上进一步从严调整限购措施；其他城市出现房价过快上涨情况的，省级人民政府应要求其及时采取限购等措施。各地区住房城乡建设、公安、民政、税务、人力资源社会保障等部门要建立分工明确、协调有序的审核工作机制。要严肃查处限购措施执行中的违法违规行为，对存在规避住房限购措施行为的项目，要责令房地产开发企业整改；购房人不具备购房资格的，企业要与购房人解除合同；对教唆、协助购房人伪造证明材料、骗取购房资格的中介机构，要责令其停业整顿，并严肃处理相关责任人；情节严重的，要追究当事人的法律责任。

继续严格实施差别化住房信贷政策。银行业金融机构要进一步落实好对首套房贷款的首付款比例和贷款利率政策，严格执行第二套（及以上）住房信贷政策。要强化借款人资格审查，严格按规定调查家庭住房登记记录和借款人征信记录，不得向不符合信贷政策的借款人违规发放贷款。银行业监管部门要加强对银行业金融机构执行差别化住房信贷政策的日常管理和专项检查，对违反政策规定的，要及时制止、纠正。对房价上涨过快的城市，人民银行当地分支机构可根据城市人民政府新建商品住房价格控制目标和政策要求，进一步提高第二套住房贷款的首付款比例和贷款利率。

充分发挥税收政策的调节作用。税务、住房城乡建设部门要密切配合，对出售自有住房按规定应征收的个人所得税，通过税收征管、房屋登记等历史信息能核实房屋原值的，应依法严格按转让所得的20%计征。总结个人住房房产税改革试点城市经验，加快推进扩大试点工作，引导住房合理消费。税务部门要继续推进应用房地产价格评估方法，加强存量房交易税收征管工作。

三、增加普通商品住房及用地供应

各地区要根据供需情况科学编制年度住房用地供应计划，保持合理、稳定的住房用地供应规模。原则上2013年住房用地供应总量应不低于过去5年平均实际供应量。住房供需矛盾突出、房价上涨压力较大的部分热点城市和区域中心城市，以及前两年住房用地供应计划完成率偏低的城市，要进一步增加年度住房用地供应总量，提高其占年度土地供应计划的比例。加大土地市场信息公开力度，市、县人民政府应于一季度公布年度住房用地供应计划，稳定土地市场预期。各地区要继续采取有效措施，完善土地出让方式，严防高价地扰乱市场预期。各地区住房城乡建设部门要提出商品住房项目的住宅建设套数、套型建筑面积、设施条件、开竣工时间等要求，作为土地出让的依据，并纳入出让合同。

各地区发展改革、国土资源、住房城乡建设部门要建立中小套型普通商品住房建设项目行政审批快速通道，提高办事效率，严格落实开竣工申报制度，督促房地产开发企业严格按照合同约定建设施工，加快中小套型普通商品住房项目的供地、建设和上市，尽快形成有效供应。对中小套型住房套数达到项目开发建设总套数70%以上的普通商品住房建设项目，银行业金融机构要在符合信贷条件的前提下优先支持其开发贷款需求。

四、加快保障性安居工程规划建设

全面落实2013年城镇保障性安居工程基本建成470万套、新开工630万套的任务。各地区要抓紧把建设任务落实到项目和地块，确保资金尽快到位，尽早开工建设。继续抓好城市和国有工矿（含煤矿）、国有林区、垦区、棚户区改造，重点抓好资源型城市及独立工矿区棚户区改造；积极推进非成片棚户区和危旧房改造，逐步开展城镇旧住宅区综合整治，稳步实施城中村改造。

强化规划统筹，从城镇化发展和改善居民住房条件等实际需要出发，把保障性安居工程建设和城市发展充分结合起来，在城市总体规划和土地利用、住房建设等规划中统筹安排保障性安居工程项目。要把好规划设计关、施工质量关、建筑材料关和竣工验收关，落实工程质量责任，确保工程质量安全。要合理安排布局，改进户型设计，方便保障对象的工作和生活。要加大配套基础设施投入力度，做到配套设施与保障性安居工程项目同步规划、同期建设、同时交付使用，确保竣工项目及早投入使用。

加强分配管理。要继续探索创新保障性住房建设和管理机制，完善保障性住房申请家庭经济状况审核机制，严格准入退出，确保公平分配。加大保障性安居工程建设、分配和退出的信息公开力度。严肃查处擅自改变保障性安居工程用途、套型面积等违法违规行为。2013年底前，地级以上城市要把符合条件的、有稳定就业的外来务工人员纳入当地住房保障范围。要加强小区运营管理，完善社区公共服务，优化居住环境。

五、加强市场监管和预期管理

2013年起，各地区要提高商品房预售门槛，从工程投资和形象进度、交付时限等方面强化商品房预售许可管理，引导房地产开发企业理性定价，稳步推进商品房预售制度改革。继续严格执行商品房销售明码标价、一房一价规定，严格按照申报价格对外销售。各地区要切实强化预售资金管理，完善监管制度；尚未实行预售资金监管的地区，要加快制定本地区商品房预售资金监管办法。对预售方案报价过高且不接受城市住房城乡建设部门指导，或没有实行预售资金监管的商品房项目，可暂不核发预售许可证书。各地区要大力推进城镇个人住房信息系统建设，完善管理制度，到“十二五”期末，所有地级以上城市原则上要实现联网。

加强房地产企业信用管理，研究建立住房城乡建设、发展改革、国土资源、金融、税务、工商、统计等部门联动共享的信用管理系统，及时记录、公布房地产企业的违法违规行为。对存在闲置土地和炒地、捂盘惜售、哄抬房价等违法违规行为的房地产开发企业，有关部门要建立联动机制，加大查处力度。国土资源部门要禁止其参加土地竞买，银行业金融机构不得发放新开发项目贷款，证券监管部门暂停批准其上市、再融资或重大资产重组，银行业监管部门要禁止其通过信托计划融资。税务部门要强化土地增值税的征收管理工作，严格按照有关规定进行清算审核和稽查。住房城乡建设、工商等部门要联合开展对房屋中介市场的专项治理工作，整顿和规范市场秩序，严肃查处中介机构和经纪人员的违法违规行为。有关部门要加强房地产开发企业资本金管理，加大对资产负债情况的监测力度，有效防范风险。

各地区、各有关部门要加强市场监测和研究分析，及时主动发布商品住房建设、交易及房价、房租等方面的权威信息，正确解读市场走势和有关调控政策措施，引导社会舆论，稳定市场预期。要加强舆情监测，对涉及房地产市场的不实信息，要及时、主动澄清。对诱导购房者违反限购、限贷等政策措施，造谣、传谣以及炒作不实信息误导消费者的企业、机构、媒体和个人，要进行严肃处理。

六、加快建立和完善引导房地产市场健康发展的长效机制

各有关部门要加强基础性工作，加快研究提出完善住房供应体系、健全房地产市场运行和监管机制的工作思路和政策框架，推进房地产税制改革，完善住房金融体系和住房用地供应机制，推进住宅产业化，促进房地产市场持续平稳健康发展。

国务院办公厅（公章）

×年×月×日

资料来源：http：//www.gov.cn/zwgk/2013-03/01/content_2342885.htm。

简析

这是由国务院下发的一份指示性通知。标题为省略式标题，省略了时限，由“发文机关＋事由＋文种”构成。前言首先分析了我国当今房地产业的主要形势，又交代了制定此通知的目的和意义。主体部分则具体交代了下级需要配合完成的工作。此则通知无结语，自然收尾。

[通知例文二]

关于开展东北区乡镇市场普查及拓展开发工作的通知

各省区销售部、办事处：

随着市场发展的需要，渠道深挖、建设乡镇网络、提升乡镇网点质量已成为下阶段工作重点之一。根据集团及分公司相关精神，自要求全面开发乡镇市场以来，东北区域仍存在乡镇市场空白网点，为了使品牌的深度植入，提升市场份额，做好基础工程工作，经分公司会议研究决定即日起开始全面普查及拓展开发各区域乡镇市场网点，具体事宜通知如下：

一、普查时间：即日起至 2013 年 4 月 30 日止。

二、普查区域：各部办所辖分销商的所有乡镇市场。

三、普查方式：各部办根据乡镇数量制定普查计划（如个别办事处乡镇市场较多的，可在不影响销售的情况下，合理调动办事处人员下乡镇协助普查）。

四、普查内容：乡镇名称、乡镇网点数量、网点合作现状等（具体见附件：乡镇市场普查表）。

五、制定季度乡镇拓展目标（见附件表格，部办先自行填写后省区审核）。

各省区销售部及办事处需高度重视，高效、真实地将各区域的乡镇市场状况普查清楚，按公司可控与达标要求，按部就班地开展乡镇市场拓展工作，于5月5日前将普查表上报至各省区行政处。

特此通知！

××公司（公章）

二〇一三年三月二日

简析

这是一则事项性通知，标题是公文式标题，用介词“关于”引出事由和文种；前言交代了制定通知的社会背景和本公司情况、撰写的依据和程序。主体部分交代了具体事项；结尾对受文单位提出希望和号召，令其遵照执行。

写作提示

撰写通知的注意事项

1. 发布性通知行文要简洁。

2. 指示性通知要写得具体、明确，具有可行性。

3. 批转和转发性通知要言明依据，阐明意义。

4. 知照性通知要强调晓谕性。

5. 会议通知的事项要交代完备、具体。

补充知识

关于公文附件说明

附件说明，是对公文附属材料（即“附件”）的序号和名称的标注。附件是公文的组成部分，是附于正文随文发送的文件、报表和有关材料等。它对正件具有说明、印证和参考等作用。

值得注意的是，转发某一公文时，不能将被转发公文视作附件。因为转发公文的主体内容就是被转文件，转发公文只起按语或说明、批准、发布的作用，并且转发公文的正文中已将被转发文件的名称、文号等交代清楚，再将其视作“附件”是多此一举。

公文如有附件，应在“附件说明”处注明附件序号和名称。“附件说明”位于正文下一行，左空 2 字，用 3 号仿宋字标明“附件”二字，后标全角冒号和附件名称。如有多个附件，则应同时注明序号和名称。序号使用阿拉伯数字标注，附件名称后不加标点符号。

二、通报

（一）通报的概念

通报是上级把有关的人和事告知下级的公文。通报的运用范围很广，各级党政机关和单位都可以使用。它的作用是表扬好人好事，批评错误和歪风邪气，通报应引以为戒的恶性事故，传达重要情况以及需要各单位知道的事项。通报是各级机关、企事业单位和团体经常使用的文种。其目的是交流经验，吸取教训，教育干部和职工群众，推动工作的进一步开展。

（二）通报的分类

1. 表彰性通报

表彰性通报，就是表彰先进个人或先进单位的通报。这类通报着重介绍人物或单位的先进事迹，点明实质，提出希望、要求，然后发出学习的号召。

2. 批评性通报

批评性通报，就是批评典型人物或单位的错误行为、不良倾向、丑恶现象和违章事故等的通报。这类通报通过摆情况、找根源，阐明处理决定，使人从中吸取教训，以免重蹈覆辙。这类通报应用面广，数量大，惩戒性突出。

3. 情况通报

情况通报，就是上级机关把现实社会生活中出现的重要情况告知所属单位和群众，让其了解全局，与上级协调一致，统一认识，统一步调，克服存在的问题，开创新的局面。

这类通报具有沟通和知照的双重作用。

(三) 通报的特点

1. 告知性

通报的内容，常常是把现实生活当中一些正反面的典型或某些带倾向性的重要问题告诉人们，让人们知晓、了解。

2. 教育性

通报的目的，不仅仅是让人们知晓内容，它主要的任务是让人们知晓内容之后，从中接受先进思想的教育，或警戒错误，引起注意，接受教训，这就是通报的教育性。这一目的不是靠指示和命令方式来达到，而靠的是正、反面典型的带动，真切的希望和感人的号召力量，使人真正从思想上确立正确的认识，知道应该这样做，而不应该那样做。

3. 政策性

政策性并不是通报独具的特点，其他公文也同样具有这一特点。可是，作为通报，尤其是对表扬性通报和批评性通报来说，在这方面显得特别强一些。因为通报中的决定（即处理意见），直接涉及具体单位、个人或事情的处理，同时，此后也会牵涉到其他单位、部门效仿执行的问题。决定正确与否，影响颇大。因此，必须讲究政策依据，体现党的政策。

(四) 通报的写法

1. 标题

由制发机关、被表彰或被批评的对象和文种构成。通常有两种构成形式：一种是由发文机关名称、事由和文种组成，如“国务院办公厅关于对少数地方和单位违反国家规定集资问题的通报”；另外一种是由事由和文种构成，如“关于给不顾个人安危勇于救人的王××同志记功表彰的通报”。此外，有少数通报的标题是在文种前冠以机关单位名称，如“中共××市纪律检查委员会通报”；也有的通报标题只有文种名称。

2. 主送机关

通报属普发性公文，相同类型的主送机关可以合并为：“各……”。有的通报特指某一范围内，可以不标注主送机关。

3. 正文

（1）表彰通报。

1）介绍先进事迹。这一部分用来介绍先进人物或集体的行动及其效果，要写清时间、地点、人物、基本事件过程。表达时使用概括叙述的方式，只要将事实讲清楚即可，不能展开绘声绘色的描绘，篇幅也不可过长。这段文字篇幅不长，但要叙述完备，事实清楚，体现公文叙事的特点。

2）先进事迹的性质和意义。这部分主要采用议论的写法，但并不要求有严谨的推理，而是在概念清晰的前提下，以判断为主，也要注意文字的精炼。这部分中的评价性的文字，要注意措辞的分寸感和准确性，不能出现过誉或夸饰的现象。

3）表彰决定。这部分写什么会议或什么机构决定，给予表彰对象以什么项目的表彰和奖励。如果表彰的是若干个人，或者有具体的奖励项目，可分别列出，这部分在表达上的难度不大，要注意的主要是清晰、简练、用词精当的问题。

(2) 批评性通报。

1) 错误事实或现象。如果是对个人的错误进行处理的通报，这部分要写明犯错误人的基本情况，包括姓名、所在单位、职务等，然后是对错误事实的叙述，要写得简明扼要，完整清晰。如果是对部门单位的不良现象进行通报，这部分将要占较大的篇幅，如《国务院关于一份国务院文件周转情况的通报》，将广东省政府用七十天时间才将国务院一份文件转发下去，而广州市政府又用了一百多天才将这份文件转发到各个区县的情况，进行了比较详细的叙述，占全文篇幅的一多半。如果是针对普遍存在的某一问题进行通报，这部分要从不同地方、不同单位的许多同类事实中，选择出一些有代表性的进行综合叙述，如《中共中央纪律检查委员会通报（立即刹住用公款请客送礼、吃请受礼的歪风）》，综合叙述了上海、长沙若干单位请客送礼、吃请受礼的事实，列举了大量的统计数字。

2) 错误性质或危害性的分析处理。单一错误事实的通报，这部分要对错误的性质、危害进行分析，一般都写得比较简短。对综合性的不良现象或问题进行通报，这部分的分析性文字可能要复杂一些。

3) 惩罚决定或治理措施。对个人单一错误事实进行处理，要写明根据什么规定，经什么会议讨论决定，给予什么处分等。对普遍存在的错误现象或问题，在这部分中要提出治理、纠正的方法措施。内容复杂时，这部分可以分条列项。这些方法措施和指示的写法相似。

(3) 情况通报。

分条列项列出通报的具体情况即可。

4. 结尾

用来提出希望，发出号召。发文机关要对受文单位提出希望要求，以便受文单位能够高度重视，认清性质，汲取教训，采取措施。

[通报例文一]

××省化工总公司党委关于授予张××“优秀共产党员”荣誉称号的通报

各分公司党委、总公司党委各部门、各直属机构：

张××同志是××分公司所属天宏化工厂管道维修工人，共产党员。今年8月12日上午8时30分，该厂成品车间后处理工段油气管道突然爆炸起火。正在利用公休日清理夜间施工现场的张××被爆炸气浪猛烈推倒，头部、右臂和大腿等多处受伤，鲜血直流，鞋子也被甩出很远。在这危急关头，张××强忍剧痛，迅速爬起来，顾不得穿鞋和查看伤势，踩着玻璃碎片，冲入烈火之中，迅速关闭了喷胶阀门、油气分层罐手阀、蒸汽总阀。接着先后用了10余个干粉灭火器扑救颗粒泵、混胶罐等处的大火，在随后赶来的保安人员的援助下，共同英勇奋战十余分钟，最终将大火全部扑灭，避免了火势的蔓延。

张××同志在身体多处受伤、火势凶猛并随时可能发生更大爆炸的万分危急关头，将个人生死置之度外，果断处理突发事件，为遏制火势蔓延，防止事故扩大，减少国家财产损失，作出了突出的贡献。他的行为体现了为保护国家财产和人民利益而置个人生命安危于度外的崇高精神品质，谱写了一曲保持共产党人先进性的正气之歌。

为了表彰张××的英雄行为和崇高的革命精神，总公司党委研究决定：授予张××"优秀共产党员"荣誉称号，将张××奋力灭火的英勇事迹通报全公司，晋升二级工资，并颁发灭火奖励10 000元，以资鼓励。

希望各分公司党委、各直属机构组织广大共产党员和干部职工以张××为榜样，落实安全生产责任，努力做好本职工作，为化工行业的改革与发展作出更大的贡献。

××省化工总公司党委（公章）

二〇一三年八月二十日

简 析

这是一份表彰性通报。正文叙述张××的先进事迹，对该同志的行为作了有境界而又恰当的分析、评议，目的句之后写决定事项，最后提出发文单位的希望号召。全文结构合理，格式规范。注重将英勇行为上升到恰当的境界予以分析、评议。语言通俗流畅。美中不足的是对事件过程的叙述还可以概括一些。

［通报例文二］

关于2013年上半年全国建筑施工事故情况的通报

各省、自治区建设厅，直辖市建委，江苏省、山东省建管局，新疆生产建设兵团建设局：

据31个省、自治区、直辖市和新疆生产建设兵团报告，2013年上半年，全国共发生建筑施工事故519起，死亡582人，重伤68人，与去年同期相比，事故起数、死亡人数分别上升24.5%和20.7%，重伤人数下降41.9%；其中发生建筑施工一次死亡3人以上事故15起，死亡66人，重伤5人，与去年同期相比，事故起数、死亡人数和重伤人数分别下降21.1%、2.9%和37.5%。这15起事故中：浙江4起，江西、山东各2起，内蒙古、上海、安徽、河南、广东、甘肃、贵州各1起。2013年上半年全国建筑施工事故统计表见附件。

按照《关于加强建设系统重大质量安全事故快报工作的通知》（建办质〔2013〕23号）要求，自2013年4月20日起，各地应通过建设系统重大质量安全事故快报系统，及时报告工程建设、城市市政公用行业运行（营）、房屋安全重大事故。从报告情况看，江西、云南、江苏、贵州、吉林、山西等地能够认真、及时、规范地通过快报系统报送事故。但也有部分地区未能按时限要求和规定内容报告，在一定程度上影响了我部对全国建设系统重大质量安全事故的全面掌握和统计分析。

各地要高度重视重大事故报告工作，落实分管领导和有关工作人员的责任，严格报送时限、报送程序，及时、准确、规范地通过建设系统重大质量安全事故快报系统，向建设部报告事故。同时，要进一步完善本地区重大事故报告制度，加快建立和完善本地区建设系统质量安全事故报送系统，培训有关工作人员，进一步推动重大事故报告工作的制度化和规范化。

附件：2013 年上半年全国建筑施工事故统计表

中华人民共和国建设部（公章）

二〇一三年八月八日

简析

这是一份情况通报，通报全国建筑施工事故的情况。正文分三段。第一段利用数字说明和比较说明，阐述了上半年全国施工事故的情况。第二段对及时和未按时限要求报告事故的地区分别作出了表扬和批评。第三段针对当前出现的施工事故情况，有针对性地对今后的工作提出了意见和要求。

情况通报分微观（具体事实）情况通报和宏观情况通报两种，这份总体情况通报属宏观情况通报。本文对情况的分析主要通过数字及比较进行，是一份写作规范的情况通报。

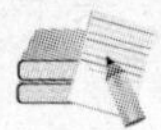

写作提示

撰写通报的注意事项

1. 行文要及时。

2. 事例要真实、典型。

3. 要对事件（事情）的叙述实事求是，不拔高，不贬低，一就是一，二就是二，确保“通报”的客观性。

4. 要把握分寸，无论表彰先进的通报还是批评错误的通报，评价或定性要十分准确，恰如其分。

补充知识

通知和通报的区别

1. 告知的内容不同

通知：告知的主要是工作的情况，以及共同遵守执行的事项。

通报：告知正反面典型，或有关重要的精神或情况。

2. 目的要求不同

通知：要求受文机关了解要办什么事，该怎样办理，要求遵照执行。

通报：主要是交流、了解情况，起教育宣传作用。

3. 表现方法不同

通知：主要是叙述，告知人们做什么，怎样做，叙述具体。

通报：兼用叙述、分析和议论，有较强的感情色彩。

实战练习

1. 根据下面的材料，代院团委拟写一则通知。

经院党委批准，院团委决定从 2014 年 3 月 1 日起开展“学雷锋”、“迎五四”系列活动。活动内容有演讲比赛、书画摄影展览、征文比赛、文艺演出等系列活动。院团委需向各系（部）团总支、学生会下发通知，说明活动项目及举办时间、参加人员范围、报名办法、活动内容要求、评奖办法等相关事项。

模块二　请示　批复

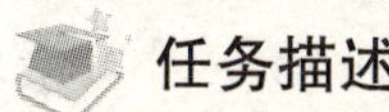

任务描述

北京丽海纸业集团吉林分公司拟派 6 名公司职员出国考察，需要取得总公司批准。各小组代替北京丽海纸业集团吉林分公司向总公司撰写一份请示，再替总公司批复。

任务解析

本模块的最终任务是撰写请示与批复。请示要向上级说明出国考察的原因或目的，考察的地点和时间和所需具体费用。总公司在收到下级公司请示后，应根据请示的内容和合理性及时批复。

理论知识

一、请示

（一）请示的概念和分类

请示是下级机关向上级机关请求决断、指示、批示或批准事项所使用的呈批性公文。请示属于上行公文，其应用范围也比较广泛。

按其内容可分为请求指示性请示、请求批准性请示和请求批转性请示。

（二）请示的特点

1. 针对性

只有本机关单位权限范围内无法决定的重大事项，如机构设置、人事安排、重要决定、重大决策、项目安排等问题，以及在工作中遇到新问题、新情况或克服不了的困难，才可以用“请示”行文。请示上级机关给予指示、决断或答复、批准，所以请示的行文具有很强的针对性。

2. 呈批性

请示是有针对性的上行文，上级机关对呈报的请示事项，无论同意与否，都必须给予明确的“批复”回文。

3. 单一性

请示应一文一事，一般只写一个主送机关，即使需要同时送其他机关，也只能用抄送形式。

4. 时效性

请示是针对本单位当前工作中出现的情况和问题，求得上级机关指示、批准的公文，如能够及时发出，就会使问题得到及时解决。

(三) 请示的写法

请示由首部、正文和尾部三部分组成，其各部分的格式、内容和写法要求如下所述。

1. 首部

主要包括标题和主送机关两个项目内容。

(1) 标题。请示的标题一般有两种构成形式：一种是由发文机关名称、事由和文种构成。如《××县人民政府关于×××的请示》；另一种是由事和文种构成，如《关于开展春节拥军优属工作的请示》。

(2) 主送机关。请示的主送机关是指负责受理和答复该文件的机关。每件请示只能写一个主送机关，不能多头请示。

2. 正文

其结构一般由开头、主体和结语等部分组成。

(1) 开头。主要交代请示的缘由。它是请示事项能否成立的前提条件，也是上级机关批复的根据。原因讲得客观、具体，理由讲得合理、充分，上级机关才好及时决断，予以有针对性的批复。

(2) 主体。主要说明请求事项。它是向上级机关提出的具体请求，也是陈述缘由的目的所在。这部分内容要单一，只宜请求一件事。另外请示事项要写得具体、明确，条项清楚，以便上级机关给予明确批复。

(3) 结语。应另起一段，习惯用语一般有“当否，请批示”，“妥否，请批复”，“以上请示，请予审批”或“以上请示如无不妥，请批转各地区、各部门研究执行”等。

3. 尾部

一般包括署名和成文时间两个项目内容。标题写明发文机关的，这里可不再署名，但需加盖单位公章，成文时间××××年×月×日。

[请示例文一]

关于解决救灾贷款规模和救灾资金的紧急请示

中国农业银行总行：

今年入汛以来，我省连续遭受大暴雨、飑线风、冰雹袭击，造成了严重的洪涝灾害。4月1日至6月27日，全省平均降雨量981毫米，有36个县（市）降雨量超过1 000毫米，最高的达1 736毫米。仅6月1日至27日，全省平均降雨量461毫米，比历年同期增加1倍，接近新中国成立以来雨量最多的1954年，部分地区超过1954年同期雨量的122毫米。这次降雨来势凶猛，突发性强，持续时间长，暴雨过程多，降雨集中，强度大，致使山洪暴发，江河水位多次猛涨，大幅度超过警戒水位。信江、乐安河、修河水位超过历史最高水平，其中袁河宜春站超过历史最高水位0.99米，赣站水位也达新中国成立以来的第二位。因长江洪水来得早，水位高，致使××湖水位已超过历史同期最高水位，许多地区多次受淹遭灾。

严重的洪涝灾害，给我省工农业生产和人民生命财产造成了巨大损失。据不完全统计，截至6月28日，全省有85个县（市）、1 696个乡（镇）1 519.13万人不同程度受灾；有29个县（市）城区进水受淹，2 915个自然村、114.27万人被洪水围困；冲毁自然村22个、1 184户；因灾死亡202人，伤4 835人；受灾农作物面积103.58万公顷，成灾面积72万公顷，其中绝收面积32.65万公顷，毁坏农田41 043公顷；倒塌房屋12.46万间，8.18万人无家可归；死亡大牲畜33万头；毁坏公路路基面3 217.26千米，105、316、320、206、318、323六条国道通讯线路1 091千米、广播线路1 928千米；2.3万家企业（含乡镇企业）受灾，其中，4 221家因灾停产，5 167家部分停产。据初步统计，全省因灾直接经济损失97.33亿元。

近日，我行已尽最大努力紧急调剂3 000万元贷款规模投入重灾区。由于信贷资金十分紧张，6月中旬，我行备付率仅5.54%，扣除“汇出汇款”须在人民银行存入保证金（特种存款）的因素，实际备付率仅5.02%。本月下旬归还总行借款0.3亿元；尚需清算占用农行资金0.84亿元；以及由于灾民一方面支取存款增多，另一方面农行发放救灾贷款，预计本月下旬将出现贷差0.6亿元，仅此三项6月下旬就要运用资金1.74亿元，月末备付率将继续下降。因此，救灾资金确实无力解决。

为了尽快支持灾区灾民和使企业尽快恢复生产、生活，恳请总行解决我省年度救灾贷款规模6亿元、救灾资金3亿元，其中，银行救灾规模2亿元，信用社救灾规模4亿元。

专此请示，恳请批复。

中国农业银行××省分行（公章）

××××年×月×日

简析

这是一则请求上级机关支持、帮助的请示。标题写“紧急请示”，是因为情况紧急。正文前三段依次介绍了受灾情况、严重的洪涝灾害给工农业生产和人民生命财产造成巨大损失、本行现在的救灾资金已无力解决困难等实情。这是请示的背景，也是请示的缘由。在此基础上，第四段于目的句式之后很自然地就提出了请示事项，即需解决的资金的类别及数量。全文以惯用语“专此请示，恳请批复”作结。

文章在陈述困难及事实时，注重用统计数字说明问题，显得理据充分，要求合理，本文的行文富于节奏，并有适度的与主旨相适应的感情，语言得体。

[请示例文二]

××省经济研究中心关于嘉奖刘××的请示

××省总工会：

我中心是省政府的事业机构，负责全省的经济研究工作。由于中心尚无工会组织，故未能及时参加工会的有关活动。近闻总工会正在全省开展评奖活动，故将为我中心刘××同志立功一事请示如下：

刘××，男，52岁，1964年大学毕业，现为副研究员。该同志长期从事农业经济的研究工作，成绩卓著，多次受到领导的好评，并为农业生产创造了显著效益。其中《×××××××》和《×××××××》两篇论文分别荣获全国农学会一、二等奖，《×××》一书被评为全国科普鼓励奖，其本人已被编入中青年科学家辞典。

根据×总发××号文件精神，刘××同志符合立功条件，望予嘉奖。

以上妥否，请批示。

××省经济研究中心（公章）

××××年×月×日

这是一份嘉奖性请示。层次清晰，陈述有序，有理有据。

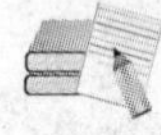

写作提示

撰写请示注意事项

1. 遵守“一文一事”的原则，主旨鲜明集中。

2. 材料真实，不要为了让上级领导批准而虚构情况，也不要因为没能认真调查而片面地摆情况、提问题。

3. 请示理由要充分，请示事项要明确、具体。

4. 语气要平实，恳切，以期引起上级的重视，既不能出言生硬，也不要低声下气。

5. 不可越级请示。

补充知识

请示与报告的区别

1. 行文时间不同

请示须在事前行文；而报告在事前、事后及事中皆可行文。

2. 行文的目的、作用不同

请示旨在请求上级批准、指示、支持和帮助，需要上级批复。报告旨在向上级汇报工作、反映情况、提出建议、答复上级询问。

3. 主送机关数量不同

请示只写一个主送机关。在遇到紧急情况时，报告可有多个主送机关。

4. 写法不同

报告侧重于概括陈述情况，总结经验教训，表述灵活，体现报告性。请示则内容单一，一文一事，侧重于讲原因、陈理由、述事项、体现请求性。

5. 结尾用语不同

报告的结束语一般写“特此报告”，或者省略结束惯用语。请示不能省略结束惯用语，一定要写“以上请示，请批复”一类惯用语。

6. 受文机关处理方式不同

请示属办件，收文机关必须及时批复。报告多数是阅件，除需批转建议报告外，上级机关不必行文。

二、批复

（一）批复的概念

批复是答复下级机关请示事项的下行公文。下级机关遇有本单位无权、无力、无法解决的事项需要向上级机关请示时，上级机关就使用“批复”这一文种答复请示事项。批复的内容主要是对请示事项明确表态，或同意，或不同意，或部分同意，有时还对请示事项作出修正、补充。

（二）批复的特点

1. 批复与批示的不同点

批示针对的文种较多，有报告、计划、总结、意见等；而批复则只针对于请示。

2. 行文具有被动性

批复的写作以下级的请示为前提，它是专门用于答复下级机关请示事项的公文，先有上报的请示，后有下发的批复，一来一往，被动行文，这一点与其他公文有所不同。

3. 内容具有针对性

批复要针对请示事项表明是否同意或是否可行的态度，批复事项必须针对请示内容来答复，而不能另找与请示内容不相关的话题。因此批复的内容必须明确、简洁，以利于下级机关贯彻执行。

4. 效用的权威性

批复表示的是上级机关的结论性意见，下级机关对上级机关的答复必须认真贯彻执行，不得违背，批复的效用在这方面类似命令、决定，带有很强的权威性。

（三）批复的类型

1. 请求指示性批复

即对下级机关领会不准，不甚了解的有关方针政策，或上级机关的有关规定、决定，作出的解释性、指示性的答复。

2. 请求批准性批复

即对下级机关请求办理，请求处理的事项表明态度的答复。

3. 请求支持、帮助性批复

即针对下级机关在遇到难于解决、无力克服的困难时，而提出请求支持或帮助的请示所作的答复。

(四) 批复的结构和写法

1. 标题

(1) 由发文机关、批复事项、行文对象和文种构成，如《××总公司关于扩建业务大楼给第三分公司的批复》。

(2) 由发文机关、事由和文种构成，如《国务院关于编纂中华大辞典问题的批复》。

(3) 由上级机关态度、事由和文种构成，如《关于同意人文社科系举办秘书训练班的批复》。

(4) 由发文机关、请示标题和文种构成，如《××市人民政府对〈关于处理沿江路3号商业大厦失火事故的请示〉的批复》。

2. 正文

正文一般由批复引语、批复事项和批复结语组成。

(1) 批复引语。先引请示标题，再引发文字号，发文字号应加圆括号。如“你公司《关于……的请示》(××〔19××〕×号) 收悉。”

(2) 批复事项。针对请示事项给予明确答复或具体指示。这里要注意的是，批复要一文一复，同意有关请示的批复，不必阐述批复理由，表明同意态度即可。若不同意请示事项，或对下级机关要求的支持和帮助难以满足，则除在批复中表明态度外，一般还需要适当说明理由，以使对方能较好地接受，并及时作出相应的工作安排。

(3) 批复结语。“特此批复”、“此复”等。

 [批复例文一]

国务院关于全国抗旱规划的批复

国函〔2011〕141号

各省、自治区、直辖市人民政府，发展改革委、财政部、水利部：

水利部《关于审批全国抗旱规划的请示》(水规计〔2011〕299号) 收悉。现批复如下：

一、原则同意《全国抗旱规划》(以下简称《规划》)。各地区、各有关部门要认真组织好《规划》实施工作，深入贯彻《中共中央国务院关于加快水利改革发展的决定》(中发〔2011〕1号) 和中央水利工作会议精神，坚持科学调度管理水资源、加强抗旱工程建设、推行节约用水的生产生活方式三者并举，统筹安排，加快构建与经济社会发展相适应的抗旱减灾体系，形成抗旱减灾长效机制，全面提升我国抗旱减灾的整体能力和综合管理水平，保障城乡居民生活用水安全和经济社会可持续发展。

二、各省（区、市）人民政府要切实加强《规划》实施工作的组织领导，将本规划内容纳入地方经济社会发展规划，结合当地实际制定实施方案，逐级落实工作目标和任务。要加大对抗旱减灾工作的投入，按照以地方自筹为主、中央投资为辅的原则，多渠道、多元化筹措资金。要提高全民节水意识，加快转变经济发展方式，大力推进农业节水，努力减少水资源消耗，加大防治水污染工作力度。对《规划》中涉及的建设项目，要认真做好前期工作，合理确定建设规模和投资，并按程序报批后实施。

三、国务院有关部门要根据职能分工，加强对《规划》的指导、支持和协调，共同落实《规划》任务，着力推动水利工程体系抗旱能力建设、抗旱应急备用水源工程体系建设、旱情监测预警和抗旱指挥调度系统建设以及抗旱管理服务体系建设等项目的实施。中央财政要根据抗旱工作需要，安排资金支持《规划》的实施。要充分发挥国家防汛抗旱总指挥部的协调作用，及时研究解决《规划》实施过程中出现的问题。水利部要会同有关部门加强对《规划》完成情况的检查、评估和考核，总体实施情况向国务院报告。

国务院（公章）

二〇一一年十一月十四日

简 析

这是一份指示性批复。国务院在同意了水利部的请示内容后，继续对执行事宜提出指示性意见，并将批复内容一并发送至其他需要配合或执行的部门。

[批复例文二]

国务院关于长沙市城市总体规划的批复

湖南省人民政府：

你省《关于报请审批长沙市城市总体规划的请示》（湘政〔20××〕23号）收悉。国务院同意修订后的长沙市城市总体规划，现就有关问题批复如下：

一、长沙市是湖南省的省会，国家历史文化名城。今后的建设和发展要根据城市性质、强化城市政治、经济、文化、科技中心的综合功能。长沙、湘潭、株洲三市在地域上相邻，建设中既要发挥城市群体的优势，又要考虑各自的特点，对区域性的生产力布局和基础设施建设统筹安排，并在规划的实施中加强协调，避免重复建设和城市发展连绵成片。

二、到2013年长沙城市人口控制在一百六十万人左右。长沙市近年人口增长较快，要加强对人口增长的管理，特别是控制市区人口的机械增长，要健全管理办法，实行归口管理，杜绝多头审批，并要注意城市地区人口合理分布。

同意总体规划确定的城市规划区九百六十平方千米的范围，要划定具体区界，切实加强实施管理。按照合理用地、节约用地的原则，把城市建设用地严格控制在人均一百平方米以内。

三、长沙市中心市区、马坡岭、望城坡、捞霞、坪塘等若干地区形成的组团式规划布局及功能划分是合理的。近期要重点开发北部捞霞地区，有控制地发展东西两翼组团。要严格保护组团间的隔离绿带，不得任意侵占。各类开发区要按照城市总体规划进行选址和布局，并实行统一的规划行政管理。要通过土地使用制度的改革，对城市用地进行调整和布局优化，促进房地产业的健康发展。

四、目前长沙市城市基础设施还比较薄弱，要依据城市总体规划，统筹安排，加快城市道路、通信、民用燃气以及重要的区域性基础设施的建设，搞好新区开发和旧城改造。

新区开发要按照统一规划、综合开发、配套建设、基础设施先行的原则，开发一片、建成一片，有计划、有步骤地滚动发展。旧城改造要按照详细规划，尽可能集中成片地进行。要适当疏散旧城人口。更新城市基础设施，拓展公共绿地。

长沙是国家重点防汛城市，要努力提高城市防洪、排涝能力，合理分配和使用湘江岸线。

五、长沙市古代文物和近代有纪念意义的革命文物十分丰富，城市自然环境优美。要从整体环境入手，加强对各级文物保护单位的保护，尤其要注意保存反映我国人民艰苦斗争历程的革命文物与历史环境，以昭示后人，教育后代。要加强岳麓山风景名胜区保护，严禁对景区用地的蚕食，望城坡组团的建设安排要考虑岳麓山风景区的景观要求。要规划并建设好包括湘江沿江地区在内的城市三大风光带，完整地展示长沙历史文化名城的风貌特色。

六、经批准的长沙市城市总体规划中的各项规定建设、管理城市的依据，要在城市总体规划的基础上，抓紧城市控制性详细规划的编制工作，进一步充实和完善地方性城市规划设计及规划管理的行政、技术法规，依法行政，保障城市规划的实施。长沙市人民政府要加强对实施城市规划的领导，充分发挥城市规划的龙头作用，搞好城市各项建设，把长沙市逐步建设成为我国中南地区发达、经济繁荣、生活方便、环境优美的现代化文明城市。

国务院

××××年十二月三十一日

这是一份在同意下级单位请示事项的前提下重在提出工作要求的批复，体现了上级机关的领导意图和领导权威。文章思路清晰，主次分明，语言得体。

实战练习

1. 根据下列模板为北京丽海纸业集团吉林分公司写一份拟派职员出国考察的请示。

关于××同志前往××（国家）的请示

国际交流处：

应××××××（国家）×××××公司（单位）的邀请，我学院/处室拟派×××（写明真实身份，不宜对外公开的，还需写明对外身份）等×人，于××××年×月前往××××××（国家）。

一、出访的主要任务

（一）×××××××

（二）×××××××

（三）×××××××

二、出访的时间和费用

拟订于×月×日至×月×日出访，在外停留×天。出访费用由派人单位（或外方）负担。以上请示妥否，请批示。

××××

××××年×月×日

2. 请指出下面这篇请示存在的问题，并加以修改。

关于要求解决学生宿舍拥挤等问题的请示

市人民政府、市教育局：

我校今年由于住宿生急剧增加，已有的学生宿舍已无法容纳，现在住宿生基本上是一个床位两个人睡，严重影响学生的身心健康。为解决这一困难，我校决定再建一栋学生宿舍楼。另外，我校图书馆也尚未达到省“两基”标准，望上级部门给予适当支持。

特此请示，请回复。

××市二职

2013 年 12 月 15 日

3. 请指出下面这篇批复存在的问题，并加以修改。

关于修建新办公大楼请示的批复

××厂：

有关请示已悉。关于修建新办公楼一事，经研究，还是以不建为宜。此复。

××××有限公司

2013 年 12 月 15 日

模块三　函

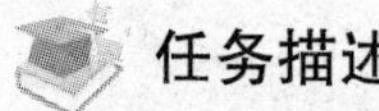

任务描述

北京丽海纸业集团要举办集团运动会，因无场地欲向北京某大学租用体育场。

任务解析

首先要了解北京丽海纸业集团与某大学为非隶属关系单位，要用函行文。要用商请语气，向对方说明租用体育场的时间及付费标准。

理论知识

一、函的概念

函是不相隶属机关之间相互商洽工作、询问和答复问题，或者向有关主管部门请求批准事项时所使用的公文。

函作为公文中唯一的一种平行文种，其适用的范围相当广泛。在行文方向上，不仅可以在平行机关之间行文，而且可以在不相隶属的机关之间行文，其中包括上级机关或者下级机关行文。在适用的内容方面，它除了主要用于不相隶属机关相互商洽工作、询问和答复问题外，也可以向有关主管部门请求批准事项，向上级机关询问具体事项，还可以用于上级机关答复下级机关的询问或请求批准事项，以及上级机关催办下级机关有关事宜，如要求下级机关函报报表、材料、统计数字等。此外，函有时还可用于上级机关对某件原发文件作较小的补充或更正。不过这种情况并不多见。

二、函的特点

（一）沟通性

对于不相隶属机关之间相互商洽工作、询问和答复问题，函起着沟通作用，充分显示了平行文种的功能，这是其他公文所不具备的特点。

（二）灵活性

表现在两个方面：一是行文关系灵活。函是平行公文，但是它除了平行行文外，还可以向上行文或向下行文，没有其他文种那样严格的特殊行文关系的限制。二是格式灵活，除了国家高级机关的主要函必须按照公文的格式、行文要求行文外，其他一般函比较灵活自便，也可以按照公文的格式及行文要求办。可以有文头版，也可以没有文头版，不编发文字号，甚至可以不拟标题。

（三）单一性

函的主体内容应该具备单一性的特点，一份函只宜写一件事项。

三、函的分类

按性质分，可以分为公函和便函两种。公函用于机关单位正式的公务活动往来；便函则用于日常事务性工作的处理。便函不属于正式公文，没有公文格式要求，甚至可以不要标题，不用发文字号，只需要在尾部署上机关单位名称、成文时间并加盖公章即可。

按发文目的分，可以分为发函和复函两种。发函即主动提出了公事事项所发出的函。复函则是为回复对方所发出的函。

另外，从内容和用途上，还可以分为商洽事宜函、通知事宜函、催办事宜函、邀请函、请示答复事宜函、转办函、催办函、报送材料函等。

四、函的写法

由于函的类别较多，从制作格式到内容表述均有一定灵活机动性。此处主要介绍规范性公函的结构、内容和写法。

公函由首部、正文和尾部三部分组成。其各部分的格式、内容和写法要求如下所述。

（一）首部

主要包括标题、主送机关两个项目内容。

1. 标题

公函的标题一般有两种形式：一种是由发文机关名称、事由和文种构成。另一种是由事由和文种构成。

2. 主送机关

即受文并办理来函事项的机关单位，于文首顶格写明全称或者规范化简称，其后用冒号。

（二）正文

其结构一般由开头、主体、结尾、结语等部分组成。

1. 开头

主要说明发函的缘由。一般要求概括交代发函的目的、根据、原因等内容，然后用“现将有关问题说明如下：”或“现将有关事项函复如下：”等过渡语转入下文。复函的缘由部分，一般首先引叙来文的标题、发文字号，然后再交代根据，以说明发文的缘由。

2. 主体

这是函的核心内容部分，主要说明致函事项。函的事项部分内容单一，一函一事，行文要直陈其事。无论是商洽工作，询问和答复问题，还是向有关主管部门请求批准事项等，都要用简洁得体的语言把需要告诉对方的问题、意见叙写清楚。如果属于复函，还要注意答复事项的针对性和明确性。

3. 结尾

一般用礼貌性语言向对方提出希望。或请对方协助解决某一问题，或请对方及时复函，或请对方提出意见，或请主管部门批准等。

4. 结语

通常应根据函询、函告、函商或函复的事项，选择运用不同的结束语。如“特此函询(商)”、“请即复函”、“特此函告”、“特此函复”等。有的函也可以不用结束语，如属便函，可以像普通信件一样，使用“此致”、“敬礼”。

(三) 尾部

一般包括署名和成文时间两项内容。

署上机关单位名称，写明成文的年月日，并加盖公章。

[函例文一]

渭南市人民政府办公室关于2010年度政府信息公开工作情况的函

省政务公开与媒体联络办公室：

根据《中华人民共和国政府信息公开条例》和《渭南市政府信息公开规定》要求，现将2010年渭南市政府信息公开工作情况函告如下。

一、政府信息公开工作情况

2010年，我市政府信息公开工作，坚持以科学发展观为指导，认真贯彻落实《中华人民共和国政府信息公开条例》、《陕西省政府信息公开规定》，紧紧围绕全市中心工作，切实履行政务公开职责，不断夯实公开载体，拓展公开内容，完善公开机制，政务公开工作在推动政府自身建设、方便企业群众办事、融洽政企干群关系等方面取得了显著成效。

（一）突出重点，政务公开内容日趋系统化。按照“主动公开、及时公开、定期公开、依法公开”的要求，深化政府信息公开。一是主动公开与人民群众生产生活密切相关的信息。二是对时效期较长的阶段性工作信息，进行定期公开，满足群众知情权。在市政府门户网站开设重点项目专栏，在各类重点项目立项、报批、招投标、建设、验收等环节，分期分批发布信息，促进了项目的顺利推进。三是认真做好依申请公开政府信息工作。

（二）夯实载体，政务公开方式日趋多样化。加强政府门户网站建设，从办事、公开、互动和服务四个层面增加公开内容，拓展服务范围，方便群众使用。市政府门户网站公众服务栏目为公众提供信息查询、表格下载等在线办事和便民服务，推进百件实事网上办。对民政局、环保局、人社局等15个部门的业务事项进行了梳理填报，增强了工作透明度，更大地方便了市民使用。政府网站在线访谈栏目拓展了政民互动沟通功能，在线访谈栏目今年上线17期，邀请社会关注度较高的城建、旅游、卫生、公安等政府部门领导参与访谈，与市民实时交流，取得良好的社会效应。截至12月底，网站信息总量达到了124 951条，新增9万余条信息，其中政务公开栏目累计公开信息24 367条，增强了网站公开功能；根据政府网站评估体系指标要求，网站新增了教育、社保、医疗、就业、住房、交通、企业开办、证件办理、资质认证九大民生服务专题及工程建设领域专题。2010年渭南市政府门户网站在全国300个地市级政府网站排名由上年181名上升为第75名，省内排名第3位，进入全国地市级政府网站百强。

（三）完善机制，政务公开管理日趋规范化。一是完善了组织领导机制。今年以来，市长徐新荣多次就政务公开工作作出重要批示，要求政务公开要在深化公开和规范公开上下工夫，在制度和机制上继续努力。各县市区、各部门结合机构改革对政务公开领导小组和工作机构进行了及时调整充实，确保了自上而下政务公开工作有人抓、有人管、有人督、有人做。二是完善队伍建设机制。建立了12个县市区、76个部门、32个企事业单位的120多人的信息员队伍。多次通过座谈会、培训会、邀请专家授课等多种方式对信息员进行了业务培训，使全市政务公开队伍整体素质得到提高。

（四）建立健全发布审核制度，确保政府信息的有效准确。制定了《渭南市人民政府网站信息公开保密审查制度》、《渭南市人民政府网站信息纠错责任制度》、《渭南市人民政府网站信息周报制度》，严格执行政府信息公开前保密审查制度，确保"上网信息不涉密，涉密信息不上网"；完善了依申请公开政府信息工作流程；认真执行政府信息公开情况统计分析制度，及时掌握运行情况；严格监督检查制度，制定政府信息公开工作考核评议和监督检查办法，加强对市直各部门及县市政府信息公开工作监督管理，切实处理好政府信息公开和信息安全保密的关系。

二、主动公开政府信息情况

（一）主动公开数量。全市各级政府及工作部门对政府信息进行了梳理和编目，近年通过网站累计主动公开政府信息24 367条，其中2010年新增的主动公开政府信息9 271条，全文电子化率达100%。

（二）主动公开内容。2010年，各公开义务人主动公开的政府信息主要包括管理规范和发展规划、与公众密切相关的业务事项、政府机构和人事、重大决策草案等方面的内容。

1. 各级政府规范性文件。公开了国家、本省、本市各类规范性文件，如《渭南市人民政府办公室关于提高农村五保供养标准的通知》、《渭南市人民政府关于印发渭南市城区经济适用住房货币补贴实施办法的通知》，《渭南市人民政府关于加大力度推进有条件的农村居民进城就业和落户若干政策的意见》，《渭南市招商引资工作绩效考核办法》、《渭南市人民政府办公室关于印发渭南市加强地方煤矿安全生产管理规定的通知》等内容。

2. 政府工作报告、发展规划和重要工作计划。公布了2010年渭南市政府工作报告；公开了经济社会发展规划、计划及其进展和完成情况等方面的信息，如《渭南市国民经济和社会发展第十二个五年规划纲要》、《渭南市中心区规划》；公开重要专项工作规划，如《城镇污水处理及再生利用设施建设"十二五"规划》、《晋陕豫黄河金三角区域合作规划》等。

3. 国民经济和社会发展统计数据。对2002年至2009年渭南市国民经济和社会发展统计公报、2010年渭南市国民经济主要指标进行了公布。

4. 与公众密切相关的重大事项。公开了影响公众人身和财产安全的疫情、灾情或者突发事件的预报、发生及其处理情况等方面的信息，粮食、供油、燃气、旅游、气象、环境污染、动物疫情、破坏性地震等突发事件应急预案，如《渭南市地震应急预案》，《渭南市人民政府出台渭南市气象灾害应急预案》，《公安分局处置公共场所、机关、企事业单位重大安全事故工作预案》，《渭南市涉外突发事件应急预案》，《渭南市外国专家突发事件应急预案》。

公开了扶贫、优抚方面的信息，如城镇居民最低生活保障标准、临时补助、低保家庭子女就学保障金发放、老年人保健补贴发放、大病重病人员的医疗救助和本市部分优抚补助调整标准等方面的信息。

公开了教育方面的信息，主要内容包括学校概况、招生考试、教育收费、学生就业、帮困助学、课程改革等方面，其中在招生考试方面，公开了中招、高考、成人高校、普通高校专升本等有关考试公示方面的信息；在教育收费方面，公开了义务教育收费、高中教育收费、高等教育收费等方面的信息。

公开了社会保障、劳动就业方面的信息，在社会保险方面，公开了调整失业保险待遇标准、工伤保险实施办法等；在劳动就业方面，公布了调整最低工资标准等文件；在劳工仲裁方面，公开了劳动争议仲裁、合同鉴证、信访法律法规及规章。

公开了土地征用和房屋拆迁的批准文件、补偿标准、安置方案等方面信息。

5. 政府机构和人事。公开了政府机关的管理职能及其调整、变动情况方面的信息，包括政府机关管理职能、内设机构和直属单位、主要领导人简历、人事任免等信息。公开了公务员招考和录用、事业单位招聘以及公开选任干部的条件、程序、结果等方面的信息，如《渭南市2010年从优秀村干部中考试录用乡镇公务员拟录用人员公示名单》、《2010年渭南市党群系统拟录用人员公示》、《渭南市2010年度考试录用各级行政机关公务员和参照公务员法管理单位工作人员拟录用人员公示》。

（三）公开形式

1. 政府网站。渭南市人民政府门户网站的“政务公开”栏目可查阅市政府及各工作部门、区（县）政府主动公开的政府信息；“依申请公开”栏目，可提出政府信息公开申请，并查阅政府信息公开申请处理状态；为方便市民查阅我市主动公开政府信息，实现了“政务公开”全文检索功能。还可通过36个政府部门的网站和12个县市区的网站查阅政府主动公开的政府信息。

2. 政府信息公开报告。通过渭南市政府网站发布了11个县市及21个部门2010年度政府信息公开工作报告。

3. 政府公报。通过《渭南政报》公开重要行政法规、市政府规章、规范性文件，与经济、社会管理和公共服务相关的其他文件，以及人事任免、机构设置、表彰等信息。《渭南政报》每月出版，公众可通过市档案馆、政府信息公开查阅点查阅，或进入渭南市政府门户网站“文字渭南”栏目浏览。

4. 新闻发布会。2010年，围绕项目建设、招商引资、三夏、高考、旅游产业等，先后举办了10次新闻发布会，使我市政府新闻发布逐步走上制度化、规范化、常态化的轨道。

5. 信息公开专栏。充分利用信息公开专栏公开业务事项办理流程等，提高了政府工作的透明度，方便了群众办事。

6. 公共查阅点。设立政府公开信息集中查阅中心，为公众提供本地区政府机关主动公开的政府信息。

7. 咨询投诉情况。全年共受理各类咨询、投诉、建议及市长、信访信箱2 192条。

三、依申请公开政府信息情况

目前收到依申请公开政府信息《渭南市经济适用住房管理实施细则》、《渭南市关于农村宅基地置换相关政策》、《有关农民参加城镇社保的相关政策》3条。

四、政府信息公开的收费及减免情况

目前，我市未对政府信息公开申请收取费用。

五、复议、诉讼和申诉情况

全市各政府机关未收到有关政府信息公开事务的行政复议申请。

六、存在的主要问题和改进措施

（一）存在主要问题。尽管我市政务公开工作取得了显著成效，但也还存在诸多不足：一是思想观念有待转变。个别地方和单位工作主动性、积极性不高，存在被动应付，流于形式的现象。二是载体方式有待创新。个别单位公开方式单一，公开载体还需进一步优化。三是公开内容有待丰富。重点部位、重点环节公开不够彻底。四是日常管理有待规范。政务公开随意性大，有的只公开结果而不公开过程，有的没有认真做好档案资料的完整收集和规范管理。五是互动交流有待提高。处理咨询投诉的经验还不足，时效不强。

（二）改进措施。今后，我们将从以下三个方面进一步提高政府信息公开工作水平：一是进一步加强政府信息公开的宣传和业务培训，提高工作人员信息公开的意识和水平，确保政府信息公开准确、及时、规范。二是深化政府信息公开内容，对各类公开的内容进行进一步规范和梳理，及时做好各项公开特别是与经济社会发展和群众生活密切相关的统计信息公开工作。三是落实好政府信息公开各项保障措施，进一步加强政府信息公开的监督、检查及考核工作。四是利用政府网站提高互动交流的时效性、质量和满意度。这些问题都需要在今后的工作中逐一加以解决和改进。

渭南市人民政府办公室（公章）

××××年×月×日

资料来源：http：//www.shaanxi.gov.cn/0/1/9/42/96886.htm。

简析

这篇函实际上是渭南市人民政府办公室向省政务公开与媒体联络办公室汇报政府信息公开工作情况，但是由于两者属于不相隶属机关，故用函来行文。前言交代了发函的依据，正文部分说明了一年来本单位所做的信息公开的具体工作。格式准确，语言得体。

[函例文二]

中国科学院××研究所关于建立全面协作关系的函

××大学：

近年来，我所与你校双方在一些科学研究项目上互相支持，取得了一定的成绩，建立了良好的协作基础。为了巩固成果，建议我们双方今后能进一步在学术思想、科学研究、人员培训、仪器设备等方面建立全面的交流协作关系，特提出如下意见：

一、定期举行所、校之间学术讨论与学术交流。(略)

二、根据所、校各自的科研发展方向和特点，对双方共同感兴趣的课题进行协作。(略)

三、根据所、校各自人员配备情况，校方在可能的条件下对所方研究生、科研人员的培训予以帮助。(略)

四、双方科研教学所需要高、精、尖仪器设备，在可能的条件下，为对方提供利用。(略)

五、加强图书资料和情报的交流。

以上各项，如蒙同意，建议互派科研主管人员就有关内容进一步磋商，达成协议，以利工作。

特此函达，务希研究见复。

中国科学院××研究所（公章）

××××年×月×日

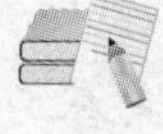

简析

这是一份请求建立合作关系的商洽函，前言说明了两单位的渊源，交代了发函的目的。主体主要说明了建立合作关系的相关意见。意见准确，言辞恳切。

写作提示

撰写函的注意事项

1. 行文简洁明确，用语把握分寸。无论是平行机关还是不相隶属的行文，都要注意语气平和有礼，不要倚势压人或强人所难，也不必逢迎恭维、曲意客套。至于复函，则要注意行文的针对性，答复的明确性。

2. 注重时效性，特别是复函更应该迅速、及时。像对待其他公文一样，及时处理函件，以保证公务活动的正常进行。

实战练习

1. 运用所学知识代苏苏向北京某大学写一份租用体育场的函。

2. 指出下则函存在的问题，并加以修改。

××市第七变压器厂抓紧归还劳动服务公司借款的函

市第七变压器厂：

你厂于二〇一二年一月，从我厂借去资金三万元，作为你厂劳动服务公司开办费，当时双方讲好年内一定偿还。目前已经是二〇一三年六月了，我厂正在编制去年的财务决算，为使我们能及时搞好各类款项的清理结算，要求你厂务必将所借之款于二十日前归还我厂，切不要一拖再拖，给我厂财务工作的顺利进行带来不应有的困难。

此致

敬礼！

××市第一变压器厂

二〇一三年六月十日

项目十一
法律诉讼文书

学习目标

◎ 知识目标

1. 掌握起诉状的格式及要求；
2. 掌握上诉状的格式及要求；
3. 掌握答辩状的格式及要求；
4. 掌握仲裁申请书的格式与要求；
5. 了解法律诉讼的基本程序。

◎ 能力目标

1. 能够根据材料撰写规范的起诉状；
2. 能够根据材料撰写规范的上诉状；
3. 能够根据材料撰写规范的答辩状；
4. 能够根据材料撰写规范的仲裁申请书。

项目概要

模块一	提起诉讼	起诉状　上诉状　答辩状
模块二	申请仲裁	仲裁申请书

项目情境

北京美一居建筑装饰工程有限公司成立于2002年，是一家集专业家居设计装饰、工装设计装潢、绿化园艺工程于一体的现代化装饰企业。公司经北京市工商行政管理局正式批准注册，已取得国家正规资质。经营项目以写字楼装修、办公室装修、商场店面装修、餐饮酒店装修、医疗装修、学校幼儿园装饰设计等为主，形成独特的涵盖装饰设计、施工、主材代理、材料配送、售后服务配套体系的全产业链发展模式。公司自成立以来，创造了一个又一个精品工程，发展至今得到了业界专家及客户的一致认可。

2009 年，北京美一居建筑装饰工程有限公司与深圳戴可瑞特装饰设计有限公司签订为湖南长沙金星大酒店装修项目提供的加工单和图纸进行石材成型加工，并分批交货的买卖合同。在履行合同的过程中，发生了一系列纠纷，在多次协商无法达成共识后，双方只能在法庭上兵戎相见。

模块一　提起诉讼

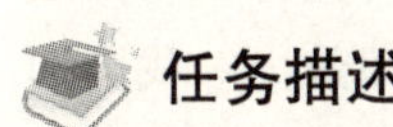

任务描述

各项目小组根据实战练习 1 的材料，为北京美一居建筑装饰工程有限公司撰写一篇起诉状，代深圳戴可瑞特装饰设计有限公司写一篇答辩状，最后以模拟法庭的形式呈现。

任务解析

本模块的任务共有 3 个，撰写起诉状、答辩状和组织模拟法庭。在起草起诉状和答辩状之前，各小组要认真学习相关的理论知识，仔细阅读案例材料，把案情“吃”透。完成诉讼文书后，各小组要共同讨论民事诉讼的一般程序和庭审的人员构成，根据需要分配角色，组织模拟法庭。

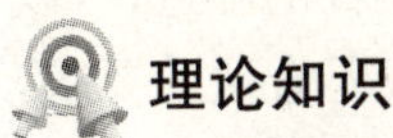

理论知识

一、起诉状

（一）起诉状的概念及作用

起诉状是指在诉讼过程中，公民、法人或其他组织为了维护自身的合法权益，依法向人民法院提出诉讼，请求裁决的法律文书。

在诉讼过程中，提起诉讼的一方为原告，被诉讼的一方为被告。原告向法院提交起诉状是诉讼程序启动的标志。起诉状能够反映案情、列举证据、阐明原告的理由和请求，是人民法院审理案件的依据和基础，对法院了解案情、处理案件具有重要意义。

（二）起诉状的分类

1. 民事起诉状

民事起诉状是指民事诉讼案件的原告或其法定代理人，为维护自己的合法权益，就有关民事纠纷，向人民法院提起诉讼的法律文书。民事纠纷主要包括婚姻家庭纠纷、财产权益纠纷、知识产权纠纷等。经济纠纷属于民事诉讼范畴，经济纠纷中的一方当事人为维护自己的经济利益，可依据民事诉讼法的规定，向人民法院提交起诉状，请求人民法院立案审理并予以保护。

2. 行政起诉状

行政起诉状是指公民、法人或其他组织认为行政机关和行政机关工作人员的具体行政行为侵犯其合法权益，依法向人民法院提起诉讼的法律文书。行政起诉状是一种“民告官”的诉状，要求有明确的被告，即被告必须是作出具体行政行为的行政机关或个人。

3. 刑事起诉状

刑事起诉状又称刑事自诉状，是指被害人或其法定代理人直接向人民法院提起诉讼，控告被告侵害其合法权益，请求人民法院追究被告的刑事责任的法律文书。

刑事诉讼案件有公诉案件和自诉案件两种类型。自诉状适用于刑事自诉案件，与由人民检察院以国家公诉人的名义向人民法院提起诉讼的起诉状具有同等的法律效力。我国刑事诉讼以公诉为主，自诉为辅，绝大多数案件由人民检察院代表人民法院提出公诉，只有部分刑事案件由被害人及其法定代理人直接向人民法院提请自诉。《中华人民共和国刑法》第98条规定的“不告不理”原则涉及的案件通常使用自诉状。这类案件中被告人的犯罪行为属于轻微违法，公安机关或人民检察院不予追究其刑事责任。如果原告能够提供确凿的证据证明被告人的行为构成犯罪，可以采用自诉的方式向人民法院提起诉讼。

（三）起诉状的特点

1. 法律的约束性

作为法律文书的一种，起诉状的写作必须遵循“以事实为依据，以法律为准绳”的司法原则。“以事实为依据”要求陈述案情必须实事求是，客观真实地反映案件的经过；“以法律为准绳”指的是说理和提出请求要以法律为依据，不可提无理要求或不合法的要求，诉状的请求要合情、合理、合法。这样的起诉状才是合法的，受法律保护的。

2. 形式的规范性

形式的规范性主要表现在其结构和用语的固定化。1992年，最高人民法院办公厅印发的《法院诉讼文书样式》（试行）规定了各种诉讼文书的规范、标准样式，是全国通用的统一标准。一些常用词语和语句逐渐发展成为起诉状中的固定成分。

3. 语言的准确性

除了形式规范外，语言表述要求准确无误。起诉状中对案情的陈述是人民法院依法立案审理，并作出判决的重要依据。语言表达是否准确，关系到案情的真实性和准确性，可能直接影响案件的审判结果。因此，在陈述案情时，一定要做到语言准确，清楚明白，不含糊其辞，不模棱两可，无歧义，不夸饰。

（四）起诉状的写法

起诉状一般包括首部、正文和尾部三部分。

1. 首部

首部由标题和当事人基本情况构成。

(1) 标题。起诉状的标题居中标明起诉状的性质即“刑事起诉状”、“民事起诉状”、“行政起诉状”或“刑事附带民事起诉状”等。

(2) 当事人基本情况。当事人基本情况分为两种类型。如果当事人是自然人，应依次写明其姓名、性别、年龄、民族、职业、工作单位和住址等信息；如果当事人是企事业单位、机关团体或其他组织，则应依次注明单位名称、地址、法人代表或主要负责人姓名、职务、电话等。当事人包括原告和被告，被告基本信息与原告大致相同，位于原告基本信息下方。如果当事人双方有诉讼法定代理人，要在该方下面写明代理人姓名、年龄、工作单位、职务及与原告的关系。如果委托律师担任代理人，需要写明律师姓名及其所在的律师事务所名称。

另外，如果原告或被告是多人，应根据其在案件中的责任大小依次介绍基本信息。如涉及第三人，在被告项下方列出，内容同原告或被告，并注明与原告、被告的关系。

2. 正文

正文是起诉状的主体和核心，包括诉讼请求、事实和理由、证据及其来源三部分。

(1) 诉讼请求。诉讼请求也叫案由，是原告请求人民法院依法保护其合法权益的要求。诉讼请求应明确、具体、合理、合法。如果有多个诉讼请求，应分项逐一列出。

诉状性质不同，其诉讼请求的内容也各不相同。一般来说，民事诉讼状的请求内容多为要求赔偿损失、履行合同、清偿债务、归还产权等；行政起诉状的请求主要是要求行政机构变更、撤销或履行其行政行为；刑事诉讼状的诉讼请求通常是自诉人请求人民法院依法追究被告人的刑事责任。

(2) 事实与理由。事由是起诉状的核心部分，也是人民法院受理案件、依法作出裁决的重要依据。具状人首先应该按照时间顺序，逻辑清晰、层次分明地把纠纷事件的原委叙述清楚，如纠纷产生的原因、经过及结果等，尤其是被告如何侵害原告合法权益的事实。

在叙述事实的基础上，根据相关法律依据，分析纠纷的性质、被告行为的危害性及造成的后果，明确当事人双方的责任，认证诉讼请求的合理性和合法性。

(3) 证据及其来源。证据是证明所述事实真实有效的法律依据。证据的种类主要有物证、书证、证人证言、鉴定结果、视听资料等。为了增强所述事实的真实性，提高论证的说服力，具状人应在诉状中提供确凿的证据。举证要真实，并提供证据来源，做伪证是要负法律责任的。如果证据为证人证言，还应提供证人的姓名、住址、工作单位等信息，以便人民法院调查核实。

3. 尾部

尾部主要包括受诉法院名称、具状人署名、日期及附项几部分。

另起一行空两格写“此致”，换行顶格写“××人民法院”。原告及其法定代理人在右下角署名并盖章。时间写在署名的下方。附项位于时间下方空白外，列出副本的份数、所举证据或证人的基本情况及其他涉案材料。

[起诉状例文]

民事起诉状

原告：崔××，男，1964 年 4 月 11 日生，汉族，住××市××区××街 38—3—35 号，公民身份号码：××××××××××××××××××，电话：15912340411。

委托代理人：赵××，××区××法律服务所法律工作者，电话：63333837（诉讼代理）。

被告：××市××房地产开发经营有限责任公司，住所地为××市××区×××路 369 号。

法定代表人：杨××，该公司董事长。

委托代理人：吕××，该公司法律顾问，电话：13619242456（诉讼代理）。

委托代理人：房××，该公司职工（诉讼代理）。

诉讼请求：

1. 要求被告立即给付拖欠的工程款 1 210 215.61 元，给付利息 240 400 元，总计 1 450 615.61元；

2. 要求被告承担本案的诉讼费用。

事实与理由：

2007 年 8 月，原告崔××与被告××市××房地产开发经营有限责任司口头达成了××市××新村 24 号楼、25 号楼土方工程承包协议，由原告承包、被告发包的 24 号楼、25 号楼土方工程，双方约定工程价格参照同期开发的市场价格，原告按双方约定实际施工。

2008 年 8 月，工程竣工，被告拖延不与原告结算，经××市××建设工程造价咨询服务有限公司作出工程造价鉴定：24 号楼工程总造价 2 493 162 元；25 号楼土方造价32 000 元，合计工程款 2 525 162 元，被告已给付 1 314 946.39 元，尚欠1 210 215.61元。

经原告多次催要，被告以各种理由推托，故原告为维护自身合法权益，诉至贵院，要求被告立即给付拖欠的工程款 1 210 215.61 元，给付利息 240 400 元，总计 1 450 615.61元，要求被告承担本案的诉讼费用。

此致

××市××区人民法院

具状人：崔××

二〇一二年九月十六日

附：1. 本诉状副本 1 份

2. 证据材料 5 份

简 析

这是一篇案情较为简单的民事诉讼状，格式规范，诉讼请求清楚、具体，事实叙述完整、简明，被告侵权的责任明确。理由部分论述有理有据，提供某建设工程造价咨询服务有限公司的鉴定结果具有法律法律效力。如能援引相应的法律条文作为支撑，诉讼请求会更有分量。

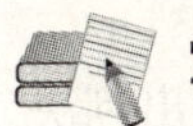

写作提示

撰写起诉状的注意事项

1. 准确运用法律条款。宪法和其他法律法规是司法机关行使司法权的依据和保障，在诉状中提供与案情相适用的法律条文能够增强信服力，提高诉讼请求的成功率。

2. 准确运用证据。证据是人民法院进行审判的依据，准确运用证据有两点要求：其一，证据必须是真实的、合法的；其二，证据必须是与案情相关的，能够对某个诉讼请求提供有力的支持。

二、上诉状

（一）上诉状的概念及分类

上诉状是诉讼当事人及其法定代理人因不服人民法院的第一审判决或裁定，按照法定的诉讼程序，在上诉期限内，向上一级人民法院提出请求撤销、变更一审裁判或重新审理的法律文书。

上诉状依据案件的性质可分为民事上诉状、行政上诉状和刑事上诉状。

（二）上诉状的作用

上诉是法律赋予当事人的一项权利。上诉状是上一级人民法院开启第二审程序、重新审理上诉案件的依据，对于保护当事人的合法权益，保障司法公正，避免发生错误判决等具有重要的作用。

（三）上诉状的写法

上诉状一般由首部、正文、尾部三部分构成。

1. 首部

首部包括标题、当事人的基本情况和案由三部分。

（1）标题。居中标明上诉状的性质，如民事上诉状、行政上诉状或刑事上诉状。

（2）当事人基本情况。写法与起诉状基本相同，先写上诉人的基本情况，再写被上诉人的基本情况，如果有委托代理人或法定代理人，应在上诉人或被上诉人下方注明其基本信息。另外，在上诉人和被上诉人的后面用括号注明当事人在一审所处的地位，即原告、被告或第三人。刑事公诉案件是由人民检察院提起的公诉，因此，无需被上诉人，只要写明上诉人的基本情况即可。

（3）案由。案由指上诉人提出上诉的原因，一般要写明一审人民法院名称、案件处理时间、判决书编号和名称以及上诉请求。案由的表述格式较固定，通常表达为“上诉人因不服××法院××××年×月×日作出的第××号判决，现提出上诉。”

2. 正文

正文包括上诉请求和上诉理由两部分。

（1）上诉请求。上诉请求是上诉人因不服原审人民法院的判决，请求二审人民法院撤销、变更原审判决，或重新审理案件，以及提出其他诉讼要求。如果有多个上诉请求，则分项列出。上诉请求要求具体、明确、言简意赅。

（2）上诉理由。上诉理由是上诉状的主体部分，是二审人民法院进行审理和作出判决的重要依据。上诉理由应围绕一审判决来论述，要有针对性地提出一审判决中存在的不合理或不合法的地方。上诉理由通常从以下几个方面进行论述：指出一审判决所认定的事实与客观事实不符，并提供相关的证据；指出一审判决所适用的法律条文不准确，并提供正确的法律条文；指出一审审判过程中存在违反司法程序相关规定的行为等。

3. 尾部

尾部由受理法院名称、上诉人署名、日期及附项构成，写法同起诉状。

（四）上诉状与起诉状的异同

上诉状与起诉状都是当事人为了维护自身的合法权益，向人民法院提出诉讼请求的法律文书，其行文目的、内容、结构都基本相同，但也存在一定的差异，具体表现在以下几点。

1. 行文原因不同

起诉状的行文原因是一方当事人的切身利益受到另一方当事人的侵害，为了维护其合法权益，向法院提起诉讼，请求保护其合法权益；上诉状的行文原因则是不满一审人民法院的判决或裁定，上诉人认为其合法权益并未得到一审人民法院的保护，为了进一步维护其合法权益，向上一级人民法院提起诉讼，请求保护其合法权益。

2. 在诉讼程序中的先后次序不同

起诉状和上诉状是诉讼程序中不同阶段的法律文书。起诉状是发起诉讼的文书，是一审法院受理和审判的依据；上诉状是启动二审的文书，是二审人民法院受理和审判的依据。在一审判决之后，如果案件当事人不服一审判决，有权向上一级人民法院提交上诉状，请求撤销、变更或重新审理案件。

3. 诉讼理由的依据不同

无论在起诉状还是上诉状中，诉讼理由都是其重要部分、核心部分和能够影响诉讼结果的关键部分，但诉讼理由的依据在起诉状和上诉状中却截然不同。起诉状中诉讼理由的依据是原告的权益受到侵害的客观事实和证据；上诉状中诉讼理由的依据是一审判决所认定的事实如何有误，宣判所依法律条文如何不准确等。

[上诉状例文]

民事上诉状

上诉人（一审被告）：××××××桥梁工程处，住所地：南宁市××××××。

被上诉人（一审原告）：××，女，××××年×月×日出生，汉族，住广西省南宁市××区××街××××号，身份证号码：××××××××××××××××××。

上诉人因不服××市××区人民法院（2012）××民二初字第××号民事判决书之判决，特提出上诉，请二审法院在查清事实的基础上，依法判决。

上诉请求

1. 依法撤销××市××区人民法院（2012）××民二初字第××号民事判决书之判决，驳回被上诉人一审的全部诉讼请求。

2. 一、二审案件的诉讼费由被上诉人承担。

事实与理由

一、一审判决书的第一个错误，即该判决书第5页第三自然段到第6页第一自然段中的认定："综上，本院认为，虽然原告所提供的《挖掘机租赁协议》所盖公章的项目部公章是不真实的，该协议是一份瑕疵证据，但协议的签约人××对签约的事实予以确认，协议内容可与其他证据相互印证，故对《挖掘机租赁协议》所确认的××工程处尚欠原告288 007.4元租金的事实本院予以确认。"上述认定是错误的。说明如下：

1. 一审法院认为××提交的证据5《挖掘机租赁协议》中所盖公章是假公章，但是，一审判决不应该认定这样的协议有效！既然证据5《挖掘机租赁协议》的公章是假的，就不能代表上诉人（法人）的意思，该协议应是无效的。《挖掘机租赁协议》因盖假公章而不能作为定案依据。××的行为涉嫌构成合同诈骗罪和伪造企业印章罪，××造假行为的后果是无效的，一审判决不应该认定该协议内容有效，应予以纠正。同时，伪造假公章并使用是《中华人民共和国刑法》严格禁止的行为，以此为基础而签订的协议因违反我国法律禁止性的规定而当然无效！《中华人民共和国合同法》第52条亦对此有明确规定。

2. 在一审判决书第6页第一自然段有这样一句话："协议内容可与其他证据相互印证，故对《挖掘机租赁协议》所确认的××工程处尚欠原告288 007.4元租金的事实本院予以确认。"上述认定是错误的。××工程处提交的证据5《挖掘机租赁协议》不但不能与其他证据相互印证，而且还与其他证据相互矛盾。说明如下：

（1）被上诉人提交的证据3《勾机租赁协议》签订时间是2009年4月5日，该协议中确认：勾机费用按工作台班计算，每台班（8小时）费用1 600元整。而××工程处提交的证据5《挖掘机租赁协议》中的内容是按租金算费用，这两份协议一个是按台班算费用，一个是按租金算费用，相互矛盾，一审判决书中的认定"协议内容可与其他证据相互印证"是错误的。

（2）被上诉人的借款单中确认：借支勾机台班费（××台班扣除）。这份借款单也证明是按台班算费用，而不是按租金算费用，因此《挖掘机租赁协议》中的内容与××借款单也是相互矛盾的。

（3）被上诉人主张证据5《挖掘机租赁协议》中的第1、2、4点的内容，但是××工程处提交的证据5《挖掘机租赁协议》中第3点提到：甲方在使用期间内只负责供应柴油，其他油料及机手工资、修理费用等由乙方（××工程处）负责。对于这一点，被上诉人没有提交其收到甲方柴油单据，也没有其他油料及机手工资、修理费用单据等任何证据，因此，证明被上诉人根本没有履行这一协议。根据《中华人民共和国民事诉讼法》

第 64 条的规定谁主张谁举证，而被上诉人没有提交这些证据，被上诉人的主张是不能成立的。

(4)《勾机租赁协议》中的第 4 点的内容为："每月 10 日前结算上月的台班费，机械退场前，甲方一次性付清台班费给乙方。"由此可以看出，勾机使用费的结算方式是每月 10 日前结算上月的台班费，没有欠租金这回事。

(5) 本案的案外人，也就是业主××改建工程建设办公室也出示证明说明如下：我办在每日的日常施工监督、管理中，均没有发现××工程处外聘管理人员和租用外部施工机械设备。由此说明上诉人没有租用过被上诉人××的机械设备。××改建工程建设办公室出具的这一份证据也与证据 5《挖掘机租赁协议》的内容是相互矛盾的。××改建工程建设办公室出示证明，说明三叠岭工程已于 2010 年 5 月 20 日完工。工程完工后，该工程项目经理部已经撤销，项目经理部已经没有权力签订该工程的协议，××的签字也不能代表上诉人的意思，何况××又不是上诉人的法定代表人。

(6) 做过施工的人都懂得，如果租用机械设备肯定有许多现场记录，比如施工机械进场记录，现场施工的签证单，机械使用时间的确认单和每日施工记录，这些单据非常重要，肯定有现场施工人员和监理人员的签字，这些单据是记录和结算工程款的重要依据，日后各方都要凭着这些单据进行结算付款。而本案中被上诉人××凭一份虚假的协议就想诈骗国有企业的钱财，没做过施工的人可能会被假象欺骗，做过施工的人都懂得，这些协议必须有现场施工记录（施工人员和监理人员签名，甚至要求业主签名）佐证，没有这些单据和记录，证据 5《挖掘机租赁协议》中的内容真实性是不能证明的。

二、一审判决书的第二个错误，即一审判决在没有查清《挖掘机租赁协议》上所盖的假公章是谁伪造的和谁盖的假公章的事实，就认定《挖掘机租赁协议》中的内容真实，应属于没有查清事实，一审判决是在没有查清事实的基础上作出的判决。

三、一审判决书的第三个错误，即该判决书第 4 页第五自然段到第 5 页第一自然段中的认定："××任命××为××项目管理人员，负责项目的施工管理，因此××的施工管理行为系职务行为，其所产生的后果由南××承担。原告主张南宁工程处 2009 年 1 月前拖欠勾机租金 88 509.6 元，提供了有××签字并盖有工程项目部公章的《结算协议书》，××仅以××与××存在亲属关系，否认该《结算协议书》，本院不予采纳。"上述认定是错误的。说明如下：

1. ××（本案另一被告）依据自己与上诉人签订的《劳务合作协议书》（××提交的证据 1），取得了××项目部副经理的身份，以此身份××与其哥哥的岳母被上诉人××签订《结算协议书》（尹志雄提交的证据 4），是××与被上诉人××合伙勾结，为了个人私利，损害国有企业利益的行为。根据《中华人民共和国合同法》第 52 条的规定，这两份协议因恶意串通，损害国家、集体或者第三人的利益而无效。

2. 根据××与上诉人××签订的《劳务合作协议书》的第三条的特别约定第五项的规定，协议书中的乙方××不得以甲方（上诉人）名义与第三者发生任何经济往来，甲方（上诉人）对乙方（刘青林）与第三者的任何经济纠纷不承担任何责任，甲方（上诉人）亦不对外承担连带责任。因此，××以上诉人名义与其哥哥的岳母××签订的《结算协议书》是无效的，××的签字不代表上诉人，××与其他人签订的协议应由其个人承担，与上诉人无关，上诉人不承担××与其他人经济纠纷的责任。

3. ××提交的证据4《结算协议书》中提到就2008年至2009年元月份产生的月租费进行结算，而如果上诉人2009年之前租用过被上诉人××的机械设备，之前就应该签有租赁协议，要不然怎么会突然结算？而被上诉人××根本拿不出2009年之前双方的租赁协议，所以这份所谓结算协议也是假的；况且协议中涉及数额如此巨大，也没有项目经理××的签名，只有他们一家人自己的签名，这份协议是伪造的，不能作为证据。

4. 根据上诉方与××签订的《劳务合作协议书》，××（乙方）包工包料完成业主与上诉方（甲方）的工程量，××（乙方）组织机械设备、人员和材料进场，而工程款应按完成的工程量计算，并经过上诉人项目经理（正经理）签字。从这里可以看出，组织机械设备根本就不是上诉人的事情，上诉人根本不用租用机械设备，也没必要花这笔钱，具体这些事情就是刘青林自己花钱去租，自己去做，而上诉人只管工程量的结算和质量把关，并与业主对接，因此可以看出，××与其亲弟弟××的岳母××伪造出来的《结算协议书》是不真实的。

四、一审判决书的第四个错误，即该判决书第6页第三、四、五、六自然段的认定事实和判决结论错误。一审法院在认定事实错误的基础上，进而适用法律对本案作出定论，存在认定事实错误，适用法律错误，恳请二审法院在查明案件事实后予以纠正。

综上所述，上诉人认为，一审法院判决认定事实错误、适用法律错误。故上诉人恳请贵院正确认定事实、适用法律，依法改判。

此致

××市中级人民法院

上诉人：×××

2012年×月×日

资料来源：http：//www.9ask.cn/blog/user/jiangyujie/archives/2010/177963.html。

这篇上诉状的格式规范，内容完整。上诉请求明确，上诉理由能针对上诉观点进行充分论证，依托对错误事实和违法证据的揭露，批驳了原审判决的四处错误。上诉人紧紧抓住被上诉人伪造公章，制作非法合同的事实，向一审人民法院的判决提出质疑，反驳论据充足，有利于上诉请求获得通过。

写作提示

撰写上诉状的注意事项

1. 明确对象。上诉状不像起诉状那样针对被告提出诉讼请求，论述事实和理由等，而是要针对一审判决，指出一审判决中有哪些不合理的地方。

2. 上诉请求要合理合法。提起上诉是法律赋予当事人的一项权利，但并不意味着当事人可以滥用此权。当事人提出的上诉请求一定要合理且合法。

3. 上诉理由以驳论为主。上诉理由不能提出新论点，只能针对一审判决中不合理的地方，进行有理有据的辩驳。

三、答辩状

（一）答辩状的概念及作用

答辩状是被告或被上诉人在接到法院传达的起诉状或上诉状后，根据诉状的内容和诉讼请求，有针对性地作出回答或辩驳所使用的法律文书。

答辩是法律赋予被告或被上诉人的一项诉讼权利，是当事人在法律诉讼中具有平等地位的具体体现。答辩状是当事人维护自身合法权益的手段和工具，是人民法院依法审判的重要参考依据。答辩状只能就起诉状或上诉状中不符合事实或所提诉讼请求不符合理等问题进行辩驳，不能用答辩状进行反诉。如果要进行反诉，需要写反诉状。

（二）答辩状的分类

依据案件的性质，答辩状可分为民事答辩状、刑事答辩状和行政答辩状。

1. 民事答辩状

民事答辩状是指民事案件中的被告或被上诉人针对民事起诉状或民事上诉状的内容，依法进行回答或辩驳的诉讼文书。答辩状属于应诉文书，民事答辩状同时适用于一审的民事起诉状和二审的民事上诉状。

2. 刑事答辩状

刑事答辩状是指在刑事自诉案件中，被告或被上诉人针对刑事自诉状或刑事上诉状的内容，回答或辩驳原告或自诉上诉人提出的诉讼请求所使用的诉讼文书。刑事答辩状是刑事自诉案件的被告人行使其辩护权利的重要手段和工具。

3. 行政答辩状

行政答辩状是行政诉讼案件的被告或被上诉人针对行政起诉状或行政上诉状提出的事实、诉讼请求，进行解答或辩驳的文书。行政答辩状的具状人通常是国家行政机关或国家行政机关的负责人，行政答辩状的行文目的旨在通过列举证据、论述事实等证明其行政行为的合法性。

（三）答辩状的写法

答辩状一般由首部、正文和尾部构成。

1. 首部

（1）标题。居中写明答辩状的性质，如民事答辩状、行政答辩状或刑事答辩状。

（2）答辩人的基本情况。答辩人的基本情况与起诉状、上诉状中原告、被告，上诉人、被上诉人的基本情况的写法基本相同。答辩人是自然人，列出答辩人的姓名、性别、年龄、民族、职业、住址等信息，以及法定代理人的基本情况，要注明与答辩人的关系及职务等。如果委托律师代理，要写明律师的姓名、职务及律师事务所名称。

(3) 案由。案由就是指写作答辩状的缘由，这部分内容的特点是语言简练，结构固定，通常以如下格式表达："答辩人因××（起诉人）诉×××一案，现提出答辩意见如下"。

2. 正文

正文是答辩状的主体，通常由答辩理由和答辩意见构成。

(1) 答辩理由。答辩人要针对起诉状或上诉状提出的事实和诉讼请求进行辩驳，说明理由，提出依据。在一审答辩状中，答辩理由主要从如下几个方面论述：指出起诉状中不符客观事实的地方，并提供相应的证人或证据；指出指控的罪名、法律责任不合法律规定之处；指出起诉程序不合法、举证不合法或原告不具备起诉资格等，提供相应依据。

上诉答辩状的答辩理由与一审答辩状有所不同。答辩人仅需表明对一审判决的态度，如"一审驳回上诉人的诉讼请求合法有据，应予维持"等。如果上诉状中提出了新的证据、证人等材料，答辩状中就要有针对性地论证新证据、证词的真伪。

(2) 答辩意见。答辩意见是答辩人在充分阐述答辩理由的基础上，综合归纳对案件的意见、观点和要求。一审答辩意见通常包括要求人民法院驳回原告的起诉，要求人民法院采纳原告提出的诉讼请求的部分条款，要求与原告庭外和解或提出反诉等。上诉答辩意见一般就是同意人民法院的一审判决，请求驳回上诉，维持原判。

3. 尾部

答辩状的尾部与诉状尾部的写法基本相同，包括致送的人民法院名称、答辩人姓名、日期及附项等。

(四) 答辩状的写作要求

首先，要求实事求是，有理有据。答辩人在论证、说理过程中必须做到实事求是，尊重客观事实，不能为了使审判结果有利于己方，就做出添油加醋、歪曲事实、篡改证据等违法行为。陈述答辩理由应做到论点正确、合理，论据充分、合法，论述思路清晰、层次分明。

其次，要求注意时限。答辩人必须在法定期限内提交答辩状，诉讼法规定民事答辩状需在答辩人接到法院送达的诉状副本后的 15 天内提交，行政答辩状则需在收到诉状副本后的 10 天内提交。

最后，要求答辩理由有针对性。答辩状是对诉状中提出的事实和诉讼请求进行回答和辩驳的文书，因此，答辩理由必须针对诉状中提到的事实的不实之处、引用的法律条文的不当之处以及诉讼请求的不合理之处，逐条进行解答和批驳。

[答辩状例文]

民事答辩状

答辩人：××××财产保险股份有限公司

答辩人就与被答辩人道路损害赔偿一案，做如下答辩：

在本案原告或者被保险人等提供保单、有效年检的驾驶证及行驶证、且无醉酒驾驶被保险车辆的情况下，答辩人在交强险限额内对本案原告的合理损失予以赔偿。

1. 根据答辩人与本案被保险人合同约定，医疗费应剔除医保外用药，交强险医疗费赔偿限额为1万元，即本案后续治疗费、伙食补助费、医疗费答辩人在交强险限额内最高赔偿1万元。

2. 对于本案的护理费，应按照住院医嘱需要护理的天数及护理级别，根据吉林省高院居民服务业的工资标准计算护理费，且满月的应按月计算，不满月的按天计算。

3. 对于本案的误工费，应根据出院小结医嘱需要休息的时间和住院时间进行计算。如计算至评残前一日，需根据最高人民法院《关于审理人身损害赔偿案件适用法律若干问题的解释》，需提供医院医嘱需要持续误工的证明，才能计算至评残前一日，否则误工费计算至评残前一日证据不足。

误工标准，本案原告需要提供误工证明、工资标准证明及财务工资明细表，超过纳税起征点需要提供纳税证明，否则证据不足。有农村户口按农林牧副渔标准计算，是城镇户口的，按照居民服务业标准计算，且误工时间满月的按月计算，没满月的按天计算。

4. 本案鉴定费、律师代理费及诉讼费根据答辩人与被保险人合同约定，不在保险公司的承担范围内。财产损失需提供正式发票及财产损失相关证明。

5. 原告未评残，因此不予赔偿精神抚慰金。

6. 交通费需提供相关票据且应与住院时间、地点、人数相一致。

此致

××市中级人民法院

答辩人：××××财产保险股份有限公司

2013年9月25日

这篇答辩状针对原告在起诉状中的诉讼请求，进行全面、具体的解答，运用相关法律、法规条文明确答辩人的责任，准确、详细地阐释了护理费、误工费的计算方法和需要出具的证明材料。论证充分，语言准确，是一篇规范的答辩状。

写作提示

撰写答辩状的注意事项

1. 答辩理由要有针对性。答辩理由一定要针对起诉状中提出的事实和诉讼请求，逐一进行答复或辩驳。驳论当以起诉状中事实不符、证据不足或缺少法律依据等问题为切入点，充分运用法律依据、有效证据进行驳斥。

2. 答辩状以驳论为主。答辩状以驳论为主，不立论，不提出新观点。在对起诉状中不实之事、不合理之诉讼请求进行辩驳之后，一般以请求人民法院驳回原告（上诉人）的部分诉讼请求或驳回起诉（上诉）结尾。

3. 注意提交答辩状的有效期限。民事答辩状需在收到起诉状或上诉状后15天内提交，行政答辩状则需在收到起诉状或上诉状后的10天内提交。

补充知识

民事诉讼程序

一、起诉

起诉人向人民法院提交起诉状

二、受理

符合法定条件的，7日内予以立案。不符合法定条件的，7日内裁定不予受理。

三、审理前的准备工作

(1) 在5日内送达起诉状副本给被告，被告15日内提出答辩，5日内将答辩状副本送达原告。

(2) 告知原、被告诉讼权利和合议庭的组成人员。

(3) 审阅诉讼材料，调查收集必要的证据。

(4) 当事人的追加。

四、开庭审理

(一) 时间

答辩期届满并做好必要的准备工作后进行。

(二) 程序

开庭3日前用传票通知当事人，用通知书通知其他诉讼参与人。

(三) 确定开庭日期

开庭前3日发布公告，公告当事人的姓名、案由以及开庭的时间、地点。

(四) 开庭审理

1. 准备开庭

书记员查明当事人以及其他诉讼参与人是否到庭。书记员宣布法庭纪律。审判长核对当事人。宣布案由以及审判人员、书记员名单。口头告知当事人有关的诉讼权利和义务，询问当事人是否提出回避申请。

2. 法庭调查

当事人可以提出新的证据；可以要求法院重新调查证据、鉴定或勘验，是否准许，由人民法院决定。

当事人陈述：按原告、被告、第三人、诉讼代理人的顺序进行。

审判长或独任审判员归纳本案争议的焦点和法庭调查的重点，并征求当事人的意见。

证人出庭作证（证人如果不能出庭，经法庭许可，可以提交书面证言，由法庭宣读；受诉法院委托外地法院代为询问证人，笔录应当在法庭上宣读）。

经审判长许可，当事人和诉讼代理人有权向证人发问，证人应当如实作答。

当庭出示物证、书证和视听资料，当庭宣读鉴定结论，鉴定人向法庭宣读鉴定的方法和经过，当事人及其诉讼代理人经法庭许可，可以向鉴定人发问。

法庭审判人员或者勘验人员当庭宣布勘验笔录、拍摄的照片或绘制的图表，应向当事人出示，当事人经法庭许可，可以向勘验人发问。

法庭调查结束前，审判长或独任审判员应当就法庭调查认定的事实和当事人争议的问题进行归纳总结，分别询问当事人、第三人、诉讼代理人是否还有意作最后陈述。不能当庭认证的证据，可以休庭合议后再予以认定。

合议之后认为需要继续举证或者进行鉴定、勘验工作的，可以在下次开庭质证后认定；如果认为此次法庭调查未能查清案件有关情况，法庭可以决定第二次开庭。

法庭决定再次开庭的，审判长或独任审判员对本次开庭情况进行小结，指出庭审已经确认的证据，并指明下次开庭调查的重点。如果认为案件事实已经查清，必要的证据已经齐备，即可宣布终结法庭调查，进入法庭辩论阶段。

3. 法庭辩论

双方当事人及其诉讼代理人进行辩论。审判长按原告、被告、第三人的顺序征求各方最后意见。

4. 评议

法庭辩论结束后，审判长宣布休庭。进入评议时进行评议，实行少数服从多数的原则。评议的情况应当如实制作笔录。评议笔录不准当事人和诉讼代理人查阅、复制。

评议毕，审判长宣布继续开庭，当庭公开宣布判决结果，10 日内向当事人发送判决书；或定期宣判，在宣判后立即发给判决书。要告知当事人的上诉权利、上诉期限和上诉法院。

实战练习

1. 根据以下材料，代替双方当事人撰写起诉状和答辩状。

原告：北京美一居建筑装饰工程有限公司，注册地北京市××路××号。

法定代表人赵××，该公司董事长。

被告：深圳戴可瑞特装饰设计有限公司，注册地广东省深圳市××大厦。

法定代表人戴××，该公司董事长。

深圳戴可瑞特装饰设计有限公司承接了案外人湖南食德有限公司的长沙金星大酒店的部分装修项目，并为此设立了湖南金星大酒店项目管理部。2009 年 7 月 26 日，北京美一居建筑装饰工程有限公司与深圳戴可瑞特装饰设计有限公司就上述酒店的装修项目签订石材供货合同，约定：1. 由北京美一居建筑装饰工程有限公司根据深圳戴可瑞特装饰设计有限公司提供的加工单和图纸进行石材成型加工，并分批交货。2. 深圳戴可瑞特装饰设计有限公司在合同签订后，支付北京美一居建筑装饰工程有限公司预付款100 000元（人民币，下同）作为定金，深圳戴可瑞特装饰设计有限公司定在发货前10天付清每批货物货款总价的95%，北京美一居建筑装饰工程有限公司收到货款后发货到工地，合同定金最后一次货款冲抵，多退少补，直到全部履行完合同。3. 交货时间为北京美一居建筑装饰工程有限公司收到定金15日后开始供货。4. 深圳戴可瑞特装饰设计有限公司委派专人到工厂现场监督，同时验收板材质量，北京美一居建筑装饰工程有限公司负责指导货物送到深圳戴可瑞特装饰设计有限公司的工地。5. 深圳戴可瑞特装饰设计有限公司中途退货，则按合同总价的30%承担违约金，并赔偿北京美一居建筑装饰工程有限公司直接和间接损失。北京美一居建筑装饰工程有限公司逾期供货，则按应供货（每批）款额的千分之一承担违约金。6. 发生争议由北京美一居建筑装饰工程有限公司所在地法院管辖等。双方在合同中约定的各类石材（含加工费）总价为5 260 600元，同时约定最终以实际出货单平方米数结算。湖南食德有限公司作为“鉴证方”在该合同上签名盖章，北京美一居建筑装饰工程有限公司的签约人为赵××。同时，北京美一居建筑装饰工程有限公司向湖南食德有限公司作出书面承诺，承诺货物的质量、数量和货款结算严格按约执行。2009年11月16日，北京美一居建筑装饰工程有限公司与深圳戴可瑞特装饰设计有限公司再次就装修项目的石材供应事宜，签订买卖合同，约定：1. 由北京美一居建筑装饰工程有限公司根据深圳戴可瑞特装饰设计有限公司提供的加工单和图纸进行石材成型加工，并分批交货。2. 合同签订后，深圳戴可瑞特装饰设计有限公司预付300 000元作为定金，深圳戴可瑞特装饰设计有限公司在发货前10天付清每批货款总价的95%，北京美一居建筑装饰工程有限公司收到货款后发货到工地，合同定金最后一次货款冲抵，多退少补，直到全部履行完合同。3. 交货时间：北京美一居建筑装饰工程有限公司从11月15日收到定金和下料单开始生产，15日供完，如因深圳戴可瑞特装饰设计有限公司原因则供货期顺延。4. 如深圳戴可瑞特装饰设计有限公司中途退货，则按合同总价的10%承担违约金；如北京美一居建筑装饰工程有限公司中途退出，则按合同总价的10%承担违约金。5. 发生争议由北京美一居建筑装饰工程有限公司所在地法院管辖等。双方在合同中约定的石材总价为1 081 500元，同时约定最终以实际出货单平方米数结算。湖南食德有限公司作为“鉴证方”在该合同上签名盖章，北京美一居建筑装饰工程有限公司的签约人为赵××。

在上述合同履行过程中，北京美一居建筑装饰工程有限公司于2009年8月24日向深圳戴可瑞特装饰设计有限公司发出“变更收款人证明”，将收款人变更为南通美一居有限公司；后沈××以北京美一居建筑装饰工程有限公司的名义，于2009年11月7日向深圳戴可瑞特装饰设计有限公司发出“变更账户通知”，将收款人变更为长沙市美一居石材经营部。深圳戴可瑞特装饰设计有限公司收到上述通知后，即将相关货款分别支付到变更后的账户。北京美一居建筑装饰工程有限公司送货采用“供货协议书”的形式，每份“供货协议书”上均列明了货物的品种、数量、单价以及相应的总金额。深圳戴可瑞特装饰设计有限公司收货后，在“供货协议书”上加盖其湖南金星大酒店项目管理部的印章，并由其经办人员签名。

2010年11月30日，深圳戴可瑞特装饰设计有限公司发出“联系函”，列明了石材对账结算的各类数据，要求供货方派人与深圳戴可瑞特装饰设计有限公司共同确认已结清款项。2010年12月27日，深圳戴可瑞特装饰设计有限公司在“湖南金星大酒店项目石材送货汇总表”上，加盖了其湖南的金星大酒店项目管理部的印章，并注明：“此汇总表与送货单工程相符，单价及总货款由公司结算”。该汇总表将“开封”、“上虞”和“青竹湖”的款项在“其他”栏目中一并列入。根据该石材汇总表以及44份供货协议书，北京美一居建筑装饰工程有限公司先后供应各类石材（含加工费）总计8 803 186.725元，其中包括“开封”21 093.11元、“上虞”11 759.775元和“青竹湖”11 000元。“青竹湖”货款所对应的相关“供货协议书”上也加盖了深圳戴可瑞特装饰设计有限公司湖南金星大酒店项目管理部的印章。2009年8月30日至2010年12月30日期间，深圳戴可瑞特装饰设计有限公司已付7 241 844元。

北京美一居建筑装饰工程有限公司认为深圳戴可瑞特装饰设计有限公司拖欠部分余款，将深圳戴可瑞特装饰设计有限公司告上法庭。北京美一居建筑装饰工程有限公司的法律诉求有：要求深圳戴可瑞特装饰设计有限公司付清1 575 485.50元货款；支付北京美一居建筑装饰工程有限公司逾期付款利息损失；案件诉讼费由深圳戴可瑞特装饰设计有限公司承担。

深圳戴可瑞特装饰设计有限公司称该合同无效，坚持认为买卖合同主体发生变更，并提供了2009年11月18日的授权书，具体内容为：“感谢贵公司在金星大酒店大理石项目上的支持，我们公司尽力为贵公司提供全方位服务。原供货方北京美一居建筑装饰工程有限公司变更为长沙美一居石材经营部，我公司全权授权沈××先生处理所有事项。”认为湖南食德有限公司不仅是合同的见证人，也是合同的参与人，因此，要求湖南食德有限公司作为本案当事人一并参加诉讼，要求判令北京美一居建筑装饰工程有限公司支付配合费1 210 347.14元及相应利息损失、差旅费损失18 600元。深圳戴可瑞特装饰设计有限公司认为，北京美一居建筑装饰工程有限公司的公章已变更多次，故该材料无法否定涉案工地的供货方是长沙美一居石材经营部，也向长沙美一居石材经营部结清了货款，故北京美一居建筑装饰工程有限公司无权向深圳戴可瑞特装饰设计有限公司主张权利。

2. 请指出并修改下面这篇起诉状中存在的问题。

起诉状

原告：王××，女，1955年9月26日生，汉族，无职业，住××市××区××街××北区36—4—81号。公民身份号码：××××××××××××××××××，电话：××××××××。

委托代理人：邓××，××市××律师事务所律师。执业证号：××××××，电话：××××××。

被告：常××，男，1962年5月24日生，满族，××铁路局××车辆段××道口车间职工，住××市××区××街××北区 28—5—12 号。公民身份号码：××××××××××××××××××，电话：×××××××××。

被告：××财产保险股份有限公司××中心支公司，住所地××市××大街。

委托代理人：刘××，××律师事务所律师。执业证号：××××××，电话：××××××。

诉讼请求：

1. 请求判令被告常××赔偿如下各项费用，共计人民币 74 759.76 元。

(1) 医疗费 10 951.46 元、误工费 12 532.80 元、住院期间护理费 2 877.56 元、住院伙食补助费 1 400 元、交通费 175 元；

(2) 残疾赔偿金 35 593.14 元、鉴定费 930 元；

(3) 物品损失：自行车 200 元、鞋 100 元。

2. 请求判令被告常××赔偿原告精神损害抚慰金。

3. 请求判令被告××财产保险股份有限公司在承保责任范围内赔偿。

4. 诉讼费用由被告承担。

事实与理由：

被告常××于 2013 年 7 月 16 日 22 时许，驾驶吉 B××××号小轿车行驶至位于××市××区××路的××水果店门前时，将骑自行车的原告王××撞倒，造成原告王××受伤。经××市公安局交通管理支队××大队道路交通事故认定书认定，被告常××承担事故全部责任。吉 B××××号车在××公司处投保交强险，保险期间自 2012 年 12 月起至 2013 年 12 月止。

经××市第二人民医院诊断：原告王××头胸部、右下肢外伤，多发肋骨骨折，右侧外踝骨折；经××司法鉴定所鉴定意见书鉴定：原告胸部损伤致十级伤残，误工时间为 120 天。

原告王××生活困难，常年以零售水果的收入支撑整个家庭，事故中原告受伤严重，身体上、精神上均遭受严重伤害。被告常××驾驶机动车将原告撞伤，经交警部门认定承担事故全部责任，理应对原告进行全额赔偿。现在事故发生至今，原告多次与被告常××协商赔偿，均遭拒绝。并且在原告合理的住院期间内，多次无理催促原告出院，行为恶劣。被告××财产保险股份有限公司作为肇事车辆的承保公司，可在承保范围内向原告进行赔付，但原告多次与其沟通无果。

综上，望判原告所请。

此致

××人民法院

具状人：王××

二〇一三年八月十五日

3. 根据上题中的起诉状和下面的材料，以第二被告××财产保险股份有限公司××中心支公司的身份，撰写一篇答辩状。

××财产保险股份有限公司××中心支公司的法定代理人张××表示本案中的车

辆在该公司投保交强险，该公司会在法定范围予以赔偿。案发后，该公司已于2013年7月20日为原告垫付5 000元医药费；精神损害及财产损失并不在保险公司责任范围内，该公司不予赔偿。

4. 根据下面的材料，代原告崔××撰写一篇上诉状。

原告：崔××，男，1966年4月18日生，汉族，住××市××区××街38—3—35号，公民身份号码：××××××××××××××××××。

委托代理人：赵××，××区××法律服务所律师。

被告：××市××房地产开发经营有限责任公司，住所地××市××区××路369号。

法定代表人：杨××，该公司董事长。

委托代理人：吕××，该公司法律顾问。

原告崔××称：2007年8月原告崔××与被告××市××房地产开发经营有限责任公司口头达成了××市××新村24号楼、25号楼土方工程承包协议，由原告承包、被告发包的24号楼、25号楼土方工程，双方约定工程价格参照同期开发的市场价格，原告按双方约定实际施工。2008年8月工程竣工，但被告拖延不与原告结算，原告遂将被告××市××房地产开发经营有限责任公司告上法庭。

被告××市××房地产开发经营有限责任公司表示：原告施工总造价是1 938 462.38元，这是双方均认可的结算数额。已经支付××新村24号楼工程款总额为1 698 684.52元，实际尚欠原告239 777.86元，原告于2009年又分三次支取工程款190 000元，在最后一次支取了170 000元工程款时，原告明确表示放弃余款49 777.86元，现原告又出尔反尔，违背事实，诉至人民法院，于法无据。

一审人民法院判决被告给付拖欠原告崔××的工程款49 777.86元。原告不满一审判决，认为法院判付的工程款数额过少，另外被告所说的原告于2009年又分三次支取工程款190 000元之事并非事实，原告从没收到过这19万元工程款，被告提供的收条上并没有双方签字，因此属于无效证据。

原告后经××市××建设工程造价咨询服务有限公司作出工程造价鉴定：24号楼工程总造价2 493 162元；25号楼土方造价32 000元，合计工程款2 525 162元，被告已给付1 314 946.39元，尚欠1 210 215.61元。故原告为维护自身合法权益，向××市中级人民法院提起上诉，请求依法判令：1. 要求被告立即给付拖欠的工程款1 210 215.61元，给付利息240 400元，总计1 450 615.61元；2. 要求被告承担本案的诉讼费用。

模块二　申请仲裁

任务描述

在湖南金星大酒店装修项目的实施过程中，一名建筑工人杨××受伤住院治疗。施工方深圳戴可瑞特装饰设计有限公司以未与杨××签订劳动合同为由，拒绝支付治疗费、医药费等相关费用。各项目小组依据实战练习1的材料，代杨××写一篇仲裁申请书。

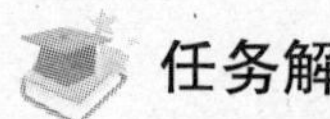

任务解析

本模块的任务是撰写仲裁申请书。各小组不仅要学习撰写仲裁申请书的理论知识，还应该了解《中华人民共和国仲裁法》的各项条款。这样，在书写仲裁申请书的时候才能做到有法可依，提出仲裁请求和论述申请理由时才能更加有理有据。

理论知识

一、仲裁申请书

（一）仲裁申请书的概念

仲裁申请书是指发生经济纠纷时，一方当事人为了维护其合法权益，根据合同中的仲裁条款或事后达成的书面仲裁协议，向仲裁机构提请仲裁解决的法律文书。

（二）仲裁的适用范围

《中华人民共和国仲裁法》第2条规定："平等主体的公民、法人和其他组织之间发生的合同纠纷和其他财产权益纠纷，可以仲裁。"合同纠纷是仲裁最主要的类型，合同纠纷包括各类经济合同纠纷，如房地产合同纠纷、保险合同纠纷、借贷合同纠纷、抵押合同纠纷、运输合同纠纷等。其他财产权益纠纷主要指由侵权行为引起的纠纷，如知识产权纠纷、产品质量责任纠纷等。

（三）仲裁申请书的写法

仲裁申请书一般由首部、正文和尾部构成。

1. 首部

（1）标题。在文书顶部居中写明"仲裁申请书"字样。

（2）当事人基本情况。先写申请人基本情况，再写被申请人基本情况。具体包括姓名、性别、年龄、地址、工作单位、职务等信息。如果当事人是法人或其他合法组织，应写明单位名称、地址、法人代表或主要负责人的姓名、职务等。如有法定代理人，应在当事人下方写明法定代理人的姓名、职务及律师事务所名称。

（3）案由。写明提请仲裁的纠纷性质，如劳动合同纠纷、货物买卖纠纷等。

2. 正文

（1）仲裁请求。写明通过仲裁委员会的裁定，满足申请人哪些具体的要求，如继续履行合同、解除合同、赔偿经济损失等。

（2）事实与理由。这部分内容是仲裁申请书的核心和重点，能否写明事实、厘清理由是影响仲裁申请结果的重要因素。陈述事实应按照时间顺序，将纠纷产生、发展和演变的过程记叙清楚，尤其要明确关键时间、特殊地点、根本原因或直接原因及涉及的重要自然人或法人等因素。陈述理由应以前面的事实为基础，分析纠纷的性质，明确被申请人的法律责任，阐明申请人对本案的观点和看法，并依据相关法律条文或事实，提出申请仲裁。

3. 尾部

(1) 致送单位名称。正文下方空两格写“此致”，换行顶格写“××仲裁委员会”。

(2) 署名和日期。如果申请人为法人或其他组织，署名应写单位全称，并加盖公章。

(3) 附项。附项主要包括仲裁申请书的副本若干份，作为证据的协议书或劳动合同的复印件，或其他书证、物证等。

[仲裁申请书例文]

仲裁申请书

申请人：王××，男，汉族，1978 年 11 月 15 日生，住湖北省××市××大道 38 号。

被申请人：××市××通信有限公司，地址：××市××开发区××路 2 号。

法定代表人：牛××，联系电话：×××××××××。

案由：履行劳动合同争议纠纷。

仲裁请求

1. 请求确认被申请人与申请人之间的劳动合同关系已解除；
2. 裁决被申请人向申请人支付解除合同经济补偿金 4 291 元；
3. 裁决被申请人向申请人支付所欠工资和各项补贴 9 600 元；
4. 裁决被申请人支付赔偿金 6 480 元；
5. 裁决被申请人根据合同约定，向申请人按比例发放年绩效工资 6 066.67 元；
6. 裁决被申请人根据合同约定，向申请人按比例发放第 13 个月工资 2 211 元；
7. 裁决被申请人为申请人补缴 2011 年 12 月 25 日至 2012 年 9 月份社会保险费；
8. 裁决被申请人承担申请人的律师代理费 1 000 元。

事实与理由

2011 年 12 月 25 日申请人到被申请人处正式工作，并于同日与被申请人签订了固定期限的《劳动合同》一份，双方在合同中明确约定：合同期限为 2011 年 12 月 25 日起至 2014 年 12 月 24 日止，其中约定试用期为 3 个月。工作内容为工程师。被申请人支付申请人工资报酬为年薪 44 500 元，支付方式：年薪中 80%约定为年基本工资，共计 35 600 元，按 13 个月发放，第 13 个月工资参照当年业绩评定进行发放，约定月度基本工资为 2 800 元，试用期工资为每月 2 240 元，年薪中的 20%约定为年绩效工资，共计 9 100元，在年终发放。《劳动合同》还对其他事项进行了具体约定。合同签订后，由于申请人工作表现出色，被申请人于 2012 年 1 月 5 日将其提前转为正式工。申请人在被申请人处努力工作，但被申请人自申请人用工之日起至今一直未予办理社会保险。且自 2012 年 5 月份起，也未向申请人足额发放工资及支付福利待遇（每月 200 元交通及误餐补助，300 元的电脑补助）；更为气愤的是被申请人未与申请人协商，于 2012 年 6 月 25 日擅自变更了申请人的工作岗位。

综上所述，申请人认为被申请人的行为严重违反《中华人民共和国劳动法》、《中华人民共和国劳动合同法》及相关法律法规，为维护申请人的正当权益，特向劳动仲裁委员会提出申请，请求支持申请人的请求。

此致

××市××开发区劳动仲裁委员会

申请人：王××

二〇一二年九月十八日

附：

1. 申请人身份证和被申请人营业执照；

2. 劳动合同，调岗协议；

3. 工资条复印件；

4. 律师代理费收据。

简析

这份仲裁申请书的格式规范，内容完整，事实清楚，论证充分，诉求合理，是一份值得阅读和借鉴的范文。不足之处在于，如果请求经济赔偿，要写明具体的数额，并提供计算数额的相关法律依据。

写作提示

撰写仲裁申请书的注意事项

1. 实事求是，明确责任。陈述案情要以事实为依据，坚持实事求是，不可夸大、编造事实。在实事求是地陈述案情的基础上，要分析案件的性质，明确当事人的责任划分。

2. 有法可依，合情合理。理由论述要依据相关法律条文，做到有法可依，以理服人。提出要求也要有理、有据，不可得理不饶人，漫天要价。

3. 思路清晰，详略得当。高水平的仲裁申请书应做到结构合理，详略得当；陈述案情遵循时间顺序，论述理由遵循逻辑顺序；主要问题说透，次要问题说到。

补充知识

仲裁程序

1. 仲裁申请和受理

申请仲裁必须符合下列条件：

(1) 有仲裁协议；

(2) 有具体的仲裁请求和事实、理由；

(3) 属于仲裁委员会的受理范围。

仲裁委员会收到仲裁申请书之日起5日内，认为符合受理条件的，应当受理，并通知当事人；认为不符合受理条件的，应当书面通知当事人不予受理，并说明理由。

2. 仲裁庭的组成

仲裁庭可以由 1 名仲裁员或 3 名仲裁员组成。由 3 名仲裁员组成的，设首席仲裁员。

仲裁员有下列情况之一的，必须回避，当事人也有权提出回避申请：

(1) 是本案当事人，或者当事人、代理人的近亲属；

(2) 与本案有利害关系；

(3) 与本案当事人、代理人有其他关系，可能影响公正仲裁的；

(4) 私自会见当事人、代理人，或者接受当事人、代理人的请客送礼的。

当事人提出回避申请应当说明理由，并在首次开庭前提出。

3. 仲裁裁决

(1) 仲裁应当开庭进行。

(2) 仲裁一般不公开进行。

(3) 申请仲裁后，当事人可以自行和解。

(4) 仲裁庭在作出裁决前，可以先行调解，当事人自愿调解的，仲裁庭应当调解；调解不成的，应当及时作出裁决。

(5) 裁决应按多数仲裁员的意见作出，少数仲裁员的不同意见可以记入笔录。仲裁庭不能形成多数意见时，裁决应当按首席仲裁员的意见作出。

(6) 裁决书自作出之日起发生法律效力。

实战练习

1. 根据下面的材料，代申请人杨××撰写一篇仲裁申请书。

申请人：杨××，男，1964 年 3 月 16 日生，汉族，无职业，住××市××区××胡同××号。公民身份号码：××××××××××××××××××。电话：××××××××。

委托代理人：辛晓敏，××律师事务所律师，执业证号：×××××××××。电话：×××××××××。

被申请人：北京美一居建筑装饰工程有限公司，住所地北京市××区××路××号。

法定代表人：赵××，该公司总经理。

杨××于 2010 年 4 月 17 日，经第三人介绍到深圳戴可瑞特装饰设计有限公司的装修现场长沙金星大酒店从事力工，主要工作是辅助第三人即电工周贵作零活。同年 5 月 13 日，杨××在同第三人和周银工作时，受第三人的指挥去取电线，不得不准备从窗户中通过，在扛着梯子去窗户前时，不慎摔倒受伤。杨××受伤后由周银陪同送往长沙市中西医结合医院急诊，诊断为“左胫骨平台骨折”。由于深圳戴可瑞特装饰设计有限公司没有为其交住院费，杨××不得不放弃住院，回家静养。后杨××于 2010 年 6 月 15 日到 179 医院就诊，明确诊断，因无力交医疗费回家静养，症状不见缓解。2010 年 6 月 19 日，杨××为进一步治疗而入长沙 163 医院系统医治。2010 年 7 月 9 日，经治疗伤基本痊愈后出院，杨××共计花费医疗费 43 750 元。现杨××想依法申请工伤待遇，深圳戴可瑞特装饰设计有限公司却拒绝承认杨××与其的劳动关系，拒不开具劳动关系证明。因此，杨××无奈，急需工伤赔偿资金用于治疗和生活。为申请工伤赔偿需要，杨××向长沙市劳动人事争议调解仲裁委员会提出申请。仲裁请求包括确认被申请人与申请人之间存在事实劳动关系，被申请人支付医疗费 43 750 元，被申请人支付误工费 56（天）×100（元）＝5 600 元，仲裁费用由深圳戴可瑞特装饰设计有限公司承担。

能够使用的证据和证据来源：

1. 长沙市中西医结合医院提供的申请人“左胫骨平台骨折”的诊断及 X 光片；

2. 申请人的治疗费用明细及发票。

参考文献

［1］杜菁锋主编．现代应用写作．广州：华南理工大学出版社，2006.

［2］高坡等主编．应用写作教程．北京：清华大学出版社，北京交通大学出版社，2010.

［3］李津主编．世界500强企业常用文书写作大全．长春：吉林大学出版社，2009.

［4］李佩英编著．应用写作实训教程．北京：高等教育出版社，2009.

［5］刘宏彬主编．新编应用文写作教程．北京：新华出版社，2008.

［6］王燕主编．应用文写作项目化教程．北京：中国人民大学出版社，2013.

［7］闻君等主编．行政公文写作及范例全书．北京：北京工业大学出版社，2009.

［8］徐忠献主编．大学应用写作．北京：科学出版社，2007.

［9］杨文丰编著．现代应用文书写作（第四版）．北京：中国人民大学出版社，2011.

［10］叶蓉，邹莉主编．应用写作．北京：化学工业出版社，2013.

［11］张立章主编．企业实用文书写作与范例．北京：清华大学出版社，北京交通大学出版社，2011.

［12］张琳编著．企业财务文书写作与制度范例．北京：科学出版社，2012.

［13］张耀辉，谢福铨主编．应用写作．上海：华东师范大学出版社，2006.

图书在版编目（CIP）数据

应用写作教程/黄平，孙锐主编．—北京：中国人民大学出版社，2014.8
21 世纪高职高专规划教材．公共课系列
ISBN 978-7-300-19509-4

Ⅰ.①应… Ⅱ.①黄…②孙… Ⅲ.①汉语-应用文-写作-高等职业教育-教材 Ⅳ.①H152.3

中国版本图书馆 CIP 数据核字（2014）第 182600 号

21 世纪高职高专规划教材·公共课系列
应用写作教程
主　编　黄　平　孙　锐
副主编　张立瑜　张春雷　李柏莹
Yingyong Xiezuo Jiaocheng

出版发行	中国人民大学出版社		
社　　址	北京中关村大街 31 号	**邮政编码**	100080
电　　话	010－62511242（总编室）		010－62511770（质管部）
	010－82501766（邮购部）		010－62514148（门市部）
	010－62515195（发行公司）		010－62515275（盗版举报）
网　　址	http://www.crup.com.cn		
	http://www.ttrnet.com(人大教研网)		
经　　销	新华书店		
印　　刷	北京昌联印刷有限公司		
规　　格	185 mm×260 mm　16 开本	**版　　次**	2014 年 8 月第 1 版
印　　张	18.75	**印　　次**	2014 年 8 月第 1 次印刷
字　　数	427 000	**定　　价**	38.00 元

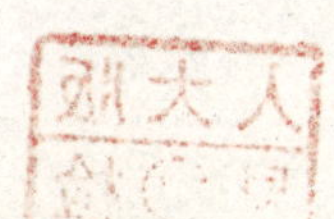